CURSO DE INTRODUÇÃO AO ESTUDO DO DIREITO

OBRAS DO AUTOR

"Rui Barbosa e a técnica da advocacia", Rio de Janeiro, edição da Casa de Rui Barbosa, 1956, incluída em *Rui Barbosa – Escritos e discursos seletos*, Rio de Janeiro, Editora José Aguilar Ltda, 1960 Rio de Janeiro, Nova Aguilar, 1995.

Pareceres do procurador geral da Justiça, Bahia, Imprensa Oficial do Estado, 1960.

Natureza jurídica das riquezas minerais do subsolo, Bahia, Livraria Progresso, 1960 (esgotado).

História de Rui Barbosa, 2ª ed., Bahia, Livraria Progresso (esgotado).

História de Rui Barbosa, 3ª ed., Rio de Janeiro, Fundação Casa de Rui Barbosa, 1999.

O advogado Rui Barbosa, 3ª ed., Rio de Janeiro, Cátedra – MEC, 1979 (esgotado).

O advogado Rui Barbosa – Momentos culminantes de sua vida profissional, 4ª ed., Belo Horizonte, Nova Alvorada Edições Ltda., 1996.

Rui Barbosa – Combatente da legalidade, Rio de Janeiro, Record, 1999.

O homem e o muro – Memórias políticas e outras, Porto Alegre, Edições RGD, S. Sul, 1997.

Introdução ao estudo do direito, São Paulo, Bushatsky, 1978; 2ª ed., São Paulo: Editora Revista dos Tribunais, 1989; 3ª ed., Belo Horizonte: Nova Alvorada, 1996.

RUBEM NOGUEIRA

Titular de Introdução ao Estudo de Direito, na Universidade Católica da Bahia, exerceu mandatos parlamentares na Assembléia Legislativa da Bahia e na Câmara Federal, e os cargos de Consultor Jurídico do Ministério da Justiça e de Procurador-Geral da Justiça do Estado da Bahia.

CURSO DE INTRODUÇÃO AO ESTUDO DO DIREITO

4ª edição (atualizada)

2007

Copyright © 2007 By Editora Noeses
Produção editorial: Denise A. Dearo
Capa: ○ GERACOMUNICAÇÃO

CIP - BRASIL. CATALOGAÇÃO-NA-FONTE
SINDICATO NACIONAL DOS EDITORES DE LIVROS, RJ.

Nogueira, Rubem, 1913-
Curso de introdução ao estudo do Direito / Rubem Nogueira.
4. ed. - São Paulo: Noeses, 2007. 378p.
ISBN 85-99349-06-6

1. Direito. 2. Teoria Geral do Direito. 3. Direito – Estudos. I. Título.
II. Autor

CDU: 340

Índice para catálogo sistemático: Direito. Teoria Geral do Direito
Direito. Estudos

Quarta edição: Janeiro de 2007

Todos os direitos reservados

Editora Noeses Ltda.
Tel/fax: 55 11 3666 6055
www.editoranoeses.com.br

Uns estudam, outros não estudam, e de estudar ou não estudar vai o saber ou não saber, nada mais.

Ruy Barbosa
(1915 – Senado)

O estudante fará bem em aprender desde já duas coisas: a primeira é saber que matéria nenhuma está escrita em um só livro; qualquer matéria transborda dos livros que se esforçam em analisá-la. Portanto, há que estudar vários livros sobre o mesmo tema. A segunda é compreender que o livro não substitui o professor, nem o professor o livro; de maneira análoga a como a lei não torna supérfluo o juiz, nem o juiz faz periclitar a lei.

Werner Goldschmidt
(*Introducción Filosófica al Derecho*, 5ª ed., prefácio à 1ª ed., Buenos Aires, 1976)

E, certamente, o princípio é a parte mais importante de qualquer coisa.

Gaius – Digesto, I, 2, 1.

A GILKA,

*também a
Cláudio e Renée, Rubem Júnior e Marise,
Maria Patrícia, Gilka Maria e Joca,
Maria Rosário e Francisco Cesar,
Maria Clara e Sílvio, Paula.*

*Aos meus netos:
Mariana, Júlia, Renata, Cláudia, Clara,
Carlos e Guilherme.*

*Aos meus bisnetos:
João Eduardo, Maria Luisa e Marina.*

ÍNDICE

1ª PARTE

Capítulo I

1. Acepções da palavra "direito". Terminologia jurídica 3
2. Ciência do Direito 6
3. Introdução ao estudo do Direito 11
4. Filosofia do Dreito 12

Capítulo II

5. História do Direito 17
6. Sociologia do Direito 18
7. Direito comparado 20

Capítulo III

8. Direito positivo 23
9. Direito natural 25
10. Espécies de justiça 33
11. Justiça e eqüidade 36

Capítulo IV

12. Direito objetivo e Direito subjetivo 41

13. Proteção do direito subjetivo. Autodefesa. Jurisdição 46

Capítulo V

14. Normas de conduta: espécies e caracteres 49
15. Normas jurídicas 55
16. Classificação das normas jurídicas 68

Capítulo VI

17. A codificação 71
18. Recepção do Direito 75
19. A codificação no Brasil 78
20. Unificação do Direito privado no Brasil 86

Capítulo VII

21. Fontes do Direito 91
22. Sistema romanístico do Direito e *common law* 94
23. A jurisprudência. A doutrina e seu papel 98

Capítulo VIII

24. A lei e o costume. Elementos e classificação dos costumes 109
25. Valor dos costumes entre os diferentes ramos do Direito 114

Capítulo IX

26. Fato jurídico. Relação jurídica 119
27. Influência do tempo na vida dos direitos 125
28. Ato jurídico; noção e elementos essenciais 127
29. Defeitos dos atos jurídicos. Noções gerais 133
30. Nulidade e anulabilidade dos atos jurídicos 136

Capítulo X

31. Ato ilícito. Natureza e espécies 139
32. Fundamento da responsabilidade civil e penal 141
33. Gozo, exercício e abuso do Direito 143

Capítulo XI

34. Direitos subjetivos: conceito e classificação 149
35. Sujeito do Direito. Pessoa natural 154
36. Pessoas jurídicas 161
37. Objeto do direito 162

Capítulo XII

38. A lei: noção e propriedades. Classificação 167
39. Formação da lei 170
40. Hierarquia das leis 175
41. Da irretroatividade das leis 177

Capítulo XIII

42. Interpretação do Direito: espécies, métodos 183
43. Processos de integração do Direito 194
44. Regras de aplicação do Direito 198

Capítulo XIV

45. Direito público e Direito privado 205

Capítulo XV

46. Direito constitucional 209
47. Tipos de Constituições 215
48. Breve notícia da evolução constitucional brasileira 218

49. Controle de constitucionalidade das leis 229
50. Papel do Supremo Tribunal Federal no controle de cons-constitucionalidade das leis 238
51. Garantias da ordem jurídica. *Habeas corpus* e mandato de segurança 243

Capítulo XVI

52. Direito administrativo: conceito e conteúdo 251

Capítulo XVII

53. Direito financeiro 267

Capítulo XVIII

54. Direito tributário: objeto, fontes, interpretação 271

Capítulo XIX

55. Direito penal 281
56. Princípios constitucionais do Direito penal brasileiro 289

Capítulo XX

57. Direito processual: conteúdo, importância 293
58. Princípios constitucionais do direito processual brasileiro 301

Capítulo XXI

59. Direito internacional público: objeto, fontes 307
60. A Organização das Nações Unidas 315

Capítulo XXII

61. Direito internacional privado 321

Capítulo XXIII

62. Direito civil 315

Capítulo XXIV

63. Direito comercial 319

Capítulo XXV

64. Direito do trabalho 333
65. Justiça do trabalho: natureza e órgãos 340

Capítulo XXVI

66. Direito agrário 343

Capítulo XXVII

67. Direito aeronáutico 347

2ª Parte

Capítulo Único

68. A advocacia 353
69. Ética profissional 355
BIBLIOGRAFIA 363

1ª PARTE

Capítulo I

1. Acepções da palavra "direito". Terminologia jurídica.
2. Ciência do Direito. 3. Introdução ao estudo do Direito. 4. Filosofia do Direito

1. Acepções da palava "direito". Terminologia jurídica

Ao iniciar-se no aprendizado do Direito, o estudante se defronta com uma ciência que dispõe de instrumentos verbais próprios, de significação unívoca, e outros por ela tomados de empréstimo à linguagem comum, os quais passam a ter uma acepção nova, de natureza jurídica. Isso pode, naturalmente, dificultar a compreensão adequada das primeiras noções da ciência com que irá lidar, pelo menos, durante oito semestres, o que torna conveniente prestar-lhe, nesta altura, alguns esclarecimentos a tal respeito.

Sabe-se que, quanto mais desenvolvida a ciência em geral, tanto mais necessitada se torna de linguagem, de um vocabulário exclusivo, a fim de operar satisfatoriamente. Já houve até quem afirmasse da ciência ser *uma linguagem perfeita*. A propósito disso escreve um jurista argentino dos dias atuais: "Sem a rigorosidade da linguagem, não há ciência. Fazer ciência é traduzir numa linguagem rigorosa os dados do mundo" (Luis Alberto Warat, *El Derecho y su lenguaje*, Buenos Aires, 1976).

Não esqueçamos que a terminologia, como adverte San Tiago Dantas, é um grande problema para quem estuda o

Direito – conhecer a taxinomia de sua disciplina, saber o que as palavras significam passo a passo –, pois o Direito é uma disciplina essencialmente verbal. "A linguagem é a base do raciocínio jurídico, do mesmo modo que o cálculo pode ser a base do raciocínio matemático, e está para o jurista como o desenho para o arquiteto."

Escolhamos uma ou duas palavras do idioma comum trazidas para o campo da ciência jurídica, "ocupação", que vulgarmente quer dizer trabalho, ofício, emprego ou ato de ocupar alguma coisa; juridicamente falando *é meio de adquirir a propriedade*. Quando, no dia-a-dia, se fala da *competência* de uma pessoa, quer-se significar a sua capacidade intelectual, os seus dotes culturais ou o seu preparo técnico. Na esfera jurídica, porém, ela designa: 1) o poder legal que um agente ou órgão administrativo tem de praticar determinados atos; 2) a quantidade de poder de julgar, de decidir litígios, conferida pela lei aos magistrados e tribunais (assim, um juiz criminal, ainda o mais sábio, será *incompetente* para dar sentença, v.g., numa questão possessória; ou o Supremo Tribunal Federal, sem embargo de sua condição de órgão máximo do Poder Judiciário no Brasil, não terá *competência* para processar e julgar uma ação de despejo, porque isto se acha contido no poder de julgar de um juiz singular ou juiz de direito). "Prescrição" designa, segundo o dicionário popular, um preceito, uma ordem formal, uma determinação, ao passo que, em sentido jurídico, quer dizer a *perda de uma ação ou de um direito*, em virtude do simples decurso do tempo associado à inércia do titular.

Ao lado desses nomes, que quando usados pelo Direito adquirem nova significação, possui ainda a terminologia jurídica as suas expressões peculiares, de sentido unívoco, salvo raras exceções. É o caso dos termos *enfiteuse, hipoteca, fideicomisso, warrant, usucapião*, entre muitos outros. Designam eles figuras jurídicas cuja significação é uma só, não acarretando o seu uso, por isso mesmo, nenhum risco de incerteza ou engano.

Às vezes, fala-se em Direito para indicar a própria ciência que dele se ocupa, que dele faz o seu objeto formal, como quando se diz de alguém ser "doutor em Direito". Também é o vocábulo usado mesmo incorretamente, para indicar certos *tributos* (é o caso dos chamados *direitos alfandegários* ou *aduaneiros*, quando o certo seria dizer *impostos alfandegários*, relativos à saída de mercadorias para outro país (exportação) ou à entrada, num país, de mercadorias vindas de outro (importação). Por fim, pode significar o ordenamento anterior e superior ao que o Estado promulga, isto é, o direito, independente das leis positivas, como quando se afirma ser a escravatura, ainda que legalmente instituída, violadora do *Direito*.

A palavra "direito", ela mesma, é ambígua, tendo emprego metafórico. Uma de suas etimologias mais prováveis a dá como derivada de *directus*, do verbo *dirigere*, que quer dizer endireitar, alinhar, dirigir, ordenar, mas a idéia que se quer com ela exprimir é a de *algo que está conforme a regra*, a lei. O que chamamos "direito", seja como norma, seja como faculdade de agir, os romanos designavam com a voz *ius*, o que vem dito num dos fragmentos de Ulpiano, consignado no Digesto (I, 1, 1º parágrafo).

Das acepções, em que nome "direito" é empregado, duas são as principais, a saber: 1º) a de norma jurídica reguladora da conduta social do ser humano, direito objetivo ou lei em amplo sentido; conjunto de normas jurídicas acerca de um ramo da ciência jurídica ou de um de seus institutos, ou ainda sistema de normas jurídicas vigente num determinado país; 2º) a de faculdade ou prerrogativa, reconhecida pela lei às pessoas em suas relações recíprocas, ou poder que todo indivíduo tem de praticar, ou não, certo ato (o direito, v.g., de circular livremente pelas ruas, de fazer um testamento etc.) Nesses dois principais sentidos ou acepções é que a ciência jurídica se ocupa do Direito, dele fazendo o seu objeto formal. Daí as noções de *direito objetivo e direito subjetivo,* que mais adiante voltaremos a estudar (capítulo 4).

2. Ciência do Direito

O Direito é elemento necessário à vida em comum. Sem ele, a convivência humana pacífica se tornaria inviável. Desde que começou a conviver com seus semelhantes, sentiu o ser humano a necessidade de normas reguladoras da conduta da comunidade. O Direito constitui, assim, uma condição *sine qua non* da coexistência humana. É ciência que cuida da normatividade da conduta externa. Ele "trata da conduta exterior das pessoas naturais, de seus atos, para tornar possível a vida da comunidade. Por isso lhes interessam as ações das pessoas em sua repercussão social, enquanto as põem em relação com os demais indivíduos. A religião e a moral buscarão a perfeição individual ou a preparação para a outra vida, porém o Direito trata de obter uma conduta que seja compatível com a ordem social; considera as ações individuais não como reflexo de uma personalidade, bondosa ou não, generosa ou não, senão enquanto essas ações de um indivíduo podem interferir com a de outro integrante do grupo" (Enrique Vescovi).

A Ciência do Direito não é contemporânea do aparecimento do Direito como disciplina social, pois surgiu muito tempo depois de já ser este conhecido como realidade da vida em sociedade. Quando então terá surgido o Direito como ciência?

As opiniões dos doutos a tal respeito variam. Muitos querem que a Ciência do Direito tenha começado com a *jurisprudência* romana, a saber, com o Direito derivado das doutrinas dos jurisconsultos dos dois séculos que antecederam o nascimento de Cristo e dos que vieram nos dois séculos imediatamente seguintes a esse acontecimento. Foi com os jurisprudentes que, por primeiro, as teorias jurídicas se elaboraram e também se aperfeiçoaram os métodos pelos quais se resolviam as dificuldades em matéria de Direito. O *Digesto* (I, II, 2, 35) consigna, em fragmento de Pompônio: "A Ciência do Direito Civil professaram-na muitas pessoas importantes, porém agora se tem de fazer menção daquelas que gozaram da máxima reputação no seio do povo romano, para que se veja quem e quão qualificados foram os autores deste Direito que hoje temos."

Pretendem outros situar nos séculos XII, XIII e XIV os primeiros conhecimentos da ciência jurídica, e isto graças ao renascimento do estudo do Direito romano promovido pelos *glosadores* que professavam na Universidade de Bolonha, sendo o principal deles Irnério (1055-1125), professor de belas-letras e que era cognominado *lucerna juris*. Seus seguidores foram Bulgarus, Martinus, Gosia, Jacobus e Hugo, sucedidos pelos bartolistas ou pós-glosadores.

Os *glosadores* empreenderam o estudo do Direito romano no *Corpus Juris Civilis*, consignando a interpretação dos textos em notas marginais ou interlineares, chamadas *glosas*, e empregando para isso o latim vulgar e o método gramatical. Os *pós-glosadores* têm em Bartolo (1314-1357), professor em Pisa e Peruggia, a principal figura. Os bartolistas interpretavam o Direito através, não do *Corpus Juris Civilis*, mas das *glosas*, criando um Direito novo com base nos textos romanos, a fim de atender às necessidades da época. Garcia Galo diz que eles criaram um Direito científico, harmônico e sistemático.

O objetivo da escola dos pós-glosadores, para Enneccerus, foi adaptar a doutrina dos glosadores às necessidades e concepções da época, aos direitos estatuários vigentes, aos conceitos consuetudinários e à jurisprudência italiana. Segundo Salvat, durante a Idade Média, Direito civil era sinônimo de Direito romano; ser civilista equivalia a ser romanista, compreendendo o Direito civil todo o Direito, salvo o Direito canônico, por onde se vê a influência exercida pelo Direito romano.

A influência do Direito romano ter-se-á estendido às próprias origens do Direito inglês, segundo afirma um dos seus historiadores. Diz, com efeito, Edward Jenks: "Periodicamente surge a teoria de que os Juízes do Rei, nos séculos XII e XIII, encontravam no Direito romano, no *Corpus Juris Civilis*, sua fonte de inspiração; e não se pode pôr em dúvida que o Direito romano, de cujo estudo se verificou um grande renascimento nas universidades da Europa continental, ao mesmo tempo que os Juízes ingleses começaram a exercer suas históricas funções, teve uma grandíssima influência, embora indiretamente, sobre a formação do Direito inglês; e provavelmente a ele lhe deve uma de suas mais originais características: o seu individualismo" (*El Derecho Inglés*, trad. de José Paniagua Porras, Madri, Instituto Editorial Reus, 1930).

Outros pós-glosadores foram Baldo de Ubaldis e Cino de Pistoia. Eles "com aplicação diligentíssima, maravilhoso conhecimento do *Corpus Juris* e notável agudeza, estudaram um a um os fragmentos do *Corpus Juris* com clareza, simplicidade e concisão, assinalando as passagens paralelas, indicando as contradições ou eliminando-as com suas críticas, e freqüentemente também deram o sentido exato a trechos muito difíceis", escreve Ludwig Enneccerus a propósito da atividade dos glosadores. (Cf. *Tratado de Derecho Civil*, trad. esp., vol. 1º, Barcelona, Bosch, 1956).

Do direito como ciência fala Santo Tomás de Aquino na *Summa Teológica*. A Ciência do Direito é, diz ele, um bem espiritual.

Outra corrente de doutrinadores entende que a Escola Histórica é que deu nascimento ao Direito como ciência. *A história do Direito romano da Idade Média*, escrita pelo fundador daquela escola, Friedrich Karl von Savigny, "é mais exatamente a história da Ciência do Direito romano", conforme observação de Enneccerus (op. cit., p. 75, nota 4). Depois, no seu *Sistema do Direito romano atual*, Savigny viria a "expor fundamentalmente as doutrinas gerais do Direito romano". Para Cossio, a Ciência do Direito, que hoje conhecemos, constituiu-se no século passado, obra de Savigny.

Há, por outro lado, os que questionam a cientificidade do conhecimento jurídico. A doutrina jurídica – argüem – não pode resolver com certeza os problemas que lhe são submetidos. Kirchmann (Julio Germann von), em sua famosa conferência de 1847, sobre "El Caracter acientífico de la llamada ciencia del Derecho" (trad. esp. de Werner Goldschmidt, Buenos Aires, Editorial Losada, 1949), negava o caráter científico do Direito. Para ele, estando a ciência jurídica vinculada à legislação, que é variável segundo a vontade do legislador, a obra do jurista se torna contingente, efêmera, de maneira a não poder descobrir seriamente nada de real. "Três palavras retificadoras do legislador – diz – bastam para tornar toda uma biblioteca jurídica em papéis inúteis". Contudo, a natureza científica do conhecimento jurídico é hoje reconhecida e proclamada por toda parte e de modo geral entre os doutores.

A Ciência do Direito tem seu próprio campo de pesquisas, objeto formal e método exclusivos. Se o objeto próprio, como ensina Maritain, consiste naquilo *que necessariamente e em primeiro lugar é considerado pela ciência* e em virtude do que ela atinge tudo o mais, o objeto da ciência jurídica compreende o conhecimento e a elaboração racional dos dados que o Direito positivo proporciona. Preocupa-se ela com a interpretação, a integração e sistematização de um ordenamento jurídico determinado, para a sua justa aplicação (Abelardo Torre), ou, como opinam outros, o seu objeto é "o conhecimento do conjunto de normas que constituem o Direito vigente ou positivo" (Angel Latorre). Suas respostas dizem respeito ao que um determinado sistema estabeleceu como Direito.

Para Kelsen, considerado o renovador das idéias jurídicas do nosso tempo, todo o Direito é um sistema de normas reguladoras do comportamento humano, de enunciados de variada forma, em que se manifesta através das leis, sentenças jurídicas ou atos jurídicos dos indivíduos. É uma ciência de normas enunciadoras, não do que é, como é ou como será, pois a norma é um juízo hipotético, não um fato natural, mas do que *deve ser*, verificadas certas condições.

A mais simples forma do jurídico, segundo o criador da *Teoria Pura do Direito*, assim se traduz : se A é, deve ser B (se o devedor não cumpre a obrigação assumida, devem ser-lhe penhorados e vendidos os bens para satisfazer o credor). O *dever-ser* não se confunde com o que é ou será, na prática, nem com o dever moral ou político, porquanto a norma está despojada de todo ingrediente metajurídico. O *dever-ser* da norma jurídica é uma categoria lógica independente, na qual reside a nota diferencial do jurídico. Ainda conforme a *Teoria Pura do Direito*, a norma surge, não porque emane do Estado, mas por ser criada por homens determinados, para tanto autorizados por uma norma jurídica anterior, formando as normas jurídicas uma pirâmide apoiada no seu vértice. Assim, o juiz profere a sentença, que é norma jurídica individualizada por ele criada, na medida em que está autorizado pelas normas gerais (Código Civil, por exemplo) e processuais. As normas do Código Civil e do Código de Processo, por sua vez, foram feitas pelo poder competente, na medida em que estava autorizado a fazê-lo pela Constituição, que diz como se criarão as normas gerais. As normas jurídicas da Constituição hão de apoiar-se numa norma final, vértice da pirâmide, chave de todo o sistema jurídico. Essa norma final não é jurídica, porque se o fosse teria de apoiar-se noutra para ter validade jurídica. Essa norma final ou norma fundamental é uma hipótese, norma hipotética, pressuposto lógico de validade do sistema.[1]

Segundo a concepção ecológica do Direito, do antigo Professor de Filosofia do Direito da Faculdade de Direito de Buenos Aires, Carlos Cossio, a ciência jurídica é normativa, sim, mas porque conhece *mediante normas*; não porque conhece normas, nem porque as subministra, mas porque conhece mediante norma a conduta humana em sua interferência

---

1. Em sua obra póstuma – *Teoria geral das normas* (trad. de José Florentino Duarte, Sérgio A. Porto Alegre, Fabris Editor, 1986) – Kelsen observa: "que a norma fundamental, no sentido da vaihringeriana filosofia do *como-se*, não é hipótese – como eu mesmo, acidentalmente, a qualifiquei –, e sim uma ficção que se distingue de uma hipótese pelo fato de que é acompanhada pela consciência ou, então, deve ser acompanhada, porque a ela não corresponde a realidade".

intersubjetiva (Cf. *La Teoría Egológica del Derecho y el Concepto Jurídico de Libertad*, 2ª ed., Buenos Aires, Abeledo Perrot, 1964).

Para García Maynez, o objeto formal da Ciência do Direito é a explicação ordenada e coerente dos preceitos jurídicos que se acha em vigor numa época e país determinados, bem como o estudo dos problemas relativos à sua interpretação e aplicação.

A ciência jurídica investiga todo o ordenamento jurídico, a fim de compor sistematicamente uma teoria compreensiva de seus elementos universais, isto é, de seus ingredientes comuns e permanentes. O conceito de "sujeito de Direito", v.g., é de validez universal, aplicável, portanto a todos os ordenamentos, e por isso pertence à Filosofia do Direito. Mas a Ciência do Direito trata dele, sem se desligar do Direito positivo, quando diz quem é que, num sistema jurídico em particular, pode ser sujeito de Direito. A mesma coisa ocorre com outros conceitos necessários, sem os quais seria impensável qualquer ordem jurídica, tais como os de *direito subjetivo, sanção, coação, relação jurídica etc.* Os temas fundamentais, assim, da ciência jurídica, são os elementos do Direito (sujeito, objeto, relação jurídica, sanção, coação etc.) e os problemas ligados a cada um deles, inclusive a distinção entre Direito objetivo e Direito subjetivo; as *fontes do direito* (lei, costume, jurisprudência, doutrina) e a *técnica jurídica*, pois todo ordenamento jurídico possui sua técnica, que o jurista terá de estudar, e ela diz respeito tanto à elaboração quanto à aplicação das normas jurídicas. A ciência jurídica não vai além das normas jurídicas que estiveram ou estejam vigorando em diferentes lugares, para, como observa Zorraquin Becú, extrair deste estudo noções gerais que lhe permitam elaborar teorias, conceitos e construções jurídicas.

3. Introdução ao estudo do Direito

A introdução ao estudo do Direito não é rigorosamente uma ciência, uma vez que não tem objeto próprio. Ela nos dá uma visão panorâmica e sintética das diversas disciplinas jurídicas e uma noção elementar dos conceitos jurídicos que estuda. A matéria de que se ocupa é comum a outras disciplinas, de maneira que sua autonomia é de natureza didática, em face da conveniência de fornecer ao que se inicia no estudo da ciência jurídica aquela visão global e resumida do Direito.

Conforme observação de Enrique Aftalion, quando a introdução ao direito indaga verdades *necessárias* e *universais*, é Filosofia do Direito; enquanto indaga verdades meramente *gerais* é simplesmente ciência jurídica (sob a forma conhecida como "Teoria Geral do Direito"), e enquanto expõe, em forma *enciclopédica*, os conceitos mais importantes de cada um dos ramos do Direito, assume um caráter, principalmente, expositivo e não-indagatório.

A finalidade mais importante desta disciplina, segundo outro de seus modernos expositores, é apresentar ao aluno uma visão orgânica e sistemática do Direito, enquanto fenômeno humano animado por ideais de justiça (Miguel Villoro Toranzo).

4. Filosofia do Direito

A Filosofia do Direito dá um conhecimento plenário do Direito, conhecimento superior e unificado. Ela determina a essência do Direito e os valores a serem realizados pelo Direito positivo. Segundo Stammler, é a doutrina do que nas reflexões jurídicas aparece como de um valor incondicionado e universal.

É a ciência das ciências jurídicas. A "ciência" é um sistema de conhecimentos certos, metódicos e gerais, unidos por suas causas e princípios, ou, conforme Maritain, o conhecimento "certo pelas causas". Ciência e filosofia aspiram, ambas, ao conhecimento da verdade, mas por caminhos diversos e colocando-se em diferentes posições. Filosofia é o conhecimento da verdade por suas primeiras causas (Descartes), ou o conhecimento das coisas por suas causas ou razões mais elevadas (Santo Tomás). Para Maritain, é o conhecimento científico que à luz natural da razão considera as primeiras causas ou as razões mais elevadas de todas as coisas.

As ciências são ensaios de uma explicação "parcial" do que existe, ao passo que a filosofia se preocupa com a verdade completa, o conhecimento final e síntese de todas as verdades. Como diz Ortega y Gasset, ela é o conhecimento "autônomo", por encontrar em si mesma o seu fundamento, e "pantônomo", ou total, omnicompreensivo.

A Filosofia do Direito é uma parte da filosofia geral, que estuda o direito sob o aspecto filosófico. Victor Cathrein define-a como o estudo do problema da universalidade dos supremos conceitos e princípios jurídicos. Ela investiga a universalidade conceitual do Direito, determinando a essência (ontologia), a origem (etiologia), e a finalidade (teleologia) supremas do fenômeno jurídico. Miguel Reale esclarece: "A Filosofia do Direito não é uma disciplina jurídica, mas a própria Filosofia, enquanto voltada para uma ordem de realidades que é a realidade jurídica. Tem por objeto não o Direito positivo de um determinado país, mas o Direito em geral, o Direito em si, a natureza do Direito, compreendendo todo o Direito: passado, presente e futuro. Ela considera o Direito no seu aspecto universal, ao passo que a ciência do Direito o encara no seu aspecto particular (Direito no Brasil, na Alemanha, e assim por diante)".

Através dela tenta-se chegar a um conhecimento plenário do Direito e à fundamentação das várias disciplinas jurídicas, a um conhecimento unificado do Direito, ao conhecimento "absoluto, universal e necessário" do fenômeno jurídico. O objeto próprio de sua investigação é a ciência jurídica com seus supostos. A Filosofia do Direito procura atingir o conhecimento primário e universal do Direito, a um saber jurídico não-apoiado em nenhum outro anterior e que sirva de fundamento a toda a ciência jurídica.

Conforme revelam os jusfilósofos, o saber científico positivo elabora-se à luz de pressupostos (isto é, certos dados, determinadas posições e certezas), que são verdades aceitas como postulados. O Direito tem os seus "pressupostos" (como, v.g., o de que ninguém se escusa alegando ignorar a lei, sem o qual a vida jurídica se tornaria inviável). A Filosofia do Direito "indaga" as razões lógicas e morais dos pressupostos. A propósito, escreve Miguel Reale: "Enquanto o jurista constrói a sua ciência partindo de certos pressupostos, que são fornecidos pela lei e pelos códigos, o filósofo do Direito converte em problemas o que para o jurista vale como resposta ou ponto assente e imperativo. Quando o advogado invoca o texto apropriado da lei, fica relativamente tranqüilo, porque a lei constitui ponto de partida seguro para o seu trabalho profissional; da mesma forma, quando o juiz profere a sentença e a apóia cuidadosamente em textos legais, tem a certeza de estar cumprindo a sua missão de ciência e humanidade. Porquanto assenta sua convicção em pontos ou em cânones que devem ser reconhecidos como obrigatórios. O filósofo do Direito, ao contrário, converte tais pontos de partida em problemas, perguntando: "Por que o juiz deve apoiar-se na lei? Quais razões lógicas e morais que levam o juiz a não se revoltar contra lei e não criar solução sua para o caso que está apreciando, uma vez convencido da inutilidade, da inadequação ou da injustiça da lei vigente? Por que a lei obriga? Como obriga? Quais os limites lógicos da obrigação legal?".

O conhecimento filosófico do Direito é, pois, sem "supostos", um conhecimento que abrange a totalidade do Direito, um conhecimento "absoluto", ou, nas palavras de Giorgio del Vecchio, o conhecimento "lógico, fenomenológico e deontológico", isto é, de que o Direito é *in genere*, abrangido em sua dimensão de fenômeno universal, do que o direito deve ou deveria ser, em oposição ao que é. O conhecimento da filosofia do Direito é, portanto, indispensável ao jurista.

A essência do Direito é problema primordial, porquanto o Direito civil, o Direito penal, o Direito administrativo, o Direito constitucional e os demais ramos jurídicos ensinam o que seja ele, o direito, dão-no por definido, limitando-se cada qual a expor e sistematizar grupos isolados de regras, segundo determinados critérios particulares.

A Filosofia do Direito inquire, em primeiro lugar, o que é o Direito, dando-nos dele o conhecimento último e definitivo, explicando, ainda, os conceitos jurídicos essenciais, irredutíveis, cuja ausência tornaria impossível compreender qualquer ordem jurídica, tais como os conceitos de suposto jurídico, de sujeito de Direito, de Direito subjetivo, de dever jurídico, de sanção jurídica, etc., que se encontram necessariamente em todos os ordenamentos. Os conceitos históricos ou contingentes, que nem toda ordem jurídica possui – como os de enfiteuse, parceria, e outros, conceitos não-fundamentais, mas historicamente condicionados – esses são fornecidos pela ciência jurídica. Ela diz o que foi estabelecido como Direito aqui e ali, ao passo que a Filosofia do Direito responde ao que o Direito é, caracterizando-se e distinguindo-se ainda pela possibilidade de valorar os sistemas de Direito positivo, obediente a um ideal de justiça. Como escreve M. Villoro Toranzo, ela é o conhecimento da razão humana que, penetrando até as últimas causas do Direito, investiga a essência dos valores próprios do jurídico; é a ciência que cuida da atividade social dos homens e das normas que a disciplinam, a fim de estabelecer os primeiros princípios de uma e outras.

A locução "Filosofia do Direito" é, hoje, de uso generalizado, apontando-se como primeiro livro que a consignou o de Gustavo Hugo (1797): *Tratado de Direito natural ou Filosofia do Direito*. Mas, para Michel Villey, terá sido Aristóteles – que se interessou por tudo, observou tudo, até o Direito, isto é, as atividades do mundo judiciário – o provável fundador da Filosofia do Direito.

Segundo a sistematização mais generalizada atualmente, três são os problemas fundamentais da Filosofia de Direito, a saber: 1) O *problema ontológico* (ontologia jurídica) ou da investigação da essência ou do ser próprio do Direito, para defini-lo e precisar-lhe o conceito, resultando desse estudo a colocação do Direito como sistema normativo da conduta social. O conceito do Direito é um problema resolvido, não pela Ciência do Direito, mas pela Filosofia do Direito. O juiz ou advogado podem dizer a respeito de uma relação jurídica, por exemplo, se ela está conforme o Direito estabelecido, isto é, se algo é "de direito" (*quid sit juris*), mas não podem definir o que é o Direito (*quid sit ius*), nem qual o critério universal do que, em geral, é justo ou injusto. Isso porque, conforme pondera Reale, o cientista do Direito já pressupõe a vigência de regras jurídicas e o jurista, enquanto jurista, não pode dar uma definição do Direito, porque no instante em que o faz, já se coloca em momento logicamente anterior à sua própria ciência; 2) O *problema gnoseológico*, ou o problema do conhecimento jurídico, do valor desse conhecimento (podemos alcançar uma noção cabal do direito e da justiça? Em que medida a ordem jurídica realiza esta finalidade?) e do objeto do conhecimento jurídico (só existe o Direito positivo? ou podemos procurar outro sistema mais elevado?); 3) O *problema axiológico* ou *valorativo*, que suscita a investigação de qual deve ser o Direito, sua finalidade peculiar e o fundamento da sua obrigatoriedade.

A Filosofia do Direito, enfim, é que é o verdadeiro estudo geral do Direito (Abelardo Torre), e sem ela o Direito seria, simplesmente, um ordenamento imposto pela vontade do mais forte (Ricardo Zorraquin Becú). Daí porque ela sempre compõe o elenco de disciplinas do curso de graduação jurídica.

Capítulo II
5. *História do Direito*. 6. *Sociologia do Direito*.
7. *Direito comparado*

5. História do Direito

Trata-se de um ramo especializado da História Geral (conhecimento científico do pretérito). A História do Direito estuda o passado jurídico com o propósito de analisar a evolução das instituições e dos sistemas normativos.

Não é mera narração descritiva e cronológica do Direito de outrora, mas uma "explicação" de suas transformações em função dos diferentes fatores que as provocaram (fatores culturais, políticos, econômicos, morais, militares, entre outros).

Tem alcance "individualizador", isto é, não formula leis, mas explica fatos de tempos idos no que têm de próprios e únicos; fatos que nunca se repetirão identicamente. Procura, ordena e interpreta as *fontes* de conhecimento do passado jurídico, a saber, tudo quanto possa fornecer notícia sobre a formação do Direito. Assim, as leis, as constituições, os estatutos, costumes, doutrina, jurisprudência (fontes "jurídicas" ou "diretas"), bem como monumentos, livros, documentos, edifícios, obras de arte, provérbios, tradições (fontes "extra-jurídicas" ou "indiretas") – tudo, enfim, que ajude a compreensão dos sistemas de Direito positivo ou a verificação das condições sociais da elaboração das normas e instituições jurídicas.

Embora sem reunir o consenso dos autores, há uma divisão da História do Direito em "externa" e "interna". A "história externa" ocupa-se com as chamadas "fontes do Direito", que para o historiador do Direito de outros tempos têm um sentido muito mais abrangente do que o sentido que se dá, na ciência jurídica, à locução. Assim sendo, como explica uma autoridade no assunto, "sob o ponto de vista histórico, entende-se por 'fontes do direito' não só todo e qualquer monumento jurídico e não-jurídico, do qual resulte a existência, o conteúdo ou a explicação de uma norma jurídica, como também todo e qualquer sinal exterior de atividade humana destinada a criar normas jurídicas". E a "história interna" vem a ser a "história das instituições jurídicas", entendendo-se por "instituições jurídicas" "os conjuntos sistemáticos de normas reguladoras de relações jurídicas, logicamente agrupadas e coordenadas, em torno de grandes centros de unidade, tais como: a ordem política, administrativa e financeira, a família, etc". (César Tripoli, *História do Direito brasileiro*, 1º vol., São Paulo, Revista dos Tribunais, 1936).

6. Sociologia do Direito

É a sociologia voltada para o fenômeno jurídico, isto é, que se ocupa com os fatores que intervêm na formação e no desenvolvimento do Direito e investiga os efeitos produzidos na vida social por um determinado sistema jurídico. Como nota Kelsen, "ela pergunta, por exemplo, por que causas foi determinado um legislador a editar precisamente estas normas e não outras, e que efeito tiveram os seus comandos. Pergunta por que os fatos econômicos e as representações religiosas influenciam, de fato, a atividade do legislador e dos tribunais, por que motivo os indivíduos adaptam ou não a sua conduta à ordem jurídica". Enfoca o fenômeno jurídico, portanto, como fato social já produzido, a fim de averiguar quais são as suas causas e os seus efeitos sociais. Os processos condicionadores das mudanças e do desenvolvimento jurídico constituem o objeto primordial de seus estudos. Ela não estabelece o que

Miguel Reale denomina "modelos de organização e conduta". Não é, assim, uma ciência normativa. Enquanto o historiador do Direito indaga basicamente "que é o que aconteceu", relatando em sua "individualidade" em sucessão os fatos ocorridos, o sociólogo do Direito, ao contrário, procura o porquê, as causas dos fatos acontecidas, "descreve" as condições sociais do meio e "formula leis" gerais de valor empírico (Enrique Aftalion).

Gurvitch divide-a em: "Sociologia Sistemática do Direito", ou o estudo do Direito como fenômeno social, sua função na sociedade, suas relações com os demais fenômenos sociais; "Sociologia Diferencial do Direito", ou estudo do Direito em função dos diferentes Estados ou regiões, surgindo, assim, tipos regionais ou nacionais de sistemas jurídicos, segundo características peculiares de cada país ou região; "Sociologia Genética do Direito", ou estudo das transformações do fenômeno jurídico, explicando-as "causalmente", com amplitude "generalizadora", a fim de formular leis (sociológicas) explicativas de tais transformações.

É um ramo da sociologia geral, cujo método utiliza. Define-a García Maynez como "a disciplina que tem por objetivo a explicação do fenômeno jurídico, considerado como fato social". Não é ciência do normativo, enquanto tal, no sentido de não descrever o Direito como sistema de normas, nem procura saber quais devem ser estas normas, nem os fins por elas visados. Encara o Direito em seu "ser" (não no "dever-ser", no plano "causal").

Como parte da sociologia geral, a sociologia jurídica investiga os fatores determinantes da formação e das transformações do Direito, bem como a maneira de influir e os efeitos que na vida da comunidade derivam de um sistema jurídico.

O Direito influi nas relações sociais e na conduta das pessoas, ajudando-as a realizarem os seus fins, além de estabelecer limites à ação dos indivíduos e indicar-lhes os atos permitidos e os que proíbe sob pena de ao infrator serem aplicadas sanções. O respeito à lei convertido em hábito do espírito, como lembra Zorraquin Becú, dá começo ao aperfeiçoamento dos seres humanos, permitindo-lhes, mediante o exercício da própria liberdade, a realização de uma vida virtuosa. Mas o Direito é também um resultado da vida social, que provoca a formação e as alterações dos sistemas jurídicos pela ação dos fatores religiosos e morais, distinção esta oferecida por Paul Roubier em sua *Théorie Générale du Droit*.

7. Direito comparado

Disciplina nova, mas não-autônoma, pois trabalha com elementos provenientes da ciência jurídica e seus diferentes ramos e da sociologia jurídica. Estuda comparativamente as instituições e os sistemas jurídicos positivos pertencentes a épocas e países distintos, suas diferenças e semelhanças, com o propósito de lhes fixar as notas diferenciais e desse estudo tirar conclusões sobre a evolução dos sistemas e instituições examinados, bem como critérios para o seu aperfeiçoamento, uniformização e futuras reformas.

Permite ao pesquisador de um sistema jurídico determinado, estabelecer-lhe as analogias e diversidades com outros ordenamentos e promover reforma nos vários direitos positivos nacionais investigados, bem como uniformizar, internacionalmente, as legislações. Esta última tarefa do Direito comparado já foi cumprida, relativamente à legislação uniforme de cheques, cambiais e notas promissórias, originária das Convenções de Genebra de 1930 e 1931, às quais o Brasil aderiu, aprovando-as pelo Decreto Legislativo 54/64, e promulgando-as pelo Decreto 57.663, de 24/01/66. Acórdãos do Supremo Tribunal Federal (Pleno) decidiram, unanimemente, que as Convenções Internacionais, aprovadas pelo Congresso Nacional e promulgadas pelo Presidente da República têm eficácia imediata no país, e que a Lei Uniforme sobre as Cambiais e Promissórias está vigente no Brasil (RTJ 58/70 e 67/601). Sua aplicação tem sido reiterada no órgão de cúpula do Poder Judiciário brasileiro (Cf. RTJ 80/904, 81/970, 103/779, por exemplo).

O Direito comparado faz o cotejo ou confrontação de estruturas ou sistemas jurídicos diversos. Estes podem estar separados no espaço, mas juntos no tempo (v.g., Direito francês e Direito inglês atuais comparados) ou separados no espaço e no tempo (comparar, por exemplo, o Direito romano com o direito alemão atual), sendo Direito comparado, propriamente dito, o primeiro.

Já o chamaram "espécie de geografia jurídica da atualidade". Ele amplia a visão do jurista no espaço, pois lhe dá o conhecimento dos sistemas jurídicos de Estados distintos e a possibilidade de cotejá-los. Objetiva utilizar os ordenamentos estranhos, para melhor entender e interpretar o próprio sistema, preparar reformas legislativas, bem como servir de base a estudos destinados à verificação do Direito, ou de instituições jurídicas especiais entre povos diversos, a fim de facilitar relações e atividades internacionais. É um ramo jurídico que se acha em acentuado desenvolvimento, dada a sua inegável utilidade, como se pode verificar no volume dedicado ao assunto pelo professor de direito da Universidade d'Aix-Marseille, René David, intitulado *Os grandes sistemas do Direito contemporâneo* (Direito comparado). Lisboa, Meridiano, 1978).

Capítulo III

8. Direito positivo. 9. Direito natural. 10. Espécies de justiça. 11. Justiça e eqüidade

8. Direito positivo

Denomina-se "Direito positivo" o conjunto de normas jurídicas reconhecidas e aplicadas pela autoridade pública, ou o sistema de normas coercitivas que regularam ou regulam a convivência humana pacífica. É o Direito que se revela nas leis, nos costumes jurídicos, na jurisprudência, nos princípios gerais de Direito e cuja observância pode ser exigida por quem quer que tenha um interesse legítimo a proteger. É, principalmente, direito formulado voluntariamente, de modo racional, e que rege a vida de uma determinada comunidade.

Para Kelsen, Del Vecchio e outros mestres, não há diferença entre Direito positivo e Direito vigente. Distingue Kelsen entre *vigência* e *eficácia* da norma jurídica. A *vigência* diz respeito à validade da norma e, segundo ele, pertence à ordem do dever-ser, não à ordem do ser, devendo distinguir-se da *eficácia* da norma, isto é, do fato real de que ela é efetivamente aplicada e seguida (Cf. Hans Kelsen, *Teoria Pura do Direito*, Coimbra, Armênio Amado, vol. I). Há, no entanto, os que entendem que o Direito positivo ou é *vigente* (a saber, todo o direito efetivamente aplicado) ou *não-vigente*, distinguindo-se ainda, este último, em Direito não-vigente *atual* (v.g., a legislação proibitiva, entre nós, dos jogos de azar, considerando-os contravenção, e no entanto eles são impunemente praticados) e não-vigente *histórico* (ex., a Constituição Brasileira de 25.03.1824, o *Corpus Juris Civilis, et alii*).

O termo "positivo" vem de que é um Direito posto, estabelecido, promulgado por quem tem a competência de assim fazer. Consiste na norma de agir, no Direito primordialmente legislado, produzido de conformidade com o processo legislativo constitucionalmente adotado e segundo as exigências do meio social.

É Direito *escrito*, isto é, formulado voluntária e reflexivamente, conforme regras processuais pré-estabelecidas, por oposição ao que deriva dos usos e costumes ou *consuetudinário, costumeiro*, resultante do reconhecimento de condutas repetidas e gerais; *jurisprudencial*, baseado na maneira reiterada e uniforme de julgar dos juízes e tribunais.

O Direito "escrito" é o mais comum entre os países civilizados, está na lei, é de mais fácil identificação, de elaboração mais pronta, mais fácil também de ser modificado e, portanto, mais em harmonia com as exigências da vida moderna e a rapidez das suas mutações.

O Direito de origem *costumeira* e *jurisprudencial* prevalece entre os povos anglo-americanos, é preponderantemente *feito pelo juiz (judge made law)* e vigora em toda a sua plenitude o velho princípio do *stare decisis et quieta non movere,* por cuja força o precedente tem o valor de fonte formal do Direito. Contudo, lá mesmo se observa modernamente considerável aumento do Direito de origem legislativa (*statute law*) ou Direito escrito (*written law*).

O Direito positivo se divide em vários ramos: Direito constitucional, Direito administrativo, Direito financeiro e seu subramo, o Direito tributário; Direito penal; Direito processual; Direito internacional público; Direito internacional privado; Direito civil; Direito comercial; Direito do trabalho; direito agrário; Direito aeronáutico; Direito canônico; Direito previdenciário e outros, que poderão estar a se formar.

9. Direito natural

O Direito natural, ao contrário do Direito positivo, não se exterioriza na lei, mas é, segundo seus expositores, o fundamento de toda a legislação. Ele se compõe de princípios superiores, imutáveis, necessários, iguais para todos e universais, que sempre e por toda parte existiram, inspiram o legislador ao elaborar o Direito positivo, e valem como padrão ao homem para julgar o Direito escrito.

Entre o Direito natural e o Direito positivo não existe antagonismo, mas uma relação hierárquica do mesmo tipo da que há entre Constituição e leis ordinárias. Na hierarquia das leis jurídicas, diz Rui Cirne Lima (*Preparação à dogmática jurídica*, Porto Alegre, Liv. Dulina, 1949), o ápice do sistema é constituído pelas normas do Direito natural. Os princípios do direito natural são necessários e universais; realizam, sob o ponto de vista do ser, a mais perfeita expressão da norma jurídica.

Segundo Santo Tomás, a lei positiva violadora dos princípios superiores que disciplinam a ordem jurídica é uma lei *injusta* ou *uma corrupção da lei*, desprovida de validade, não obrigando em consciência a ninguém, tal como se dá na hierarquia das normas jurídicas, onde o regulamento que infringe a lei ou a lei infratora da Constituição carecem de toda validade.

A natureza jurídica das leis e o seu valor decorrem de sua conformidade com os preceitos superiores consignados na Lei Magna. Do contrário, seria inevitável a declaração de sua *inconstitucionalidade*, originária e intrínseca, da sua antijuridicidade, ainda que já tenha produzido efeitos. Da mesma forma, se a lei positiva desrespeita algum dos princípios *imutáveis* e *não-escritos* a que está subordinada, deixa de ser moralmente obrigatória, embora ainda não haja um órgão jurisdicional encarregado de lhe declarar a invalidade.

A maioria dos princípios do Direito natural acha-se incorporada à legislação dos povos democráticos, *por exigência da natureza do ser humano e da sociedade*.

Ninguém conceberia uma ordem jurídica que, por exemplo, autorizasse o homicídio, o desrespeito aos contratos licitamente feitos, o adultério, o roubo, o falso testemunho, ou que proibisse o casamento, vedasse o direito de criação dos filhos pelos pais, o direito de não ser processado e julgado *criminalmente*, sem ampla defesa; e isso, em obediência a quê? Em obediência ao que é próprio da natureza das pessoas, de sua condição de seres racionais e livres, participantes da vida em sociedade.

A *validez* e *obrigatoriedade* da lei não decorrem apenas do fato de ser esta uma expressão da vontade do poder competente para legislar, mas de sua perfeita conformidade com os preceitos do Direito natural. Estes é que lhe conferem legitimidade intrínseca.

Na filosofia grega, o Direito se continha na moral, mas os filósofos já concebiam um Direito constituído de normas superiores às originárias do poder público. Sófocles põe isso em evidência no diálogo de Antígona e Kreon. Contrariando leis proibitivas do sepultamento dos mortos, Antígona decidiu sepultar seu irmão Polinice, e ao ser interpelada pelo tirano Kreon sobre aquela violação da lei, respondeu-lhe simplesmente que Zeus não tinha promulgado tal lei, nem a justiça entronizada entre os deuses imortais. "Eu não creio – disse a jovem – que os editos valessem mais que as leis não-escritas e imutáveis dos deuses, pois tu és apenas um simples mortal. Imutáveis são elas, não de hoje nem de ontem, e eternamente poderosas e ninguém sabe quando nasceram".

Aristóteles fazia a distinção entre o justo segundo a natureza e o justo conforme a lei; entre o Direito nesta fundado e o direito originário da natureza humana. Este último independe de nossa opinião e por toda parte vigora, ao passo que o Direito legal, o Direito elaborado ou reconhecido pela autoridade pública varia segundo os povos. Conforme observação de Verdross, discípulo de Kelsen, o estoicismo funda todas as leis numa lei racional, de validez universal : o *logos*, que já Cícero denominava lei eterna (*lex œterna*) (Cf.

Alfredo Verdross, *Derecho Internacional Público*, trad. de Antonio Truiol y Serra, Madrid, 1955).

No século XIII, a figura culminante do pensamento filosófico é Santo Tomás, o *doctor communis ecclesiœ*, que "não só transportou para o domínio do pensamento cristão a filosofia de Aristóteles na sua integridade, para fazer dela o *instrumento* de uma síntese teológica incomparável, como também, e ao mesmo tempo, super-revelou e, por assim dizer, transfigurou essa filosofia" (Jacques Maritain, *Introdução geral à filosofia*, trad. de Ilza das Neves, Rio de Janeiro, Agir, 1953, p. 57). Rudolf Von Ihering só tardiamente veio a conhecer a obra, mas dela teve tal impressão, que admitiu: "Se antes a houvera conhecido, talvez não se tivesse abalançado a escrever um livro sobre *o fim no direito*, pois que as idéias principais, nele desenvolvidas, já estavam na obra de Santo Tomás".

Na segunda edição de sua obra *Zweck im Recht* (*L'Evolution du Droit*, trad. de O. de Meulenaere, Paris, Dalloz, MCMI), Rudolf von Ihering disse que W. Hohoff lhe havia mostrado que "as perspicazes concepções sobre o Fundamento do Direito desenvolvidas em seu livro, se encontravam já expostas, com plena clareza, em Tomás de Aquino", tendo, então, escrito o seguinte: "O próprio (Hohoff) me fez ver pelas citações de Santo Tomás que este profundo pensador havia reconhecido o momento realista, prático e social, assim como o histórico, da moral com exatidão perfeita. Não posso evitar a censura que por meu desconhecimento me faz, porém, com gravidade incompara-velmente maior pesa essa crítica sobre os filósofos e teólogos protestantes modernos que deixaram de levar em conta a grande importância da doutrina de Tomás de Aquino. E me pergunto, admirado: 'Como foi possível que tais verdades, uma vez expostas, caíssem no mais completo esquecimento para nossa ciência protestante? Quantos erros teria evitado, se as tivesse levado em consideração! Quanto a mim, eu, talvez, não tivesse escrito todo o meu livro se as houvesse conhecido, pois os pensamentos capitais, pelos quais me propus a obra, encontram-se já com toda clareza e excelentemente explicados naquele profundo pensador..." (Victor Cathrein, *Filosofia Del Derecho*, 5ª ed., trad. de Alberto Jardon, Madrid, Instituto Editorial Reus, 1945, p. 9, nota 2). (O trecho acima citado acha-se no vol. II da tradução brasileira de *Zweck im Recht*, intitulada *A finalidade do Direito*, Rio de Janeiro, 1979, vol. II, p. 85, nota 67).

Segundo Santo Tomás, a lei deve respeitar a natureza do ser, cuja atividade regula. Deve, pois, ser conforme a natureza racional do homem. Na medida em que ela se afasta da razão, é considerada iníqua, e então, não tem natureza de lei, mas, antes, de violência (*Suma Teologica*, trad. de Alexandre Correia, Q. XCIII, art. III, vol. IX, Livraria Editora Odeon, São Paulo, Livraria Editora Odessa, 1937, p. 45).

O primeiro elemento da regra de Direito, segundo Jean Brethe de la Gressaye e Marcel Laborde Lacoste, é o seu caráter *racional* e *moral*, o que para eles importa reconhecer, no problema do Direito natural, *o problema fundamental da ciência do Direito* (*Introduction Genérale à l'Étude du Droit*, Paris, 1947, Liv. du Recuelle Sirey, n. 9).

Erik Wolff, por seu turno, ao falar do problema do Direito natural na atualidade (*Das Problem Der Naturrechtslehre*, trad. esp. de Manuel Entenza, Ediciones Ariel, Barcelona, Ediciones Ariel, 1960), diz que reconhece que "ninguém nada sabe exato sobre esse di-reito natural, mas todo mundo sente com segurança que ele existe", acrescentando que a questão posta pelo Direito Natural nada tem de trivial e nos damos conta de que sem resposta a essa pergunta "el humano ser en el derecho careceria de sentido".

Talvez seja oportuno lembrar aqui, aquilo de Victor Cathrein: "*O Direito natural* se compõe dos princípios superiores do direito, evidentes por si mesmos a todos os homens" (*Filosofia del Derecho – El Derecho Natural y el Positivo*, trad. direta da 2ª ed. alemã por Alberto Jardon, 5ª ed., Madrid, 1945).

Para o homem, portanto, não basta a sanção da norma pela autoridade competente, mas o seu *conteúdo*. Indagam Brethe de la Gressaye e Laborde-Lacoste : "Qual é o homem que não faz um julgamento de valor? Quem, pois, praticamente, não crê na existência de uma norma que sua razão pode descobrir e que serve de base a seus julgamentos ?" (Op. cit., p. 44).

O Direito deve subordinar-se aos princípios superiores de justiça e às exigências da natureza humana, em que pese aos pontos de vista do positivismo jurídico, este sendo, nas palavras de Brethe de la Gressaye, "uma concepção da ciência jurídica verdadeiramente estreita".

A norma não pode mudar as exigências da natureza humana, como afirmam os jurisfilósofos cristãos. Antes, pelo contrário, o fundamento último do Direito deve ser procurado na natureza humana, nas tendências naturais do ser humano, encarado não como entidade abstrata, mas como ser racional destinado por natureza a viver em sociedade e realizar seus fins superiores, conforme o pensamento de Miguel Reale. Da análise da natureza racional do homem e da consideração de que ele é, por necessidade, um animal político, ainda segundo Reale, resulta a idéia de que cada homem representa um valor e que a pessoa humana constitui o *valor-fonte* de todos os valores.

O caráter obrigatório da norma jurídica, por conseguinte, não vem tão-só do fato de proceder do poder qualificado, mas de sua conformidade com os preceitos constitutivos de sua base racional, desses preceitos derivados da essência do ser humano, *de sua condição de ser racional, de seus instintos de conservação, desenvolvimento e sociabilidade*. Ou todo sistema jurídico se funda em tais bases, ou deixa de ter legitimidade, não encontrando também meios de defesa contra suas deformações.

Reconhece Karl J. Friedrich que proclamar como válida uma norma só porque Hitler assim o quis, viloa o mais elementar senso do Direito. *Em face desse tipo de direito positivo, só um padrão válido* fora e além do direito pode proteger o Direito (*Perspectiva histórica da filosofia do direito*, trad. de Álvaro Cabral, Rio de Janeiro, Zahar Editores, 1965, pp. 200-1). Duguit afirma a existência de *leis contrárias ao Direito* e que *é perfeitamente legítimo recusar obediência a uma lei contrária ao*

Direito (*Traité de Droit Constitutionnel*, 3ª ed., vol. III, Paris). No entanto, a concepção tomista do Direito não o coloca em plano diverso da *lei*, mas põe a lei como *uma expressão do direito*. Entre a *lei* e o *direito, no conceito tomista, não há diferença de natureza e apenas de âmbito* – escreve Alceu Amoroso Lima (*Introdução ao Direito moderno*, 2ª ed., p. 71). Diz Santo Tomás : "A lei propriamente falando não é o direito mesmo, mas uma certa razão do direito" (*Suma Teologica,* 2ª parte da 2ª parte, art. 1º, ad.) "... toda lei estabelecida pelo homem tem natureza de lei na em medida que deriva da lei da natureza. Se, pois, discordar, em alguma coisa, da lei natural, já não será lei, mas corrupção dela" (*Suma Teologica*, Q. XCV, art. 2º).

Os princípios fundamentais, imodificáveis e universais do Direito se conhecem com o nome de "Direito natural" – princípios existentes e válidos em todas as épocas, em todos os povos e lugares. O Direito natural é fundamento e limite de toda ordem jurídica. A filosofia cristã nos ensina que, assim como o homem não é autor de si próprio, nem da sociedade, também não podem depender de seu exclusivo arbítrio as leis que devem governá-lo e comandar o desenvolvimento social. Existem princípios superiores à vontade do homem e aos quais ele deve submeter-se.

Os partidários do Direito natural, de conteúdo variável, dizem que, sendo mutáveis as instituições e o Direito positivo de vários países através da História, também variam os ideais e princípios fundamentais. Existe ainda a corrente dos que pretendem ter o Direito natural conteúdo a um tempo fixo e variável. Há, antes de tudo – explicam estes –, princípios invariáveis com o caráter de verdadeiros dogmas eternos, indispensáveis à própria essência do Direito, como o respeito à palavra dada, a força obrigatória dos contratos, etc. Além desses, existem princípios que, embora muito mais imutáveis que os de Direito positivo, têm variado, tais como a liberdade individual, a igualdade de direito das mulheres, o sufrágio universal, etc. Esse é o que alguns denominam "Direito natural" *moderno* (Cf. Enrique Vescovi, *Introducción al Derecho*, 3ª ed., Montevidéu, Medina, 1963).

O Direito natural é um tema atualíssimo, com que se preocupam inúmeros jurisfilósofos dos nossos dias (Cf., por exemplo, Emilio Serrano Villafañe, *Concepciones Jusnaturalistas Actuales*, Madrid, Nacional, 1967; Helmut Coing, *Fundamentos de Filosofia del Derecho*, trad. esp., Barcelona, Ariel, 1976). De 1º a 5.8.62, o Centro Internacional de Pesquisas das Questões Fundamentais das Ciências, de Salzburg, Áustria, realizou um congresso sobre o tema geral: "O Direito Natural na Teoria Política", presentes juristas de renome mundial, convidados por critérios puramente científicos, independentemente de credos políticos e religiosos. Os debates deviam ser: "Sobre a verdade e nada mais que a verdade". A presidência do conclave coube a Alfred Verdross e compareceram, entre outros, Hans Kelsen, que apresentou uma tese intitulada *Die Grundlage der Naturrechtslehre* (*O fundamento da teoria do Direito natural*) e Giorgio del Vecchio, cuja tese versou sobre : "A lei natural como base para uma teoria de uma sociedade internacional" (*Das Naturrecht als Basis für eine Theorie der Weltgesellschaft*).

Na linha da concepção positivista do Direito, Kelsen se opõe ao Direito natural. Para o positivismo jurídico, a realidade única é a que podemos verificar empiricamente. Por via de conseqüência, o Direito só tem uma fonte, constituída pelas leis, pelos costumes jurídicos ou pelas sentenças dos juízes e tribunais, de origem historicamente documentável. Fica, assim, radicalmente negado todo Direito independente da vontade da pessoa humana, como é o Direito natural. Segundo a teoria de Kelsen, o Direito está todo na norma positiva elaborada pelo Estado, e, no vértice da estrutura piramidal do ordenamento jurídico, por ele imaginada, está a chamada "norma fundamental hipotética ou Constituição em sentido lógico", pressuposto de todo o seu sistema. Mas, como com razão observa Carl J. Friedrich, o desejo do homem de compreender o significado da obrigação legal não fica satisfeito com semelhante doutrina. Não se apercebe da base natural onde se radicam as normas que lhe pedem que obedeça, normas que não lhe incutem uma convicção firme ou uma fé. Em lugar disso, encontramos um reconhecimento frouxo do poder, puro e simples, e a aplicação da força (op. cit. , p. 193).

Se não existe o Direito natural, não se pode conceituar nenhuma lei humana como injusta. Neste caso, o poder supremo do Estado jamais poderá evitar clima de injustiça para os súditos (A. Machado Paupério, *Introdução axiológica ao Direito*, Rio de Janeiro, 1977).

O Direito natural é o caminho para a solução, hoje, dos graves problemas criados pelo positivismo com sua fórmula *a lei é a lei*, a qual deixou a jurisprudência e os tribunais alemães inermes contra as crueldades e arbitrariedades praticadas pelo governo nazista com apoio em suas leis. Foi a essa conclusão que chegou Radbruch em 1947 (Cf. Gustav Radbruch, *Introducción a la Filosofia del Derecho*, trad. esp. de *Vorschule der Rechtsphilosophie*, México, Fondo de Cultura Económica, 1951, § 36).

Kelsen diz que a ordem jurídica, embora podendo limitar mais ou menos a liberdade do indivíduo, enquanto lhe dirige prescrições mais ou menos numerosas, garante sempre, contudo, um mínimo de liberdade, isto é, *de ausência de vinculação jurídica, uma esfera de existência humana na qual não penetra qualquer comando ou proibição*. E a seguir faz esta afirmação, muito surpreendente para quem reduz o Direito a normas positivas: "Mesmo sob a ordem jurídica mais totalitária existe algo como uma liberdade inalienável – não enquanto direito inato do homem, enquanto direito natural, mas como uma conseqüência da limitação técnica que afeta a disciplina positiva da conduta humana" (Hans Kelsen, *Teoria Pura do Direito*, cit., vol. I) (grifos nossos).

Mas qual seria o paradigma dessa *limitação técnica*? A que padrão ou modelo obedeceria ela? Em nome, enfim, de que *valor* poderia ser estabelecida?

O objeto da *Teoria Pura do Direito*, conforme o seu criador, é a norma jurídica, independente do seu conteúdo e fim. Fim e conteúdo do direito são elementos estranhos ao Direito, que a teoria pura elimina, por dizerem respeito a outras ciências metajurídicas. Não interessa à teoria pura indagar *como deveria ser ou como deveria formar-se o Direito, pois é ciência jurídica e não política do Direito*. O Direito é norma, ou sistema de normas criadas ou reconhecidas pelo Estado. A ciência jurídica estuda neutralmente normas positivas, normas que, de fato, existem, quaisquer que sejam, nada lhe importando o *fim* delas, se justo ou injusto, se é garantir *o domínio da raça germânica sobre o mundo*, ou a *eliminação dos burgueses*, ou o *desabrochar das liberdades*. Daí afirmar o Professor Michel Villey, da Universidade de Paris, que "jamais se levou tão longe a indiferença aos fins do direito", acrescentando: "*o Kelsenismo* (não obstante o seu sucesso) mutila o Direito por separá-lo de sua causa final. Pretende fazer dos professores sábios neutros, cérebros sem alma, seres irresponsáveis, prodigalizando seus serviços a *qualquer um* (*Filosofia do Direito – definições e fins do Direito*, trad. de Alcides Franco Bueno Torres, São Paulo, Atlas, 1977). A crítica de Villey estende-se ao positivismo jurídico e sua visão do Direito.

10. Espécies de justiça

Entre Direito e justiça, como mostram os jusfilósofos, há uma relação essencial : são conceitos correlativos. A Justiça é a virtude pela qual cada um tem o próprio, segundo a lei, e a injustiça quando tem o alheio, não segundo a lei, diz Aristóteles (*Retórica*, trad. esp. de Antonio Tovar, Madrid, Instituto de Estudios Políticos, 1971, p. 46). *Iustitia est perpetua et constans voluntas ius suum cuique tribuendi* (A Justiça é a virtude perpétua e constante de dar a cada um o seu), na definição de Ulpiano, que os juristas posteriores adotaram. A *alteridade* é o que há de específico na Justiça, em relação às outras virtudes. Ninguém é justo consigo mesmo, mas na medida que entra em relação com outrem. Pergunta Cathrein, para responder : "Que é, pois, justiça? Chamamos justo a todo aquele que dá a cada um o seu, *suum cuique* ; a todos o que lhes pertence, não certamente neste ou noutro caso, e sim, habitualmente, de um modo persistente e em todas as coisas. Por isso a justiça não pode ser outra coisa senão a constante disposição da vontade (*habitus*) de dar a cada um o seu" (*Filosofia del Derecho – El Derecho Natural y el Positivo*, trad. esp. de Alberto Jardon, 5ª ed., Madrid, 1945).

As relações humanas que o Direito regula supõem a existência de uma coisa ou ato do indivíduo humano, isto é, um objeto, pretendido por alguém (sujeito ativo da relação). Se este possui uma razão suficiente ou um título que torne legítima sua pretensão, o sujeito passivo da relação deve dar-lhe o que lhe pertence, e precisamente nesse dar a cada um o que por direito lhe cabe é que consiste a Justiça. Em geral, é a norma jurídica que impõe a obrigação de dar a cada um o seu. Pelo que, seguindo o ensinamento de Santo Tomás, se pode afirmar que objeto da Justiça é o que é justo, a saber, o exigido pelo Direito. O ato próprio da Justiça é o *julgar*, isto é, dizer o direito no caso particular. Regular com justiça as relações humanas constitui, portanto, a finalidade suprema a que deve aspirar a ordem jurídica.

O *seu*, ou seja, o que a Justiça manda dar, pode ser do indivíduo ou da comunidade, havendo diferença entre um e outro, visto serem entre si distintos o bem-comum e o do particular, formalmente e não só em quantidade (Santo Tomás), correspondendo a um e outro duas espécies de Justiça: *geral e particular*. Esta última compreende a Justiça *comutativa* e a *distributiva*.

A Justiça geral, diz Santo Tomás, *chama-se* justiça legal, *porque obedecendo-lhe, o homem procede de acordo com a lei, ordenadora de todos os atos para o bem-comum* (*Suma Teologica*, cit., Q. LVIII, art. V, ad. 3). Chamam-na também assim – *Justiça legal* – porque o Poder Público transforma em obrigações, muitas de suas exigências. Ela é que ordena a conduta dos indivíduos para com a comunidade, a quem cada indivíduo deve tudo quanto seja necessário para que esta se conserve e prospere, segundo um critério igualitário, que se avalia pela necessidade que o Estado tem dos atos dos súditos.

A Justiça *legal* constitui o fundamento da autoridade, a cujas ordens regulares o cidadão deve obediência. Também garante o limite da autoridade, pois os governantes abusariam de seu poder, se não o usassem, tendo em vista o bem-comum e segundo o ajustamento adequado dos direitos individuais aos da sociedade. Na conformidade do nº 8 do Código Social de Malines, "o bem-comum da sociedade é um bem humano determinado, em última análise, pela natureza e pelo destino do ser humano, jamais, pois, poderá a sociedade frustrar alguém de seus direitos pessoais fundamentais. Pode, apenas, regular-lhes o exercício, segundo as exigências do bem-comum, que não vão nunca de encontro ao verdadeiro bem humano". Na *ordem profissional*, a chamada justiça social exige que a empresa funcione tanto no interesse dos assalariados como no dos empresários e que as riquezas sejam exploradas não tanto em proveito de alguns, mas com vistas ao bem geral da sociedade.

A *Justiça Comutativa* ou igualitária rege, sobretudo, as relações entre os indivíduos e consiste na equivalência exata entre a coisa recebida e a dada em compensação. Ela é que preside às trocas nas diferentes espécies de contrato, sem levar em conta as qualidades das pessoas, mas tão-só as coisas devidas. Tanto mais perfeita será a Justiça, quanto mais completa a igualdade entre a obrigação assumida e o cumprimento dela. Disciplina todas as relações das pessoas na esfera privada, tendo em vista não só os bens materiais, mas também os morais. É a Justiça *comutativa* que fundamenta o dever de reparar o dano injusto causado a outrem (Código Civil, art. 159).

A *Justiça distributiva*, segundo Cathrein, ordena as relações da coletividade para com indivíduos e faz que a comunidade, por seus representantes, divida os encargos públicos conforme a relação de resistência de cada membro, e os bens públicos, de acordo com a dignidade e o mérito. Não exige igualdade absoluta entre o mérito do indivíduo e o que ele recebe, mas apenas que seja a mesma e igual para todos a relação em que se encontram mérito e recompensa, capacidade e encargos. Determina o que volta a cada indivíduo dos benefícios e encargos, ônus e vantagens da vida comum, *proporcionalmente* a suas faculdades, seus méritos e necessidades. Igualdade proporcional e não matematicamente exata. *Distributiva* se denomina, porque preside à distribuição, entre os membros da comunidade, dos bens ou dos encargos do todo social. Nessa distribuição não seria razoável que todos os homens recebessem um tratamento matematicamente igual, pois nem todos têm iguais faculdades, necessidades e capacidades.

A divisão de encargos, honras, recompensas, etc. deve fazer-se, considerando a situação particular ou o mérito das pessoas. Assim, por exemplo, o *salário familiar*, por virtude do qual se levam em conta os dependentes do trabalhador para efeito dos aumentos desse mesmo salário. A justiça comutativa, que atua na esfera do Direito privado, diria *igual salário para trabalho igual*, sem considerar as condições do trabalhador (ser casado, ou solteiro, ter filhos ou não, etc.). A verdadeira igualdade consiste em tratar desigualmente as pessoas desiguais em valor individual e social (Brethe de la Gressaye). A justiça distributiva, que age no campo do Direito público, realiza a igualdade mediante uma proporção. A *distributiva* inspira entre outros, o Direito penal fazendo que a pena seja dosada proporcionalmente à gravidade do abalo social causado pelo delito e à responsabilidade pessoal do delinqüente.

A Justiça, enfim, adverte Cathrein, nos dá o sustentáculo da vida social; porém, não basta. "A sociedade", diz o jurista filósofo, "necessita não somente da Justiça, mas ainda do amor ao próximo, da generosidade, gratidão, cortesia, veracidade, fidelidade. O justo dá a cada um o seu, o generoso ou compassivo dá o que lhe pertence aos outros, prescindindo de toda a lei positiva humana, e esta é também uma função social necessária" (op. cit.).

11. Justiça e eqüidade

A eqüidade, no entendimento dos doutores, é a justiça do caso particular, destinada a abrandar o excessivo rigor da lei. Ela não destrói a lei: completa-a. Ontologicamente, não é distinta da Justiça, mas uma modalidade dela. Na *Ética a Nicômaco,* diz Aristóteles que "o eqüitativo é também justo e vale mais do que o justo em certas circunstâncias. O próprio do eqüitativo consiste precisamente em restabelecer a lei nos pontos em que se enganou por causa da fórmula geral de que se serviu. Em suma, *é uma feliz retificação da justiça rigorosamente legal".*

O *summum ius summa injuria* (Cícero), ou a aplicação extremamente rigorosa de normas inflexíveis e invariáveis, não-temperadas pela eqüidade, pode produzir extrema injustiça e desnecessária dureza. Bodenheimer, ao tratar da eqüidade, põe a questão de saber "se um tribunal, diante de uma regra positiva contida numa lei ou num precedente judicial, pode afastar-se dela num caso que apresente feições extraordinárias, *argumentando* que a aplicação da norma à situação de fato, particular, valeria por uma intolerável denegação de justiça". E a seguir diz : "Apenas para ilustração do problema, e com ligeiras modificações, citaremos um exemplo dado por Santo Tomás de Aquino, e outro que nos é fornecido pelo Direito romano. Suponhamos que, numa cidade medieval, uma lei determinasse que as portas da cidade se mantivessem fechadas durante toda a noite, sendo passíveis de prisão aqueles que a transgredissem. Certa noite, habitantes da cidade, perseguidos por inimigos, tentam entrar pelos portões. Estariam os guardas sujeitos a serem punidos, se lhos abrissem, por não permitir a lei qualquer exceção ao que determinava? Ou deveria o juiz, em tal caso, reconhecer, por eqüidade, uma exceção ao disposto em lei, considerando que , se o legislador tivesse previsto aquela emergência, ele próprio admitiria que, naquele caso, os portões fossem abertos? Para dar outro exemplo: suponhamos haver uma lei que obrigue o vendedor de imóvel a comunicar ao adquirente a existência de hipotecas e outros obstáculos legais à alienação, podendo o último exigir multa contratual pela falta dessa informação. *A* vende sua propriedade a *B,* informando-o da existência de certos óbices permanentes à venda. Passados seis meses, *A* readquire de *B* o mesmo imóvel. *B* não informa *A*, expressamente, da existência dos impedimentos, admitindo que este, certamente, já os conhece. *A* aciona *B*, para cobrar-lhe multa. Ser-lhe-á lícito obter a multa com fundamento na lei referida, embora ele esteja, evidentemente, abusando de sua disposição literal?" (Edgar Bodenheimer, Ciência do Direito – Filosofia e metodologia jurídicas, trad. de Enéas Marzano, Rio de Janeiro, Forense, 1996).

O ato de justiça deve atender, antes, ao espírito da lei que à sua forma literal. A eqüidade retifica a lei, quando os resultados de sua aplicação literal contravenham a *ratio legis*, e com isso dá a solução justa ao caso. Os pretores romanos exercitaram bem essa faculdade e assim contribuíram para a elaboração do *jus civile*. A tal propósito, lembra Bonfante: "O próprio relevo que constantemente se atribui à *œquitas* como fonte inovações pretorianas deriva da benéfica atividade dessa magistratura e de sua visível posição de intérprete da nova consciência frente ao *jus civile*" (*História del Derecho Romano*, trad. esp., vol. 1., Madrid, 1944).

Hoje, o campo de aplicação da eqüidade está muito restrito. Porque o Direito não deixou de ser a *ars boni et œqui*, a lei deve ser sempre aplicada, justamente, ao caso concreto, como fonte primordial do Direito. O exercício do espírito de eqüidade subsiste, mas limitado, e se traduz, segundo a doutrina, pela interpretação razoável da norma, objetivando a suavização de sua rigidez. No sistema brasileiro, em que *"aplica e lei, e não aprecia a sua bondade intrínseca", o juiz só decidirá por eqüidade nos casos previstos em lei* (CPC, art. 127).

Entre os romanos, a eqüidade (*œquitas*) não correspondia ao conceito que tem no Direito moderno, isto é, não constituía uma suavização do rigor da lei, quando da aplicação desta ao caso particular, coincidindo, antes, substancialmente, com o conceito de justiça entre nós vigente. Daí por que "a *œquitas* pode inclusive sugerir um tratamento mais duro e uma pena mais severa se isto se harmoniza com a justiça" (Bonfante, op. cit., vol. 1.).

No Direito anglo-americano, também, a eqüidade (*equity*) não significa o temperamento dado à lei ou a mitigação do rigorismo da norma na sua aplicação *in casu*, e sim, um ramo jurídico que Oscar Rabasa, cuja exposição no particular seguimos, denomina "direito-eqüidade". Este, em seu conceito jurídico anglo-americano, não somente abrange o significado abstrato de justiça, mas também um corpo técnico de normas jurídicas integrantes do sistema inglês e norte-americano de direito. O Direito anglo-americano, ao contrário do Direito estruturalmente homogêneo dos países europeus e latino-americanos, derivado do romano, compõe-se de dois grandes ramos: *common law* ou, simplesmente, *law*, e *equity*, aos quais se refere a Constituição americana, quando define a competência da Suprema Corte e dos tribunais inferiores.

Esse sistema duplo de Direito teve uma formação mais histórica e tradicional do que científica, e assim, para conhecer o conteúdo dos dois citados ramos e a sua linha demarcatória, é necessário estudar a origem do *common law* e da *equity*. Um e outro têm normas substantivas e processuais, bem como tribunais e procedimentos distintos. O *common law* é o conjunto de normas jurídicas, penais e civis, do Direito anglo-americano, elaboradas pelos clássicos tribunais ingleses de *common law* e pelos modernos tribunais de *common* law. A *equity* ou jurisprudência em matéria de *equity*, ou Direto-eqüidade, é o poder jurisdicional de resolver as controvérsias civis segundo os procedimentos originados do histórico Tribunal do Chanceler da Inglaterra (Court ou Chancery) e seguidos pelos seus sucessores, os modernos tribunais de Direito-eqüidade da Inglaterra o dos Estados Unidos, e conforme os tribunais, como um direto supletório, para remediar as deficiências e mitigar os rigores do estrito *common law* (Cf. Oscar Rabasa, *El Derecho Anglo americano - Estudio expositivo y comparado del "common law"*, México, Fondo de Cultura Económica, 1944).

Capítulo IV

12. *Direito objetivo e Direito subjetivo.* 13. *Proteção do Direito subjetivo. Autodefesa. Jurisdição.*

12. Direito objetivo e Direito subjetivo

O Direito – ciência que trata da normatividade da conduta social – possui conceitos de natureza constante e invariável, que valem o mesmo aqui, ali, em toda parte, *necessários e universais*, porque não admitem exceção. Ao lado desses, tem também o Direito conceitos históricos ou condicionados, de natureza contingente, que podem existir, ou não, nos diferentes ordenamentos jurídicos, como os de fideicomisso, comodato, hipoteca, etc. Mas não há nem pode haver sistema jurídico sem os conceitos de *pessoa*, de *objeto de Direito*, de *Direito subjetivo*, e outros. Estes, por isso mesmo, são conceitos jurídicos fundamentais, de que nenhuma ordem legal pode prescindir. Conceitos incindíveis e interdependentes.

O *Direito objetivo* é a norma escrita, isto é, a norma elaborada pelo poder constitucionalmente qualificado para isso, ou a norma consuetudinária, não-escrita, não-reflexiva e tecnicamente igual às outras, mas que resulta de usos e costumes de cada povo. Assim, é Direito objetivo o Direito brasileiro, o Direito anglo-americano, o Direito comercial, o Direito de família, o Código Civil, a Lei das Falências, etc. O *Direito subjetivo* é a faculdade de agir concedida pelo Direito objetivo, ou faculdade jurídica de atuar de conformidade com a norma. Direito objetivo e Direito subjetivo são, pois, dois aspectos do mesmo ser, os quais se pressupõem e se completam. A faculdade sempre deriva da norma e, inversamente, a norma não teria aplicação se inexistissem sujeitos capazes de pô-la em movimento. Só a língua inglesa tem dois vocábulos distintos para designar esses dois aspectos do Direito: *right* (Direito subjetivo) e *law* (Direito objetivo, a lei).

Não raro acontece serem esses dois conceitos apresentados como aparentemente contrapostos, mas, na verdade, não se contrapõem: são correlativos da mesma realidade. Direito objetivo é o próprio Direito efetivo; encarado independentemente das situações concretas em que é aplicado. É uma parcela do sistema jurídico de um país, ou todo o sistema de normas jurídicas que impõem deveres e concedem faculdades. Tem aí o sentido de *norma agendi*. Quando digo que o Direito público tem vários ramos, emprego a palavra "Direito" nesse sentido. Da mesma forma, quando falo no Direito matrimonial, como conjunto de normas reguladoras do casamento, ou quando digo simplesmente o Direito. Comumente a ele nos referimos, ao usar a expressão genérica, *lei*.

O outro aspecto do vocábulo "Direito" é o subjetivo, no sentido de algo ligado à pessoa que o possui, ou o põe em movimento. Aí o encaramos como uma faculdade de agir, ou prerrogativa que uma pessoa tem de atuar de modo lícito para conseguir um bem assegurado pela ordem jurídica. É a *facultas agendi*. A faculdade é subjetiva por encarar o Direito em função do sujeito que o possui ou exercita; é *moral*, porque só o ser dotado de inteligência e vontade livres é capaz de direitos.

O Direito subjetivo é uma função do objetivo. Este consiste na norma que permite ou veda; aquele é a permissão derivada da norma. O Direito subjetivo tem apoio no Direito objetivo. Um e outro são coisas distintas entre si, mas que se relacionam, e não completamente separáveis.

Toda faculdade tem a proteção de uma norma e esta existe para o sujeito apto a utilizá-la. Os dois conceitos se implicam reciprocamente, diz García Maynez, não havendo

Direito objetivo que não conceda faculdades, nem Direito subjetivo que não dependa de uma norma. A todo direito corresponde uma ação que o assegura, prescreve o artigo 75 do Código Civil. O Direito objetivo gera direitos e obrigações para as pessoas a que se aplica. Noutras palavras, o Direito objetivo existe, na medida em que produz o nascimento de Direitos subjetivos, e os Direitos subjetivos só se concebem na medida em que o Direito objetivo os faz nascer. Ao dizer: *meu direito*, emprego a palavra no sentido subjetivo. Quando menciono o Direito, desacompanhado de qualquer qualificação, refiro-me ao Direito *objetivo*. O Direito objetivo é, pois, o complexo ou sistema de normas que regula a existência jurídica de uma comunidade. O Direito subjetivo é o poder de conduzir-se o ser humano num certo sentido, poder que decorre imediatamente do Direito objetivo.

A ordem jurídica ao mesmo tempo limita e garante a liberdade de agir, isto é, as inúmeras possibilidades de agir que a pessoa tem, não-vedadas por nenhuma regra jurídica. Entre nós e na maioria dos países prevalece o *princípio da liberdade*, segundo o qual *tudo que não está proibido está juridicamente permitido*. Esse princípio, conforme Carlos Cossio, "está na base de todo o ordenamento jurídico – é o axioma ontológico da liberdade" (*La Teoría Egologica del Derecho y el Concepto Jurídico de Libertad*, cit.). Consagra-o a nossa Constituição, quando prescreve no artigo 5º, II, que "ninguém será obrigado a fazer ou deixar de fazer alguma coisa, senão em virtude de lei".

Teorias sobre a natureza do Direito subjetivo. As teorias mais conhecidas, acerca da natureza do Direito subjetivo, são a *teoria da vontade e a teoria do interesse*. A teoria da vontade, defendida por Bernard Windscheid, considera o Direito subjetivo um domínio da vontade reconhecido pela ordem jurídica. Segundo ela, podemos falar do direito-faculdade: a) como a faculdade de exigir um dado comportamento positivo ou negativo da pessoa que se encontra em face ao titular; existe a norma fixadora do mandamento e concessiva da faculdade, mas depende da vontade do beneficiário da norma que esta ponha em movimento o Direito subjetivo; b) noutros casos, a vontade não só é necessária para movimentar o Direito subjetivo, como até para lhe dar nascimento.

A essa teoria Enrique Aftalion, F. Garcia Olano e J. Vilanova fazem severa crítica. Em primeiro lugar, a doutrina em foco não contempla os direitos de liberdade (os direitos à vida, à integridade corporal, à livre locomoção, etc.) e o direito de cumprir o próprio dever (por exemplo, o caso do devedor, enquanto a ordem jurídica o autoriza a livrar-se oportunamente de sua obrigação, para cujo fim pode consignar judicialmente o que deve, pondo assim em mora o seu credor). "Os direitos à vida, à integridade corporal, à liberdade de locomoção, etc., são conferidos pela ordem jurídica em atenção a razões superiores, sem ter-se em conta a vontade do titular. Tanto assim é, que o Direito penal prescreve que, mesmo com o consentimento voluntário das pessoas, é ilícita a ofensa à sua vida ou à sua integridade corporal".

Além disso, nem sempre a vontade do titular é necessária para que exista seu direito de exigir o cumprimento da prestação pelo obrigado: também os desprovidos de vontade válida para o Direito, como os insanos, os menores impúberes, os nascituros, podem ser titulares de direitos (Cf. Enrique Aftalion, F. Garcia Olano e José Vilanova, *Introducción al Derecho*, 5ª ed., Buenos Aires, Liv. El Ateneo, 1956, p. 376).

Outras vezes o Direito subjetivo aparece sem o apoio da vontade, como quando o titular lhe ignora a existência (o caso, entre outros, do herdeiro que não sabe que o é, e, no entanto, tem direitos hereditários); enquanto dorme não deixa a pessoa de ter direito subjetivo à incolumidade física; e até mesmo contra a vontade pode alguém ter direitos subjetivos (tais como os direitos irrenunciáveis, entre estes o direito à imunidade parlamentar, à prescrição, enquanto não decorrido o prazo prescricional, o direito a alimentos).

A *teoria do interesse*, segundo a qual *os direitos são interesses juridicamente protegidos*, deve-se a Rudolf Von Ihering, para quem o fim do Direito é garantir os interesses, ajudar as necessidades humanas.

Também a essa teoria foram feitas não menores objeções que as formuladas contra a teoria da vontade. A ela opõe-se, com efeito, a existência de normas concessivas de direitos subjetivos sem que o seu titular tenha interesse (exemplifica-se com o caso do direito do surdo a assistir a um concerto para o qual adquiriu ingresso). Objeta-se ainda: se o interesse fosse essencial ao Direito subjetivo, este não existira na falta daquele, e, no entanto, não raro ocorre que existe, como, *v.g.*, no caso da pessoa que empresta uma quantia elevada a um amigo sem nenhum interesse de reclamar-lhe, oportunamente, o pagamento respectivo: mas até pelo menos consumar-se a prescrição da ação de cobrança, o direito subjetivo do mutuante, aí, subsiste.

Outra teoria famosa é a de Léon Duguit, segundo a qual não existem direitos subjetivos, mas, tão-só, deveres. Para Duguit, da posição do problema do Direito é necessário afastar, absolutamente, o ponto de vista subjetivista, porque, desse ponto de vista, se torna o problema totalmente insolúvel, não sendo possível formulá-lo e resolvê-lo, senão sob o ponto de vista objetivista (Cf. Léon Duguit, op. cit.). O Direito objetivo não confere faculdades, mas uma ação para exigir o cumprimento dos deveres jurídicos. "O homem", diz ele, "não tem diretos, a coletividade tampouco os tem..."; "Mas todo indivíduo tem na sociedade uma certa função que preencher, uma tarefa que executar". Não pode deixar de cumprir essa função, de executar essa tarefa, porquanto, de sua abstenção resultaria uma desordem, ou quando menos, um prejuízo social. "Essa concepção como entende Ricardo Zorraquin Becú, conduz naturalmente a um absolutismo negativo da liberdade, pois "a função social nega o livre arbítrio e converte o ser humano num autômato, limi-tado a realizar as tarefas inerentes a situação que ocupa na sociedade" e " a determinação dessas tarefas não se deixa livre ao arbítrio individual, senão à coletividade, isto é, ao Estado".

Igualmente combatida a teoria do *Direito sem sujeito*. O pensamento doutrinário dominante é o que dá a existência do sujeito como logicamente necessária, pois o Direito subjetivo é possibilidade de agir da pessoa. O sujeito do Direito pode ficar temporariamente oculto ou indeterminado (como nos casos do título ao portador e da herança jacente), mas é sempre determinável – por conseguinte, existente.

13. Proteção do Direito subjetivo. Autodefesa. Jurisdição

Nos tempos mais remotos, vigorou o chamado regime de autodefesa dos direitos reconhecidos pela sociedade em favor dos indivíduos. Estes ficavam autorizados a defendê-los por conta própria contra os ataques que lhes eram dirigidos. O titular do direito possuía a respectiva faculdade executória. Era assunto sujeito só ao assunto particular, a reação contra ofensa. O juiz desta era o próprio ofendido. Não havia nenhuma autoridade, nem tampouco órgão específico, com a incumbência de proteger os direitos individuais. Desconhecia-se a tutela jurídica estatalmente organizada dos direitos, os quais eram garantidos pelos que os invocavam. O regime de autodefesa dos direitos baseava-se exclusivamente na força utilizada segundo o puro arbítrio do interessado, na remoção da ameaça, ou no desforrar-se da injúria sofrida. "Em vez da força física estar ao serviço do direito, este é que se achava à mercê daquela", conforme observa Alberto dos Reis.

A posterior lei de talião já representou algum progresso, porquanto a ofensa ao direito e a reação correspondente passaram a guardar entre si uma certa medida. Retribuía-se ao agravo com um agravo equivalente: *Olho por olho, dente por dente*. A etapa seguinte trouxe a *composição*. Ao invés da revanche violenta, mesmo sujeita a algum limite, o choque de interesses começou a ser resolvido por meio de compensações econômicas. As partes em luta compunham-se através do pagamento, efetuado pelo ofensor, de uma quantia determinada à vítima do dano.

A esse regime sucedeu, por fim, a *jurisdição*. O poder público, organizado juridicamente, chamou a si a função de reconhecer e tutelar os direitos, fossem quais fossem, de dirimir todas as controvérsias, fazendo justiça pela aplicação da norma jurídica adequada ao caso concreto. A atribuição de declarar e proteger os direitos das pessoas passou assim a caber integralmente ao Estado, através dos juízes e tribunais, únicos órgãos encarregados de exercer a jurisdição. A propósito, escreve Eduardo Garcia Maynes: "Quando a solução das controvérsias e, em geral, a tutela do direito fica a cargo do poder público, aparece a função jurisdicional. Resulta da *substituição* da atividade particular pela do Estado, na aplicação do direito objetivo a casos singulares. Ao invés de cada um presumido titular de faculdades jurídicas decidir a cerca da existência delas e pretender fazê-las valer por meio da força, o Estado se substitui a ele e, no exercício de sua soberania, aplica o direito ao caso incerto ou controvertido. O pretensor já não pode, de acordo com esta ordem de idéias, fazer justiça pelas próprias mãos, mas tem de recorrer para os órgãos jurisdicionais, a fim de que estes digam se as faculdades que o reclamante se atribui, existem realmente e, caso necessário, ordenem sua satisfação, inclusive por meios coercitivos" (*Introducción al Estudio del Derecho*, 5ª ed., México, 1953).

Em conseqüência de ter o Estado de Direito assumido o monopólio da função de administrar a justiça; segundo o Direito objetivo – porquanto é nisto que se traduz, afinal, a função jurisdicional –, a defesa privada dos direitos subjetivos ficou reduzida aos casos excepcionais, reconhecidos pela ordem jurídica, tais como a legítima defesa própria e de terceiros, o estado de necessidade e o estrito cumprimento do dever legal na esfera penal, e o desforço incontinente, no Direito privado. Fora das exceções admitidas, é com o Estado, mediante o Poder Judiciário, primordialmente, a tarefa de compor os litígios, "assegurando o respeito à ordem jurídica, o que faz atuando a lei reguladora da espécie" (Moacir Amaral Santos).

A *jurisdição*, segundo a doutrina dos processualistas, está sujeita aos princípios da *investidura*, da *indelegabilidade* e da *aderência*. Pelo *princípio da investidura* só a lei confere legitimidade ao seu exercício, de maneira que a *nulidade* é a conseqüência dos atos praticados por quem não esteja legalmente investido na função de julgar. Segundo o *princípio da indelegabilidade da jurisdição*, o juiz, por delegação do Estado, terá de exercê-la *pessoalmente*, não podendo transferi-la a outrem. Pelo princípio da *aderência da jurisdição ao território*, "a jurisdição não pode ser exercida fora do território fixado ao juiz". Desse princípio decorre, conforme a lição de um mestre na matéria, que, fora da respectiva jurisdição territorial, o juiz não exerce jurisdição, não é juiz, mas simples cidadão particular. Não pode, pois, o juiz invadir a jurisdição alheia. Se assim agir, dará lugar a *conflito de jurisdição*, a ser composto por órgão judiciário superior" (Moacir Amaral Santos, *Direito Processual Civil*, 3ª ed., 2ª tiragem, 1º vol., São Paulo, Saraiva, 2000).

Divide-se a jurisdição, quanto à matéria, em jurisdição penal e jurisdição civil. A jurisdição *penal* é exercida na aplicação do poder de punir, como coação contra os delitos. A jurisdição *civil* preleciona Moacir Amaral Santos, "versa sobre lides de natureza não-penal, isto é, sobre conflitos de interesses qualificados por uma pretensão de natureza não-punitiva", ou ainda, "versa sobre lides de natureza não-penal, excetuadas aquelas lides que constituem objeto de jurisdições especiais", a saber, a jurisdição trabalhista e a jurisdição eleitoral (Op. cit., p. 102).

Distingue-se também a jurisdição, tendo em vista o *grau* dos órgãos jurisdicionais, em *inferior e superior* (primeira instância e segunda instância) e, *quanto ao objeto*, em *contenciosa* e *voluntária*, ou *administrativa, graciosa*. A *contenciosa* se exerce, quando há litígio, isto é, interesses controvertidos. Na jurisdição *voluntária* não há lide a compor, defrontando-se, aí, o juiz com "interesses não em conflito".

Capítulo V

14. Normas de conduta: espécies e caracteres. 15. As Normas Jurídicas. 16. Classificação das Normas Jurídicas

14. Normas de conduta: espécies e caracteres

Tudo, no universo e na sociedade humana, está subordinado a regras, variando o conceito destas, conforme nos referimos aos fenômenos do mundo cósmico ou à vida social, noutras palavras, às leis naturais ou científicas ou às normas de conduta. Umas regem o mundo do ser e outras o do "dever ser". Escreve Gustav Radbruch: "Todos os homens hão de morrer", e "deves respeitar a vida do próximo", são exemplos que mostram, manifestamente, a distinção entre as duas classes de leis; leis da necessidade natural ou causal (*müssen*) e leis do dever-ser (*sollen*); leis que enunciam alguma coisa que, possivelmente, deixará de ser cumprida; leis que valem em razão de sua coincidência com a efetividade dos fatos, e leis que mostram o esquema do mundo melhor (*Introducción a la Ciência del Derecho*, trad. de R. Siches, Madrid, Revista de Derecho Privado, 1930). As leis naturais, ou juízos enunciativos destinados a mostrar as relações inevitáveis que se dão na natureza, nos fornecem a explicação das relações "causais" entre os fenômenos, daquilo que "é" e do que acontece (por exemplo, os corpos caem no espaço, o calor dilata os corpos), sem possibilidade de violação, que importaria em negação da lei. Ao passo que as normas de conduta têm uma "finalidade", que é provocar um comportamento humano, que "deve ser", ainda que se não observe.

A propósito, vale ser lembrado o apólogo referido por Stammler, quando põe em destaque como o homem, em face ao reino da natureza, regido pela lei da "causalidade", atua perseguindo objetivos, esperando com mais ou menos consciência, o resultado de suas ações. "Conta Lawitz como as nuvens que vagam sobre a terra olhavam com certo desdém para os homens a quem viam tão insignificantes e fracos quando elas desatavam seus raios e trovões.

Porém, a uma dessas nuvens, mais observadora que as demais, pareceu-lhe notar, naqueles homens, uma virtude especial: acreditou ver simplesmente que os homens, através de atos seus, ficavam como que à espera de algo que depois acontecia. Intrigou-a aquilo e, para compreendê-lo, suplicou ao senhor que a deixasse descer à Terra, e assim o fez, podendo, então, decifrar aquele enigma que era a própria essência do querer humano: o homem se propunha fins e empregava certos recursos para consegui-los, construindo, passo a passo, o seu destino próprio. Ficou maravilhada. Subiu depois entre as nuvens e em vão esforçou-se para fazê-las compreender o que havia podido captar. Falava-lhes de fins, de meios, de vontade, de intenção, e elas riam dos seus termos incompreensíveis. Era inútil seu afã. E foi então, quando essa nuvem, de volta ao seu mutismo e presa outra vez à causalidade, começou a adoecer de incurável nostalgia por aquele outro reino mais nobre, por aquele outro mundo da finalidade, que os homens construíam livremente sobre o mundo das causas" (Citado por Enrique Vescovi, op. cit., p. 17, nota 13).

Chama-se "ética" o complexo normativo a que deve acomodar-se a atividade do ser humano no meio social, compreendendo todas as espécies de normas: jurídicas, morais, religiosas e de trato social.

Normas são "regras de conduta que tendem a um fim determinado". O seu destinatário é o ser humano, que é livre de cumpri-las ou não, porquanto "só o homem, que é espírito, está submetido a leis propostas à sua vontade e que lhe ditam sua conduta (*sollen*)", como ensina Jean Dabin (*Teoria General del Derecho*, trad. de Francisco Xavier Osset, Madrid, Revista de Derecho Privado, 1955). Enquanto as leis naturais implicam a existência de relações necessárias entre os fenômenos, explica Eduardo Garcia Maynes, o suposto filosófico de toda norma é a liberdade dos sujeitos a quem obriga. Tudo que estabelece um dever referido à atividade do homem é norma de conduta.

Não menos seguramente se infere do magistério de Cathrein, que no indivíduo humano está o destinatário único da norma jurídica, não podendo ter os animais irracionais direito algum. "O fim do Direito", diz ele, "é a liberdade; o Direito contém uma garantia para o bem dos que o possuem e quer assegurar-lhes uma esfera de ação livre e sem obstáculos, mas o animal não tem liberdade, porque é destituído de razão. Seu agir lhe está prescrito e determinado necessariamente por meio de seus instintos e inclinações. Não pode ser sujeito, senão somente objeto do Direito.

Deduz-se também que o animal existe tão só para o proveito do homem. O Direito quer realizar a independência e a liberdade, porém o animal não tem, em relação ao homem, substantividade independente, foi posto a seu serviço, como toda a terra, como meio para conservação e perfeição humanas. O Direito objetivo consiste, finalmente, em imperativos e proibições. Ao animal porém nada se lhe pode ordenar, nem proibir, por não possuir razão, pode-se dirigi-lo e ensiná-lo, mas nunca ditar-lhe normas gerais obrigatórias, pois lhe falta entendimento" (Victor Cathrein, op. cit.).

Vários e hierarquicamente distintos são os sistemas normativos da conduta social das pessoas.

A moral, tendo em mira a perfeição individual, qualifica e abrange todos os atos humanos, desde o pensamento até a deliberação de praticar uma ação causadora de dano a outrem. A norma moral pressupõe a consciência de um dever, de uma conduta que temos de observar, importando seu descumprimento na reprovação moral: fica-se com o sentimento de ter feito algo que se não devia fazer, de uma conduta "má". Os móveis, as intenções de conduta, os atos internos, ordinariamente, interessam à ordem moral, não à ordem jurídica. Quem deixa de furtar só porque não quer ser visto furtando, cumpre o preceito jurídico proibitivo do furto, mas, moralmente, procede mal. A intenção, para o Direito, conta no momento em que se exterioriza uma atividade antijurídica. O Direito, diz-se, é um mínimo de ética necessário à vida social.

Os romanos definiram o Direito como *ars boni et œqui*, portanto, como uma ética. Os romanos, diz Giorgio del Vecchio, conheceram sempre, na ordem dos fatos, a natureza específica do Direito, muito embora nunca se tivessem dedicado a tratar, *ex professo*, a sua distinção teórica da moral (*Lições de Filosofia do Direito*, trad. de A. José Brandão, vol. II, Coimbra, Armênio Amado, 1959).

Entre Direito e moral há os mais estreitos vínculos. "A única diferença que pode estabelecer-se entre estes sistemas deriva do modo de contemplar os respectivos problemas. Enquanto a moral tende fundamentalmente ao bem individual – ainda que na vida de relação – o Direito aspira ao bem-comum, ao bem da sociedade inteira. Um ato é adequado à moral enquanto contribui para a perfeição de quem o executa; e o mesmo ato se ajustará ao Direito se concorre para o bem de outra pessoa ou da sociedade, ainda que alheio a todo propósito de virtude. Ao pagar uma dívida, aquele que o faz cumpre, ao mesmo tempo, um dever moral e uma obrigação jurídica, pois o primeiro contribui para sua própria perfeição e, a segunda, para a utilidade do credor. A moral e o Direito ordenam ao filho respeitar os pais, mas ao passo que aquela o faz em consideração ao filho – cuja virtude persegue – este tem em conta a utilidade social que desse ornamento deriva. Porém, no fundo, por seu conteúdo intrínseco, ambas as disciplinas se superpõem parcialmente" (C. Mouchet e R. Zorraquin Becú, *Introducción al Derecho*, Buenos Aires, Arayu, 1953). A distinção entre as duas ordens reguladoras da conduta veio muito mais tarde, no século XVIII, com Cristiano Tomásio. Foi ele quem enfrentou esse problema, já cognominado o cabo Horn da ciência jurídica, tais e tantas as suas dificuldades. Segundo Tomásio, "o Direito não cuida dos assuntos do pensamento, da consciência, da religião, ou *forum internum* das pessoas, o qual pertence à Moral; mas a ele compete o *forum externum*. A Moral atua sobre a consciência individual; diz respeito ao mundo interior de cada homem, ao passo que o Direito atua mediante uma autoridade externa e regula as relações interindividuais". "Apesar dos muitos defeitos, esta teoria", observa Del Vecchio, "continha germinalmente todos os elementos para traçar uma verdadeira distinção entre Moral e Direito. Tomásio intuiu e fixou o ponto capital: 'A Moral respeita, sobretudo, a consciência subjetiva; o Direito refere-se ao ordenamento objetivo da convivência'" (Op. cit., p. 94).

Os autores, em geral, contudo, apontam certas distinções entre as normas pertencentes aos diferentes sistemas reguladores da conduta humana. Algumas têm, entre si, caracteres comuns, ao lado dos traços diferenciais que só as normas jurídicas apresentam, como veremos.

Assim é que, as normas morais, religiosas e de trato social" (estas últimas também denominadas "convencionalismos sociais") são unilaterais, autônomas e incoercíveis. As normas jurídicas, e só elas, são bilaterais, heterônomas e coercíveis. Elas exprimem um "dever-ser" lógico, isto é, não enunciam uma conduta que foi, é ou será, necessariamente, mas uma conduta que deve-ser, mesmo que não se cumpra (ex: ocorrendo um homicídio, devem ser tantos anos de prisão para o autor; mas se o homicida se evade, ou o crime prescreve, nem por isto a norma deixa de ter validez, e, pois, continuará a estatuir a prisão do delinquente). E todas são providas de "sanção", ou conseqüência incômoda que decorre de sua violação. A "sanção" da norma jurídica é o resultado jurídico que sofre o que descumpre o dever imposto pelo Direito objetivo.

"Unilaterais" são as normas morais, religiosas e de trato social, porque não concedem faculdades, mas apenas criam deveres. Diante do sujeito a quem tais normas obrigam, não existe outra pessoa autorizada a exigir-lhe o cumprimento dos deveres impostos. Ou, segundo entendem outros jusfilósofos, a sua unilateralidade vem de que as normas morais regulam a conduta "com relação às outras condutas possíveis da mesma pessoa". O imperativo do dever moral depende da consciência individual, só esta podendo exigir de alguém a sua observância. A moral, como ensina Del Vecchio, impõe ao sujeito uma escolha entre as ações que pode praticar, mas refere-se só ao próprio sujeito. Assim, leva a confrontar entre si, atos diversos "do mesmo sujeito. É a Ética subjetiva".

"Incoercíveis" são as normas de conduta, exceto as jurídicas, porque a sua observância não pode ser exigida pela força. Elas se impõem por uma adesão interior dos sujeitos a um princípio. Uma ação será tanto mais autenticamente moral, quanto mais voluntária e livremente a pratica o sujeito. E, por fim, autônomas são todas elas, salvo as jurídicas, porque "só obrigam quando o sujeito as reconhece voluntariamente como válidas".

Ainda que se pregue dos valores e das normas morais uma validez objetiva – escreve Luís Recaséns Siches – não nasce, subjetivamente, uma obrigação para um indivíduo, senão enquanto dito indivíduo tenha consciência da norma, como norma válida, tanto quanto se sinta ligado por ela. Donde pode afirmar-se que os deveres morais são autônomos, isto é, para que concretamente exista uma obrigação moral de um sujeito, é necessário que este a veja como necessariamente fundada e justificada (*Tratado General de Filosofia del Derecho*, 4ª ed., México, Purrúa, 1969), pois "o homem não pode cumprir seu supremo destino forçado pela gendarmeria; aos valores morais não se pode ir conduzido pela polícia, porque não se chega; a eles há que ir pelo próprio esforço, livremente, por vocação própria".

Das normas "religiosas", procedentes da revelação e às quais se liga o destino final do ser humano, pode-se dizer a mesma coisa. A religião não é só um conjunto de crenças, mas também regra de conduta, e, talvez, a mais importante de todas, porque a ela se liga o destino último de cada ser humano. Com ela não é inconciliável a ciência. Antes, pelo contrário, pois, como observa Alceu Amoroso Lima, uma religião sem ciência é simples devaneio da imaginação, e uma ciência sem religião é uma mutilação do espírito. "Ciência e religião são apenas momentos sucessivos da imensa sinfonia do conhecimento humano" – conclui o famoso líder leigo do catolicismo.

Quanto às normas de trato social, desdobradas em normas ou regras de decoro, cortesia, etiqueta e moda, segundo alguns autores, elas regem a conduta "social" do homem e não do homem afastado do convívio com os semelhantes (quando o homem se fecha no seu quarto de dormir, ficando sozinho nele, deixa do lado de fora os convencionalismos, diz Recaséns Siches). Coincidem com as normas jurídicas na sua índole externa, mas diferem delas por serem unilaterais. Coincidem com as normas morais e religiosas em sua unilateralidade, mas delas se distinguem pela sua exterioridade. Os "convencionalismos sociais", locução cunhada por Garcia Maynez, ou "usos sociais" (R. Von Ihering), "regras de trato externo" (Nicolau Hartmann) têm, como visto, atributos comuns com as normas jurídicas, pois são de caráter social e se referem a um aspecto puramente externo da conduta. Del Vecchio, no entanto, rejeita a idéia de que constituam uma classe especial de normas, porquanto ou somente impõem deveres, e neste caso não passam de imperativos morais, ou concedem faculdades, e, então, têm caráter jurídico. Para Radbruch eles podem ser uma forma embrionária dos preceitos jurídicos ou uma degeneração deles.

15. Normas jurídicas

As normas jurídicas são dotadas de bilateralidade, heteronomia e coercibilidade. A bilateralidade é própria do Direito, consistindo em que o dever é imposto em função dos direitos dos outros; ao mesmo tempo que estabelece deveres para um, a norma jurídica concede faculdades a outro. A norma jurídica é intersubjetiva, entrelaçante ou de alteridade, pois o Direito, como fato social, implica a presença de dois ou mais indivíduos, ou, conforme Del Vecchio, leva a confrontar entre si atos diversos de vários sujeitos. "Na esfera por ele regida, o comportamento de um sujeito é sempre considerado em relação ao comportamento de outro. De um lado, impõe uma obrigação; do outro, atribui-se uma faculdade ou pretensão", de tal modo a poder afirmar-se que *o conceito de bilateralidade é a pedra angular do edifício jurídico* (Giorgio Del Vecchio, *Lições de Filosofia do Direito*, cit., vol. II).

A norma jurídica regula a conduta de uma pessoa em interferência com a conduta de "outra ou outras", referindo-se assim, no mínimo, a duas pessoas, cujas condutas se interferem reciprocamente. Ela cria uma inter-relação de direitos e deveres correlativos entre dois ou mais sujeitos. Diante do direito subjetivo que o credor tem de exigir a satisfação do seu crédito, está a "obrigação" do devedor de pagar a quantia devida. Para Miguel Reale o conceito de bilateralidade atributiva é "a nota distintiva da experiência jurídica" (Cf. a 4ª ed., de sua *Filosofia do Direito*, São Paulo, Saraiva, 1965).

A "heteronomia" da norma jurídica vem de que esta procede da comunidade em que se integram os seus destinatários; noutras palavras, emana de autoridade (o legislador), diferente das pessoas vinculadas. A norma rege condutas sem que a sua validade derive do querer dos seus destinatários, pois mesmo contra a vontade ou opinião destes, ela é válida. No caso das chamadas normas dispositivas ou de organização, segundo a distinção feita por alguns autores, normas estas que não proíbem nem impõem ações, mas estabelecem competências ou instituem condições básicas da disciplina coletiva, como, v.g., as que definem o Estado Federal (art. 1º da Constituição), ou atribuem a nacionalidade (art. 12º da Constituição), também elas são obrigatórias e, como observa Reale, não comportam alternativa de aplicação.

Também "imperativa" é a norma jurídica. Essa característica que alguns lhe negam e outros sequer mencionam é considerada própria da norma jurídica por Del Vecchio, pelas razões que a seguir expõe, no vol. II de suas *Lições de Filosofia do Direito* (p. 111). "Não pode conceber-se uma norma que não tenha caráter imperativo" escreve ele, "mesmo só sob determinadas condições. O comando (positivo ou negativo) é elemento constitutivo do conceito de Direito, pois este, como vimos, coloca sempre face a face dois sujeitos, a um dos quais atribui a faculdade ou pretensão, a outro impõe o dever, a obrigação correlativa. Impor um dever significa, precisamente, "imperar". A simples afirmação ou enunciação de fato carece, por conseguinte, de caráter jurídico. O modo indicativo falta ao Direito; se na redação das leis e códigos é, às vezes, usado, tem, na realidade, significado imperativo. Conselhos, meras exortações, avisos, caem fora do campo jurídico; em geral as formas de imposição atenuada não têm caráter jurídico".

Nessa mesma linha de pensamento, está Miguel Reale. "Toda regra jurídica", diz ele, "traduz um imperativo de conduta, a obrigatoriedade de um comportamento, uma exigência de ação ou omissão. Quando se fala em lei jurídica, fala-se na obrigatoriedade de um comportamento possível" (op. cit.). Contudo, nos seus *Estudos de Filosofia e Ciência do Direito*, reconhece também que a imperatividade das normas jurídicas é uma questão aberta e tormentosa em face da Teoria Geral do Direito contemporâneo, dividindo filósofos e juristas.

Conceituando a norma jurídica como um juízo hipotético e não um comando uma ordem, Kelsen rejeita o caráter imperativo da norma de Direito. Na sua *Teoria General del Estado* (trad. esp. de L. L. Lacambra, Madrid, Nacional, 1959), ele afirma ser "inadmissível sustentar que as normas jurídicas, o Direito, constituam um imperativo" (p. 70). Quanto a isso, parece, no entanto, que o seu pensamento evoluiu. A partir da publicação da sua *General Theory of Law and State*, passou a distinguir entre "regras de Direito", ou, como ele mesmo definiu, "as proposições mediante as quais a Ciência do Direito descreve seu objeto", e "normas jurídicas", as quais, criadas pelos atos das autoridades jurídicas, formam o Direito, objeto da ciência do Direito". Algum tempo depois, falando na Faculdade de Direito de Buenos Aires (1949), aclarou esse ponto de sua doutrina com as seguintes palavras: "A diferença entre a norma jurídica criada pela autoridade jurídica e a regra de direito, mediante a qual a Ciência do Direito descreve seu objeto, manifesta-se no ponto de que a norma jurídica impõe obrigações e confere direitos aos súditos, ao passo que uma regra de direito formulada por um jurista não pode ter uma conseqüência semelhante" (Cf. sua 2ª Conferência sobre "El Derecho como objeto de la Ciencia del Derecho", in Kelsen-Cossio, *Problemas Escogidos de la Teoria Pura del Derecho – Teoría Ecológica y Teoría Pura*, Buenos Aires, 1952).

Em seguida, esclarece que sua anterior tese de não ser a "Rechtssatz" um imperativo, mas um juízo hipotético, se refere "à regra de direito formulada pela ciência do Direito e não às normas jurídicas criadas pelas autoridades jurídicas. Estas normas jurídicas podem expressar-se muito bem sob a forma gramatical do imperativo" (Ibidem, p. 47).

Embora reconhecendo que a *idéia dominante na ciência jurídica, também muito difundida na doutrina moral, diz que uma norma é um imperativo,* Cossio dedica algumas páginas de sua obra fundamental à análise fenomenológica da norma, a fim de demonstrar que *a tese imperativa é uma interpretação falsa do problema normativo* (Cf. *La Teoria Egologica del Derecho y el Concepto Jurídico de Libertad*, cit.).

"Sanção" específica do Direito, "a coercibilidade" da norma jurídica indica a possibilidade jurídica de imposição da observância desta pela força. O Direito não dá conselhos, nem faz sugestões, mas impõe suas regras sob ameaça e quando estas não se cumprem, espontaneamente, como freqüentemente acontece, ele faz realizar coativamente a conduta indicada. Essencialmente, portanto, o Direito é *coercível,* uma vez que pode fazer observar pela força aquilo que prescreve, e, precisamente, este é um traço diferencial da norma jurídica entre as demais normas de conduta.

Só quando o Direito não é espontaneamente cumprido, surge a coação. A coercibilidade atua como motivação psíquica do cumprimento da norma. O Direito é, assim, "essencialmente coercível e eventualmente coativo". Se A não paga a dúvida assumida, será compelido por B a fazê-lo judicialmente.

A *coercibilidade* da norma jurídica é uma decorrência de sua *heteronomia*, pois, não dependendo da vontade do sujeito a validade da norma, torna-se necessário que esta se aplique compulsoriamente, no caso de descumprimento. Como sustenta fundadamente Del Vecchio, encontram-se indissoluvelmente ligados, entre si, os conceitos de "Direito" e de "coercibilidade". "Fala-se indistintamente", esclarece ele, "em regra, de 'coercibilidade' e 'coação'. No entanto, o primeiro destes vocábulos é o mais pertinente, uma vez que traduz a 'possi-bilidade jurídica da coação': a coação virtual, em potência, não em ato". Donde concluir por reafirmar o seu princípio: "Aí onde a coercibilidade faltar, faltará o Direito. O Direito é sempre a determinação de uma relação entre várias pessoas, correspondendo a uma delas a exigibilidade e, portanto, tam-bém a coercibilidade. Lógica e realmente, são inseparáveis os conceitos de Direito e de coercibilidade" (Giorgio Del Vecchio, *Lições de Filosofia do Direito*, cit., vol. II).

Traço comum entre todas as espécies de norma de conduta, dissemos, é serem elas dotadas de *sanção*. Trata-se de outra das noções fundamentais do Direito, definindo-a os autores, em geral, como a conseqüência jurídica da inobservância da norma, em relação ao obrigado. Cossio coloca-a como um dos quatro modos de existir do Direito na experiência, manifestando-se este, ainda, como *ilícito, faculdade e prestação*. Na concepção de Kelsen, a *sanção* é conseqüência do ilícito; o ilícito (ou delito) é um pressuposto da sanção (*Teoria Pura do Direito*, cit., § 1º).

O Direito é, por sua própria essência, coercível. Reale dele diz ser a ordenação heterônoma e coercível da conduta humana. Seus preceitos se impõem coativamente, provocando, no caso de inobservância, a aplicação, pela autoridade competente, de uma *sanção*. Esta, conforme a necessidade, pode efetivar-se pela força. A experiência revela que, de ordinário, as pessoas observam por si mesmas as regras de Direito, mesmo se não a compreendem nem aprovam, e visto que por hábito, por virtude ou pelo receio de sofrerem a sanção respectiva, pois o Direito sob a imagem da espada, apesar de tudo, é a exceção, como lembram Brethe de la Gressaye e Marcel Laborde Lacoste (*Introducción Genérale a l'étude du Droit*, Paris, Liv. du Recueil Sirey, 1947).

A *sanção jurídica* se distingue da que resulta da violação das demais normas de conduta, pela exigibilidade. Só ela pode ser efetivamente executada contra a vontade do obrigado, dispondo, para isso, o Estado, de adequada aparelhagem, no exercício da função jurisdicional. A *sanção* da norma jurídica é uma sanção, como diz Kelsen, socialmente *organizada*. Sua finalidade é: a) o cumprimento forçado do Direito, ou da prestação devida; b) a indenização de danos e prejuízos; c) um castigo (multa, pena privativa da liberdade, demissão, etc.), donde sua classificação em sanção *civil, penal e disciplinar*. O Direito sempre a prevê, deixando a sua aplicação a cargo dos organismos competentes (magistrados, administração pública, empregadores, pais, Congressos, etc.). Ela pode consistir, segundo o ensinamento de Zorraquin Becú, no *cumprimento forçado da norma* com a entrega da prestação devida, forma preferida pela ordem jurídica (por exemplo: pagamento da coisa, devolução do depósito, outorga da escritura do bem vendido), ou na *imposição de um castigo pelo inadimplemento de um dever jurídico*, quer exigindo uma *prestação equivalente* à convencionada ou ao dano que a inexecução contratual produziu; quer impondo uma pena ao infrator, podendo esta ser pecuniária (multa, aumento dos impostos), de ruptura do vínculo jurídico anteriormente existente (despejo, demissão, perda do pátrio poder, divórcio, despedida, etc.), de privação da liberdade (prisão, reclusão), ou ainda, revestir outras formas (suspensão no emprego dos direitos políticos, etc.). A norma sancionadora é, por alguns autores, denominada *norma secundária*, em contraposição à *norma primária*, que estabelece direitos e obrigações.

Natureza da norma jurídica – Pergunta Nawiasky: em que se distingue a norma jurídica das outras normas que prescrevem uma conduta externa, tais como o costume (Sitte), o uso (Brauch) ou a convenção (Konvention)? A seu ver, o traço diferencial está em que a norma jurídica é "coativamente equipada", só sendo jurídica a norma enquanto a atuação em contrário, isto é, a antinormatividade põe em movimento a coação, precisamente, uma "coação externa organizada". Ela se caracteriza, portanto, pela natureza específica dos efeitos que produz o comportamento antinormativo, por outra: a infração da norma jurídica.

De acordo com esse pensamento, duas são as modalidades disponíveis de coação externa organizada para atuar, quando a norma jurídica é infringida: a *coação externa direita* ou *constrangimento* ou *execução forçosa (Vollstreckungszwang, Zwangsvollstreckung)* e a imposição de um mal exterior: "pena". Na primeira, cria-se o estado de coisas que a norma jurídica quer que se produza (p. ex.: no dever jurídico de entregar uma coisa, esta, se necessário, é tirada forçosamente ao obrigado e entregue ao credor). Na segunda, a infração da norma consumou-se sem possibilidade de desfazer-se o fato: por exemplo, no caso de um homicídio. Aqui, a vontade da norma só se torna efetiva, levando o infrator do preceito a sentir, a todo custo, a força do Direito, retribuindo-lhe a transgressão jurídica. Donde concluir o mestre suíço que "a norma jurídica *é um preceito relativo à conduta exterior, a cuja inobservância vai ligado um constrangimento ou uma pena; a ordem de um fazer ou um omitir, cuja desobediência tem, por efeito, um constrangimento ou pena*" (Hans Nawiasky, *Teoría General del Derecho*, trad. esp. do dr. José Zafra Valverde, 2ª ed., Madrid, Rialp, 1962).

Nawiasky admite o "dualismo das normas jurídicas", isto é, distingue as normas "primárias" e as normas "secundárias", materiais e sancionadoras. As normas "primárias" prescrevem aos sujeitos jurídicos uma conduta externa; junto a elas, em segundo lugar, as normas que ordenam a determinadas pessoas que, no caso de não serem as primeiras normas atendidas, obriguem os transgressores, por meio da execução forçosa, a cumpri-las, a reparar a infração ou a retribuir a conduta antinormativa mediante a imposição de penas. Por exemplo, norma primária: não deves matar, sob pena grave. Norma secundária: se alguém, no entanto, mata, as pessoas designadas para isso deverão impor-lhe a pena grave indicada (Ibidem).

Contra essas construções das normas jurídicas observa Nawiasky ter-se levantado Hans Kelsen no seu livro *Hauptproblemen der Staatsrechtslehre*, editado em 1911. Mas o próprio Kelsen declarou depois que, nesse livro, estava apenas o primeiro esboço de sua doutrina, muitas de cujas alterações apareceram noutras obras suas, conforme ele explica no prefácio à segunda edição portuguesa da *Teoria Pura do Direito*. Também na sua *Teoria General del Estado* (trad. esp. de L. L. Lacambra, Madrid, 1959) ele volta a esse tema no dualismo da norma jurídica. Se alguém estipulou um contrato, diz aí, deve comportar-se segundo as cláusulas deste, mas se procede de modo contrário a estas cláusulas, pode dirigir-se contra ele um ato de execução a pedido de outra parte. Assim sendo, em virtude desta última conseqüência, especificamente jurídica, aquela norma, segundo a qual deve alguém comportar-se de acordo com o convencionado, constitui uma norma jurídica, porém, uma norma jurídica relativamente autônoma, secundária; e uma determinada conduta só é conteúdo de um dever-ser jurídico enquanto a conduta contrária se acha sob uma sanção coativa, isto é, enquanto constitui a condição de um ato coativo.

A norma jurídica secundária, ainda conforme o pensamento de Kelsen, tem por conteúdo a conduta devida para evitar coação ("não se deve roubar", "deve-se restituir o depósito"). Em relação com ela, o fato condicionante do ato coativo – "se alguém rouba", "se alguém não devolve o depósito" – representa uma pura negação. O que sob o ponto de vista da norma secundária aparece como negação do Direito, constitui dentro da norma jurídica primária a condição do ato coativo mostrado como conseqüência. A segunda norma ("se se rouba, deve-se ser castigado") adota a forma da proposição primária (Cf. Hans Kelsen, *Teoria General del Estado,* cit.).

Essa norma primária que se refere à conduta ilícita, indicando a sanção, corresponderia à "perinorma" egológica, e a norma "secundária" que estabelece a prestação ou dever jurídico, à "endonorma" da teoria de Cossio.

Muitos autores entendem como elementos componentes da norma jurídica ou sua estrutura lógica uma "hipótese" e uma "disposição". Segundo o pensamento de um deles, o direito realiza uma tarefa de previsão dos fenômenos que lhe interessa ordenar, e lhes atribui os resultados que considera justos ou convenientes. A primeira parte da norma chama-se hipótese ou suposto jurídico, e consiste no conjunto de condições cuja realização há de originar uma conseqüência determinada. A segunda parte chama-se disposição, e não é outra coisa se não o efeito ou o resultado que há de ter no Direito o cumprimento daquelas condições hipoteticamente previstas. Excepcionalmente, as normas aparecem redigidas em sua forma lógica: "se ocorre tal fato, produzir-se-á tal conseqüência", sendo muito mais freqüente que a norma enuncie uma ou outra de suas partes necessárias, ou estas apareçam noutras normas principais, ou exista um vínculo de subordinação, ou uma relação entre várias. Entre a hipótese e a disposição se produz, naturalmente, uma relação de causa e efeito, de acordo com a chamada "lei de causalidade jurídica", lei esta que não funciona em forma idêntica às leis de causalidade que as ciências naturais estudam, pois, enquanto nestas o efeito é inevitável, no Direito, é de caráter contingente. Aquele que causou um dano, embora esteja obrigado a reparar o prejuízo (conseqüência jurídica), pode subtrair-se a essa obrigação, quer por não ter meios para cumpri-la, quer pela renúncia do credor, quer por outras causas que impeçam consegui-lo. O delinqüente evitará o castigo mediante a fuga, a prescrição da pena ou o indulto. O normal, porém, é que a conseqüência jurídica se produza (Cf. Ricardo Zorraquin Becú, *Introducción al Derecho*, cit.).

Para Kelsen, a regra jurídica, tida como uma norma criada pela autoridade jurídica para reger a conduta humana, e como instrumento empregado pela ciência jurídica para descrever o Direito positivo, é o conceito central da Ciência do Direito.

Segundo expõe em sua *Teoria Pura do Direito*, a norma jurídica regula, de maneira positiva, a conduta de um indivíduo, enquanto esta se refere, imediatamente e mediatamente, a outro indivíduo, isto é, a conduta de um indivíduo em face de um, vários ou de todos os indivíduos, ou conduta recíproca dos indivíduos. A autoridade prescreve uma determinada conduta humana, apenas porque, com ou sem razão, a considera valiosa para a comunidade jurídica dos indivíduos. Além disso, a conduta humana é ordenada de modo "coativo", sendo exigida na medida em que se liga à conduta oposta um ato de coerção dirigido à pessoa que assim se conduz. Uma conduta somente pode considerar-se como juridicamente prescrita, se a conduta oposta é pressuposto de uma sanção. As normas jurídicas são juízos hipotéticos ou condicionados, uma vez que toda norma tem uma sanção condicionada por um suposto ou hipótese. Quando A é, deve ser B. Se o inquilino não paga o aluguel, deve ser a cobrança compulsória do débito. A sanção imputa uma conseqüência a uma condição. As normas jurídicas estão sujeitas ao princípio ordenador da imputação, o qual designa uma relação normativa, expressa na locução "deve-ser".

A norma jurídica estatui um dever condicionado, quando o faz depender da realização de certos supostos. Diz, por exemplo, o artigo 927 do Código Civil brasileiro: "Aquele que, por ato ilícito (arts. 186 e 187), causar dano a outrem, fica obrigado a repará-lo".

O suposto é, portanto, a hipótese de cuja realização depende o nascimento do dever estatuído pela norma, conforme ensina Eduardo García Maynez. Este, no entanto, diz da fórmula de Kelsen : "Se A é, deve ser B", que não exprime a estrutura lógica da regulação jurídica, pois só menciona uma das conseqüências, o dever, e passa por alto o outro termo da relação (direito subjetivo – cf. a sua *Introducción al Estudio del Derecho*, cit.).

Recaséns Siches, embora considere corretas essas afirmações de Kelsen, reputa-as insuficientes, "porque não se pode nem se deve reduzir a norma jurídica à sua estrutura lógico formal".

Villoro Toranzo, do mesmo modo, se opõe a que ela chama a limitada concepção kelseniana da cópula do "dever-ser" como um simples enlace lógico. Ele acha que não é tal, e sim, um "juízo valorativo", acrescentando estas palavras à sua crítica: "A valoração é manifestada em forma lógica, porém, a forma lógica não interessa em si mesma, nem ao legislador, nem ao interprete da norma, senão apenas como veículo transmissor da valoração. A forma lógica é parte do esquema que o jurista constrói depois de haver valorado determinados dados jurídicos. E dizemos que é uma parte e não toda a construção jurídica, porque também é parte – e não menos importante – o conteúdo ideológico do esquema jurídico. Por conseguinte, o "dever-ser" da fórmula significa, antes do mais, que o legislador está valorando que determinadas conseqüências de Direito são a solução justa para determinados supostos. E quanto ao advogado, se é verdade que "sua função não é a de ditar normas jurídicas, e sim, somente conhecer as que estejam em vigor", também é verdade que ele nunca chegará a conhecer e interpretar devidamente uma norma se só percebe a forma lógica, sem penetrar até a valoração de que a forma lógica é o revestimento.

A experiência dos juízes confirma o que vimos dizendo. Não chegam eles à sentença por um processo de aplicação rigorosa de uma lógica formal, e sim, procurando entre as valorações das normas jurídicas aquela que lhes possa melhor servir a uma solução justa, e aplicam a valoração assim selecionada, não com a inflexibilidade de uma relação puramente lógica, mas com a ductibilidade própria de uma relação valorativa. Mas ainda, no moderno Direito Penal, ao deixar uma ampla margem ao arbítrio judicial na elaboração das sentenças, está reconhecendo, explicitamente, no "dever-ser" da norma penal um caráter de enlace valorativo (Miguel Villoro Toranzo, *Introducción al Estudio del Derecho*, 2ª ed., México, Porrua, 1974).

O Professor Miguel Reale também rejeita a concepção ou norma de Direito como redutível sempre a um juízo hipotético, no qual à previsão de um fato se liga uma conseqüência, segundo o esquema kelseniano. A seu ver, tal estrutura lógica da norma não corresponde a todo gênero de normas, mas só a algumas espécies delas. Assim, abrange as normas disciplinadoras dos comportamentos sociais ("dever-ser" de conduta), mas não outras, em que nada se diz sob forma condicional ou "hipotética", e sim, "categórica" ("dever-ser" de organização), como as endereçadas aos órgãos estatais ou que fixam atribuições, na ordem pública e privada, tais como, entre muitas outras, as dos artigos 1566 e 1567 do CC. Em todas essas categorias de normas jurídicas, "o que as caracteriza é a obrigação objetiva de algo que deve ser feito sem que o dever enunciado fique subordinado à ocorrência de um fato previsto, do qual possam ou não resultar determinadas conseqüências. Ora, não havendo a alternativa do cumprimento ou não da regra, "não há que falar em hipoteticidade". O que efetivamente caracteriza uma norma jurídica, de qualquer espécie, é o fato de ser "uma estrutura proposicional enunciativa de uma forma de organização ou de conduta, que deve ser seguida de maneira objetiva e obrigatória" (Cf. Miguel Reale, *Lições preliminares de Direito*, 3ª ed., São Paulo, Saraiva, 1976).

No conceito da norma jurídica, a Teoria Egológica de Carlos Cossio identifica dois juízos hipotéticos unidos pela disjuntiva ou. *Uma* parte da norma jurídica refere-se ao dever jurídico ou prestação – é a "endonorma" (equivalente à "norma secundária", da terminologia de Kelsen); a outra, denominada "perinorma" (equivalente à "norma primária" de Kelsen), indica a conduta ilícita, estatuindo a sanção. Assim:

Dado um fato
Deve ser
A prestação pelo sujeito obrigado
Ante o sujeito pretensor
ou
Dada a não-prestação
Deve ser a sanção
Pelo funcionário obrigado
Ante a comunidade pretensora.

Estas constituem o que Cossio designa como as duas componentes constantes da norma jurídica, havendo ainda, diz ele, as componentes variáveis, em número de oito, todas entrelaçadas numa disjunção proposicional e formando a estrutura pluriradial da norma jurídica (Cf. Carlos Cossio, *La Teoria Egológica del Derecho y el Concepto Jurídico de Libertad*, cit.).

Norma e conduta

Normas religiosas
- Unilaterais
- Incoercíveis

Normas morais
(Impõem-se por adesão interior a um princípio)
- Unilaterais
- Autônomas
- Incoercíveis

Convencionalismos sociais
- Regras de decoro, cortesia, etiqueta e moda
  - Unilaterais
  - Incoercíveis
  - De caráter social
  - Exterioridade

Normas jurídicas
(Preceitos que se impõem à conduta recíproca dos indivíduos, assinando-lhes deveres, concedendo faculdades e estabelecendo sanções, com o fim de assegurar a justiça e promover o bem-comum)
- Bilaterais
- Imperativas
- Heterônomas
- Coercíveis

16. Classificação das normas jurídicas

Podem ser as normas jurídicas classificadas segundo diferentes pontos de vista, não raro, variando estes entre os autores. Assim, segundo o seu "âmbito pessoal" de validade (constituído pelos sujeitos a quem a norma obriga), são elas "gerais" ou "abstratas" e "individualizadas", ou "concretas", conforme respectivamente tenham como destinatários todos quantos se achem na situação por elas prevista, ou se dirijam a um número determinado de pessoas, como, por exemplo, a que resulta da sentença judicial. Segundo o "âmbito espacial" (porção de território, no qual a norma é aplicável), são "nacionais, regionais e locais", ou, como no Brasil, "federais, estaduais e municipais", conforme se apliquem em todo o território do país, no dos Estados-membros e nos municípios. Segundo o "âmbito temporal" (período de tempo durante o qual a norma conserva sua vigência), são "permanentes" ou de vigência indeterminada e temporárias" ou de vigência limitada; as primeiras constituem a espécie – tipo, são as mais comuns –, e, das segundas, que não raro o poder público promulga, o exemplo por excelência é a lei orçamentária. Segundo a "matéria" ou a natureza do seu conteúdo normativo, são "de fundo" ou substantivas (definidoras de direitos e deveres, como por exemplo, as do Código Civil) e "adjetivas" ou formais (destinadas a regular a aplicação das normas substantivas, tais como as do Código de Processo Civil). Segundo a "forma gramatical", são "imperativas", que se subdividem em positivas (que impõem uma conduta positiva) e negativas (ordenam uma conduta negativa, ou omissão), e "permissivas", como as do artigo 5º, IV, XIII, da CF, "interpretativas" (que esclarecem ou explicam a vontade das partes, no caso de ser esta obscura, falha ou como a do art. 1.899 do CC) e "supletórias" (feitas para ser os interessados deixem de regular, eles mesmos, os seus direitos, por exemplo, as dos arts. 1640 e 1.788 do CC).

A propósito de normas jurídicas "permissivas", diz Abelardo Torre que elas não têm razão se não estiverem vinculadas a uma anterior proibição, quer para revogá-la, quer para lhe restringir a esfera de ação, acrescentando: "Sua imperatividade está, pois, nessa derrogação total ou parcial da anterior proibição *(Introducción al Derecho,* 4ª ed., Buenos Aires, Perrot, 1957).

Uma norma permissiva "isolada" seria desnecessária, em face do princípio segundo o qual, tudo o que não está juridicamente proibido, está juridicamente permitido – verdade fundamental que pertence à estrutura lógica do Direito, como diz Cossio. Basta, assim, não proibir nem ordenar a conduta. As normas classificam-se ainda, segundo a "hierarquia", isto é, tendo em conta a ordem jurídica vigente, pois o Direito positivo não é composto de um conglomerado ou multiplicidade de normas, mas de um sistema de normas jurídicas unidas todas entre si por vínculos de coordenação e subordinação, uma verdadeira ordem hierárquica normativa. Por esse critério classificatório, as normas jurídicas são "fundamentais" ou primárias e "secundárias" ou derivadas. As "fundamentais", topo da organização, ocupam a posição suprema, não derivando a sua validade de nenhuma outra norma positiva, sendo antes, a fonte de validade de todo o sistema. São as normas constitucionais, a que devem obediência as demais normas componentes do ordenamento ou normas "secundárias" (ordinárias ou comuns).

Finalmente, segundo a fonte produtora, as normas são "escritas" ou legisladas (todas as normas jurídicas elaboradas pela autoridade provida de potestade legisferante: leis, decretos, regulamentos, avisos, portarias, etc.), "consuetudinárias", ou resultantes da repetição geral, uniforme mais ou menos constante de atos tomados obrigatórios, e "jurisprudenciais", ou emanadas da atividade regular dos órgãos jurisdicionais.

Capítulo VI

17. A codificação. 18. Recepção do Direito. 19. A codificação no Brasil. 20. Unificação do Direito privado no Brasil.

17. A codificação

Codificar o Direito positivo de um país é condensá-lo num todo orgânico de normas jurídicas, sistematicamente ordenadas e unidas entre si, referentes a um ramo jurídico (Código comercial), ou a uma instituição em particular (Código da propriedade industrial, Código da família, etc.). Difere das chamadas "compilações", simples ordenação e agrupamento de normas jurídicas em vigor, destinadas a facilitar-lhes o conhecimento e a aplicação, ou mesmo das *consolidações* – normas vigentes que se justapõem, segundo determinados critérios, mas sem a criação de direito novo.

Necessidades de ordem pragmática e a influência das doutrinas filosóficas do século XVIII respondem pela eclosão do movimento codificador do Direito positivo que se verificou, principalmente, a partir da Constituição norte-americana. É verdade que, em épocas anteriores, houve alguns corpos de leis denominados também "códigos", mas estes não tinham o significado que o vocábulo passou a ter a partir da segunda metade do século XVIII. Eram coleções de regras legais em vigor e alguns continham até matéria doutrinária, como o *Corpus Juris Civilis*, organizado e promulgado pelo imperador

Justiniano, dos anos 528 a 534 d.C., compreendendo o *Código*, o *Digesto* ou *Pandectas*, as *Institutas* e as *Novelas*. A filosofia racionalista considerava o homem capaz de construir, mediante processos racionais, corpos sistemáticos completos de leis, nos quais se contivesse todo o Direito e solução para todas as controvérsias.

O primeiro grande Código de Direito privado dos tempos modernos foi o Código Civil francês, promulgado por Napoleão Bonaparte, em 1804, e que depois lhe tomou o nome. Até então, no território francês, estavam em vigor numerosos corpos de leis e velhos costumes (Direito romano, Direito canônico, ordenanças reais, normas consuetudinárias e normas criadas pelo governo da Revolução). Durante o seu consulado, Napoleão cuidou de unificar o Direito interno, a começar pelo Direito civil, e para isso designou quatro dentre os maiores juristas do país: Tronchet, Maleville, Bigot de Preameneu e Portalis. Eles dariam o *Código civil dos franceses*, depois das tentativas infortunadas de Cambacères, na Assembléia Nacional, à qual ofereceu nada menos de três projetos de Código. A comissão nomeada pelo primeiro cônsul, em agosto de 1800, desincumbiu-se em brevíssimo prazo (quatro meses) de sua tarefa, apre-sentando um projeto que foi analisado por tribunais e discutido perante o Conselho de Estado.

Presidindo às sessões do Conselho de Estado para o exame do projeto de Código Civil, Napoleão teve durante as discussões participação efetiva, principalmente na matéria relativa à *adoção* e ao *divórcio por mútuo consentimento*. Com freqüência, indagava, relativamente ao ponto controvertido: "É justo?", "É útil?". "Sua vontade todo-poderosa" – diz Planiol – "foi a alavanca que removeu todos os obstáculos. À sua energia, digamos a palavra, à sua ambição, devemos o acabamento de uma obra tão longamente esperada e que sem ele, talvez, ainda não a tivéssemos" (Marcel Planiol, *Traité Elementaire de Droit Civil*, n. 91, Paris, Librairie générale de droit et de jurisprudence, 1915).

De tal maneira Napoleão se ligou, pessoalmente, aos trabalhos do Código Civil de 1804, que, em Santa Helena, escreveu: "Minha verdadeira glória não é a de ter ganho quarenta batalhas; Waterloo apagará a lembrança de tantas vitórias. O que ninguém destruirá, o que viverá eternamente é o meu Código Civil".

Diz Enrique Aftalion que esse Código mareou um monumento estelar na história do Direito universal, tendo aparecido como uma obra de transição, e por esse motivo o respeitaram todos os regimes políticos que imperaram na França, bem como o imitaram, com proveito, numerosos países europeus e americanos. Ruggiero elogia-lhe a precisão e a fórmula geral de normas, entre os seus maiores méritos.

Ao Código Civil francês, depois denominado *Código Napoleão*, seguiram-se ainda, na França, o Código de Processo Civil (1807), o Código Comercial (1807) e o Código Penal (1810), os quais influíram na difusão do movimento codificador, não só através da Europa, mas também entre os povos de outros conti-nentes, excetuando-se apenas os anglo-saxões, em virtude de seu sistema jurídico de natureza costumeira e jurisprudencial.

Na Alemanha, o bom sucesso da codificação francesa veio a desencadear uma polêmica de notáveis proporções entre duas das figuras exponenciais da sua ciência jurídica, dez anos depois de promulgado o Código Civil de 1804 e coincidindo com a queda do império napoleônico. Já tendo a França o seu Direito civil unificado, soava a vez da Alemanha, onde era aplicado o Direito romano como Direito comum desde o século XVI. Também ela aspirava à unidade da legislação. A essa idéia, que estava difusa na atmosfera cultural da nação, deu altíssima ressonância a obra de Thibaut (Anton Friedrich Justus), lente na Universidade de Heidelberg, com um opúsculo intitulado *Sobre a necessidade de um direito civil geral para a Alemanha (Ueber die Notwendigkeit eines allgemeinen bürgerlichen Rechts für Deutschland)* e escrito em menos de 14 dias, nos três meses que antecederam a entrada vitoriosa das tropas aliadas em Paris. Nele, mostra Thibaut "que nosso Direito positivo, especialmente o justiniano, não se adaptava, nem material nem formalmente, a nossos homens de hoje e que, para os alemães, nada poderia ser mais proveitoso que um Direito civil para toda a Alemanha, compilado mediante os esforços combinados dos juristas mais instruídos, mas no qual cada país pudesse conservar as peculiaridades que sua idiossincrasia exigisse". Ao longo de seu argumento a favor do Código Civil, disse que "todo o Direito autóctone da Alemanha era tão incompleto e vazio que de cem causas jurídicas, noventa têm que ser decididas inevitavelmente conforme códigos alheios recebidos: conforme o Direito canônico e o romano". As vantagens de um só Código para toda a Alemanha, a seu ver, eram manifestas. Insistia: "Um Código nacional simples, elaborado com pujança dentro do espírito alemão, será totalmente acessível a qualquer mente, inclusive as medíocres, e nossos advogados e juízes estarão por fim em situação de ter a seu alcance o Direito vivo atual aplicável em cada caso" (Cf. Thibaut y Savigny, *La Codificación – Una controvérsia programativa baseada en sus obras*, trad. de José Días García, Madrid, Aguilar, 1970).

Opondo-se, entretanto, à tese de Thibaut, veio imediatamente após o lente e reitor da Universidade de Berlim, Savigny (Friedrich Karl Von), com a obra *Da vocação de nossa época para a legislação e a Ciência do Direito (Vom Beruf unser Zeit für Gesetzgebund und Rechtswissenschaft)*, em que desenvolvia suas idéias sobre a natureza histórica do Direito. Savigny questionava a capacidade de sua época para criar um bom Código, entre outros motivos, por lhe faltar o domínio da matéria e da linguagem própria da lei. Para ele a codificação era um obstáculo oposto ao desenvolvimento do Direito.

Esse choque de opiniões tão insignes muito influiu na evolução do problema de dar aos alemães um Direito civil unificado, pois o Código Civil desejado por Thibaut só veio a ser promulgado em 1896, com vigência para 1. 1.1900.

Ainda nos nossos dias, perdura a controvérsia sobre a possibilidade ou conveniência das codificações. Para o Professor Orlando Gomes, por exemplo, a nossa época não é propícia às grandes codificações, dada a instabilidade dos institutos jurídicos numa sociedade em mudança e em face do espírito de interinidade característico das instituições sociais (novas estruturas, nova metodologia, novos endereços do pensamento jurídico). O Professor Miguel Reale, ao contrário, prefere a opinião de Hegel, segundo a qual nada é mais conforme à dignidade de um povo do que a obra codificadora, desde que realizada com senso histórico concreto, graças ao qual se espelhem objetivamente as formas de querer da nacionalidade e se preservem as fontes de sua continuidade cultural. Toda época é época de codificação, quando se tem consciência de seus valores históricos *(Direito, ciência política e administração,* Fortaleza, Instituto Clóvis Bevilacqua, 1977).

18. Recepção do Direito

Nada impede que um povo independente adote legislações estranhas, por ele consideradas harmonizáveis com o seu espírito e suas necessidades. A *adoção de um Direito estrangeiro como próprio,* por parte de um país soberano, é o que também se denomina *recepção do Direito.* (Cf. John Gilissen, *Introdução histórica ao Direito,* trad. portuguesa, Lisboa, Fundação Calouste Gulbenkian, 1988, p. 351-2). Este fenômeno tem-se verificado, não poucas vezes, através da história.

Assim é que a Itália aplicou o *Corpus Juris Civilis,* por obra da Escola de Direito que os *glosadores* instituíram, nos séculos XII e XIII. Os glosadores interpretaram o Direito justiniano e difundiram o seu conhecimento no mundo culto, com o que deram grande impulso ao estudo do Direito romano. Tanto eles como os "pós-glosadores" (século XIV, Bartolo e seus seguidores) ensinaram o Direito romano como *Direito universal em vigor em todo o Ocidente, naquilo em que não entrasse em conflito com os direitos locais e especiais,* segundo Enneccerus.

Na Alemanha, o Direito romano penetrou pelos tribunais e o *Corpus Juris Civilis* era obrigatório no Império. Entendia-se por "direito imperial" comum, de preferência, o Direito romano. Este, aos poucos, tornou-se Direito *consuetudinário* e teve vigência efetiva, noutras palavras, uma *recepção de fato*, que perdurou até o advento do BGB (Código Civil de 1896-1900 – Cf. Ennecerus, Kipp e Wolff, op. cit.). Influências várias podem atuar no sentido de conduzir um povo independente a aplicar, no seu território, Direito positivo estranho. No caso da recepção do Direito romano pela Alemanha, muito concorreu o conhecimento levado desse Direito pelos estudantes germânicos, que regressavam das universidades italianas, notadamente a de Bolonha, onde o Direito romano, graças às atividades originais dos *glosadores* (Irnerio e outros) e *pós-glosadores*, havia assumido uma projeção extraordinária.

Os glosadores, na observação de Sternberg, consagraram-se especialmente a descobrir o paralelismo entre certas passagens do *Digesto, e* por essa razão, a glosa representa um marcado progresso sobre os antigos métodos dos manuais, que só ofereciam resumos, porque salientou o que, precisamente, dá vida a um Direito desenvolvido: a coesão. Os pós-glosadores, por sua vez, formaram um Direito moderno, rejuvenescido, suscetível de ter vigência, pois, acolhendo-se sob o *corpus juris*, aplicaram-no à prática de seu tempo, com Bartolo à frente, que deu ao Direito romano as armas para lutar de novo pela supremacia mundial (Cf. Theodor Sternberg, *Introducción a la Ciencia del Derecho*, 2ª ed., Barcelona, Labor, 1940).

Também pode ter concorrido para que o império alemão adotasse o direito romano o fato, posto em evidência por Martins Júnior, do caráter *individualista e particularista* do Direito germânico. A este respeito escreve o jurista pernambucano: "Não tendo chegado senão muito tarde ao conceito de Estado unitário, politicamente centralizado, os povos germanos não tiveram, como o romano, um Direito uno e geral, e sim fragmentado em extremo, segundo as necessidades morais e políticas das populações a que tinha de servir" (Martins Júnior, *História do Direito nacional*, 2ª ed., 1941).

Outros exemplos de recepção do Direito são o Código Civil suíço, de 1912, adotado pela Turquia, em 1926, e o do Código Civil egípcio, de 1948, adotado pela Síria.

No Brasil mesmo, verificou-se o fenômeno. Haja vista a lei de 20.10.1823, sancionada pela Assembléia Geral Constituinte e Legislativa, confirmando a legislação que continuava a reger-nos. Naquela data, 13 meses depois de proclamada a nossa independência, deixava o recinto da Constituinte uma deputação, chefiada pelo deputado Ribeiro de Resende, para levar ao imperador Dom Pedro I seis decretos aprovados e sancionados (leis), a fim de Sua Majestade as fazer publicar e executar; sendo que a lei indicada em quinto lugar dispunha sobre o Código, e leis, que provisoriamente se adotarão neste Império, conforme palavras proferidas pelo vogal da deputação, no momento da entrega da mensagem parlamentar ao imperador. (Cf. Diário da Assembléia Geral, Constituinte e Legislativa do Império do Brasil – 1823, edição fac-similar, vol. 111, p. 269). Essa lei declarava "em vigor a legislação que regeu o Brasil até 25.4.1821, assim como as leis promulgadas por D. Pedro, como regente e imperador, daquela data em diante, e alguns decretos das Cortes Portuguesas" (Cf. Max Fleiuss, *História administrativa do Brasil*, 2ª ed., São Paulo, Melhoramentos).

A Assembléia Constituinte e Legislativa tinha organizado uma tabela de leis votadas pelas Cortes de Lisboa – que vamos apontar como *recebidas* e em uso entre nós – segundo dizia o deputado França, na sessão de 24 de setembro.

A verdadeira razão de admitir o Brasil leis que não tinha feito, conforme discurso de Vergueiro, um dos mais empenhados na votação final do projeto, era "a necessidade que temos de leis, porque nós não adotaríamos algumas, se não tivéssemos necessidade delas; mas como não podemos conservar-nos sem leis, admitimos as que foram feitas por autoridade, que hoje não reconhecemos; e depois de adotar as que foram feitas no próprio país, e as que nele tiveram vigor, pusemos a regra de admitir as que foram feitas pelas Cortes de Lisboa que não se opusessem ao nosso sistema".

Na época, registre-se, já os juristas da Assembléia Constituinte e Legislativa, regulando o problema da *recepção* do Direito português, usavam a expressão própria, quando se referiam às leis recebidas no território do Brasil.

19. A codificação no Brasil

A reunião de normas jurídicas num corpo homogêneo, feita de modo sistemático, de acordo com os princípios então dominantes, começou entre nós pelo Direito político, com a outorga da Constituição de 25 de março de 1824 pelo imperador D. Pedro I, de que voltaremos a tratar noutro capítulo. Essa Constituição, no título das "disposições gerais e garantias dos direitos civis e políticos dos cidadãos brasileiros", dispunha, no artigo 179, n. 18, o seguinte: "Organizar-se-á, quanto antes, um código civil e criminal, fundado nas sólidas bases da justiça e eqüidade".

D. Pedro ainda promulgou, entre outras, duas grandes leis: a de 18.9.1828, que criava o Supremo Tribunal de Justiça, e o Código Criminal de 16.12.1830, "um monumento de saber jurídico", segundo já foi dito, e que durou até 1890, quando a República sancionou o seu primeiro Código Penal. Isso revela o quanto estava o país na linha cultural da modificação do Direito positivo, sob a influência das idéias que haviam desaguado na Revolução Francesa. Mas já foi sob a Regência que se deu a promulgação do Código de Processo Criminal, de 29.11.1832, embora o projeto afinal aprovado tivesse sido encaminhado à Câmara dos Deputados, três anos antes, pelo Ministro da Justiça, Lúcio Soares Teixeira Gouveia, quando já empalidecia o prestígio de D. Pedro I.

No livro em que estuda a por ele denominada *teoria política do Império do Brasil,* João Camilo de Oliveira Torres reputa o Código de Processo Criminal "de maior importância do ponto de vista político e institucional" que o Código Criminal (João Camilo de Oliveira Torres, *A democracia coroada,* Rio de Janeiro, José Olympio, 1957, p. 247), provavelmente por haver conservado "em cada distrito administrativo os juízes de paz, eletivos", com o seu escrivão, inspetores de quarteirão e oficiais de justiça, e, além das atribuições constitucionais, ter cometido a esses magistrados ampla jurisdição policial e criminal, em julgamento singular ou em junta de e cursos", figurando ainda, ao lado desses, os juízes municipais e os juízes de direito (Max Fleiuss, op. cit. p. 208).

Alguns anos depois dele, veio o Código Comercial, promulgado sob o gabinete do Visconde de Monte Alegre, pela Lei 556, de 25.6.1850, completado, naquele mesmo ano, pelo famoso Regulamento 737, de 25 de novembro, em cuja elaboração tomaram parte não só peritos na Ciência do Direito, como Nabuco de Araújo, Eusébio de Queiroz, Caetano Alberto Soares, José Clemente Pereira e Carvalho Moreira, mas também empresários ilustres, como Mauá.

Numa das notas de pé de página do grande livro que escreveu sobre seu pai, diz Joaquim Nabuco: "O Regulamento n. 737, de 1850 passa por ser a mais perfeitamente trabalhada de nossas leis". Nabuco, numa de suas reformas judiciárias, propôs que o processo adotado nele fosse seguido nos julgamentos do Supremo Tribunal. "O Governo Provisório mandou observar esse Regulamento no processo das causas cíveis em geral. Decreto de 19.9.1890" (*Um estadista do império – Nabuco de Araújo – sua vida, suas opiniões, sua época,* vol. I, Rio de Janeiro, Nacional, 1936).

Na verdade, o Regulamento n. 737 foi o nosso primeiro Código de Processo Civil, em substituição ao Livro 111 das Ordenações Filipinas que disciplinavam a matéria e cuja vigência decorria da recepção do Direito português. Dele disse Alfredo Buzaid: "Foi com esse monumento legislativo que, na realidade, surgiu o processo civil e comercial brasileiro, Obra notável pela distribuição simétrica da matéria, pela clareza da linguagem e pela simplificação dos atos processuais, marcou o ponto culminante da revisão legislativa ao tempo do Império e logrou entre nós a mais larga duração e a mais profunda influência" (*Atualidades de um velho processualista,* São Paulo, 1950, p. 6).

Quanto ao Código Comercial, o menos que se pode dizer de sua qualidade é que ainda está aí em vigência, apesar de alterado em muitas de suas partes. Sua elaboração parlamentar durou cerca de 16 anos e foi precedida do trabalho de uma comissão nomeada pela regência para a feitura do respectivo projeto, comissão essa proposta de juristas e comerciantes: José Clemente Pereira, José Antonio Lisboa, Inácio Raton, Guilherme Midosi e Lourenço Westin (cônsul da Suécia).

O projeto que ela organizou, com 1.299 artigos, foi enviado à Câmara dos Deputados, em agosto de 1834, e, afinal, aprovado, promulgando-se, pela Lei 556, de 25. 6.1850, o Código Comercial do Império. Apesar de ter surgido quando a navegação a vapor entre nós apenas começava, esse Código chega até à época das auto-estradas, das ferrovias eletrificadas e dos aviões a jato, como uma das leis básicas do nosso sistema jurídico.

Mais difícil foi a gestação do Código Civil. A Constituição Imperial queria-o "o quanto antes", é verdade, em substituição às Ordenações Filipinas, de 1603, cujo Livro IV continuava disciplinando as relações gerais das pessoas, na esfera do Direito privado. Mas só em 1916 tornou-se realidade.

Antes de encetar a tarefa, propriamente dita, da codificação civil, porém, o governo imperial decidiu consolidar a caótica legislação em vigor, tornada numerosíssima e complicada, em virtude, sobretudo, da recepção do Direito luso, seguida da atividade legiferante da Assembléia Geral e da Administração. Seria a obra preparatória do Código Civil a ser, num segundo tempo, encomendado pelo governo. Dela tinha que ser encarregado um jurista, cujos conhecimentos inspirassem plena confiança à nação. A escolha, por iniciativa do Ministro da Justiça, José Tomás Nabuco de Araújo, recaiu no jurisconsulto baiano Augusto Teixeira de Freitas, um dos fundadores do Instituto dos Advogados Brasileiros, advogado do Conselho de Estado e profissional famoso no foro judicial da Corte. Contratado para elaborar a Consolidação das Leis Civis, ele, no prazo legal de três anos, entregou-a, pronta, ao governo (1858), com 1.333 artigos e uma introdução de 221 páginas de doutrina jurídica. Clóvis Bevilaqua considerou-a obra fundamental e uma das mais fortes criações de nossa literatura jurídica. Antes de findar o século, Raul de La Glasserie verteu-a para o francês. Até então, havia no Brasil, como disse Carvalho Moreira, um quadro indigesto e tenebroso de nossas leis civis.

O resultado auspicioso do trabalho de Teixeira de Freitas levou o governo a contratá-lo no ano seguinte, para elaborar um projeto de Código Civil, tarefa que aceitou, mas, infelizmente, não conseguiu concluir. Dois trabalhos paralelos Teixeira de Freitas realizou: um que foi publicado parceladamente, para receber a crítica dos doutos e que ele apelidou de *Esboço*, e outro, o projeto propriamente dito, destinado ao exame da Comissão Especial designada pelo governo e que, uma vez concluído, seria enviado à Câmara dos Deputados. Do *Esboço* chegaram a ser publicados 4.908 artigos, muitos dos quais desdobrados em parágrafos e alíneas. Inicialmente, alguns foram acompanhados de comentários de pé de página, e, no entanto, de certa altura em diante, foram tornando-se mais espaçados, sobretudo a partir do artigo 2.196, depois do qual só fez ligeiros comentários a 13 artigos. Num deles (artigo 1.458), o comentário diz: "Estou resolvido, na redação definitiva do Projeto, a adotar a providência deste artigo", etc.

O primeiro contrato é de 10.1.1859, com o prazo de três anos, vencendo o codificador a mensalidade de 1:200$000 (um conto e duzentos mil réis), e um prêmio final de 100:000$000 (cem contos de réis). Já em agosto de 1860, dava início à publicação do *Esboço* que trazia a seguinte explicação inicial: "Antes de apresentar ao Governo Imperial o Projeto do Código Civil, cuja redação me foi encarregada por decreto de 11.1.1859, entendi que o devia depurar com a estampa das diversas partes deste longo trabalho, que, por ora, tem o título de *Esboço*. Expor-me à censura de todos, facilitar a minha própria censura, que acharia embaraço na combinação de páginas manuscritas, eis o fruto que pretendo colher desta primeira tentativa".

Findo o prazo contratual, porém, Teixeira de Freitas não tinha concluído o trabalho, e veio afinal a renunciar ao contrato, para ficar coerente consigo, pois mudara de convicções acerca da necessidade de um Código Civil. Em exposição dirigida ao governo, em setembro de 1867, dizia o codificador: "Há desarmonia profunda entre o meu pensamento atual, sobre tais assuntos e as vistas do Governo Imperial. Está satisfeito o Governo com os trabalhos, de que já tem conhecimento, e o autor malcontente. Deseja o Governo a terminação do trabalho impresso, como se fora o contratado Projeto do Código Civil; e jamais o passou pela intenção do autor, nem é de seu caráter, dar por Projeto de Código Civil o que ele só compusera como ensaio, e legalmente publicara sob o título de *Esboço*. O Governo espera por um Projeto de Código Civil no sistema desse mesmo *Esboço*, sistema traçado no meu contrato de 10.1.1859; e para mim já não há possibilidade de observar tal sistema, convencido, como estou, de que a empresa quer diverso modo de execução. O Governo quer um Projeto de Código Civil para reger como subsídio ao complemento de um Código do comércio; intenta conservar o Código Comercial existente com a revisão, que lhe destina, e, hoje, as minhas idéias são outras, resistem invencivelmente a essa calamitosa duplicação de leis civis, não distinguem, no todo das leis desta classe, algum ramo, que exija um Código do Comércio. O Governo só pretende de mim a redação de um Projeto de Código Civil, e eu não posso dar esse Código, ainda mesmo, compreendendo o que se chama Direito Comercial, sem começar por um outro Código, que domine a legislação inteira".

 A comissão especial, pelo voto vencedor de Nabuco de Araújo, concordou com o ponto de vista de Teixeira de Freitas, mas o governo não, e o contrato foi rescindido (Cf. Joaquim Nabuco, *Um Estadista do Império*, cit., vol. 11, pp. 340 e ss.; e Ernesto Nieto Blanc, "Estudo sobre Augusto Teixeira de Freitas", *Scientia Jurídica*, 107/621-552, 1970). Serviria o *Esboço*, no entanto, de modelo ao codificador argentino, Dalmacio Velez Sarsfield e "muitas de suas disposições passaram ao Código Civil argentino" (Nieto Blanc). No centenário de nascimento de Teixeira de Freitas, falando como orador oficial da solenidade comemorativa realizada no Teatro Municipal do Rio de Janeiro, sob a presidência de Rui Barbosa, disse Clóvis Bevilaqua: "Para o preparo do Código Civil argentino, que goza do melhor conceito, entre os conhecedores, contribuiu o *Esboço*, não somente com a orientação geral das idéias, como, ainda, com o plano, o método e número considerável de soluções" (*Linhas e perfis jurídicos*, Rio de Janeiro, 1930).

Não cessa a exaltação do alto valor científico da obra legada por Teixeira de Freitas. Na exposição com que encaminhou ao Ministro da Justiça o trabalho da Comissão Revisora e Elaboradora do Código Civil, de que foi o supervisor, o Professor Miguel Reale disse, do *Esboço*, ser "o ponto culminante da Dogmática Jurídica Nacional".

Para suceder a Teixeira de Freitas, contratou o governo a Nabuco de Araújo, que, entretanto, morreu pouco tempo depois de começar o seu trabalho. Vieram, em seguida, os projetos de Felício dos Santos e Coelho Rodrigues (este já no período inicial do regime republicano). Felício dos Santos ofereceu-se para organizar o projeto à base do trabalho que apresentou sob o título "Apontamentos para o Projeto do Código Civil Brasileiro". A comissão governamental (Lafaiete Pereira, Antonio Joaquim Ribas, Justino de Andrade, Coelho Rodrigues e Ferreira Viana), encarregada de apreciar esse trabalho, aprovou-o, mas a queda do regime monárquico fez malograr mais essa iniciativa. Quanto ao projeto de Coelho Rodrigues, ele não foi aceito pelo governo, que se louvou no parecer contrário da Comissão nomeada para apreciá-lo.

Nessa linha de encarregar a um só jurista a tarefa de elaborar projeto de Código – linha da qual veio o Brasil a se afastar em nossos dias – ainda há quem persevere, com a agravante de valer-se de elemento estrangeiro. O Código Civil da Etiópia, de 1960, um dos mais recentes Códigos Civis, "teve como principal redator o Professor René David" (Cf. Haroldo Valadão, *Lei geral de aplicação das normas jurídicas*, Rio de Janeiro, 1964).

Foi na primeira metade do governo Campos Sales, finalmente, quando o Ministro da Justiça Epitácio Pessoa, que veio a ter afortunado desfecho o velho empenho oficial de encaminhar, definitivamente, a elaboração parlamentar de um Código Civil para o Brasil. Para a feitura do projeto a ser enviado à Câmara dos Deputados, encarregou-se o professor de Legislação Comparada da Faculdade de Direito do Recife, Clóvis Bevilaqua, autor já de diversas obras jurídicas. No prazo dado de seis meses, sua tarefa ficou concluída, seguindo-se-lhe o demorado exame por uma comissão revisora, de modo que, ao findar a sessão legislativa de 1900, o Presidente Campos Sales, mediante mensagem, enviou à Câmara dos Deputados o projeto-Clóvis.

Durante a sua longa gestação congressual, que veio até fins de 1915, sendo sancionado pela Lei 3.071, de 1.1.1916, para entrar em vigência em igual data do ano seguinte, ocorreram, pelo menos, dois episódios merecedores de registro. Um foi a guinada que o governo deu, em 1911, para um *Código de Direito Privado*, elaborado pelo Professor Inglês de Souza, mas sem resultado positivo. O outro, a polêmica travada, principalmente, entre Rui Barbosa e Carneiro Ribeiro sobre a linguagem do projeto-Clóvis.

Em relação a este último episódio, tudo nasceu da idéia que teve o presidente da Comissão Especial, na Câmara, deputado José Joaquim Seabra, de submeter a redação final do projeto, antes de sua votação e remessa para o Senado, ao exame do gramático baiano, Professor Ernesto Carneiro Ribeiro, que, em apenas cinco dias (prazo dado pelo parlamentar), reviu a linguagem do projeto, artigo por artigo, expungindo-a, o mais que pôde, de incorreções. Chegando ao Senado, como Câmara revisora foi designada uma Comissão Especial para o seu estudo. Coube ao senador Rui Barbosa, na qualidade de presidente e relator do projeto, dar parecer. E assim o começou o representante da Bahia: "Tanto que me vieram ter às mãos, em dias do mês passado, os oito volumes da comissão especial do Código Civil na Câmara dos Deputados, correndo avidamente ao projeto, que aos votos desta se ia submeter, para logo nos impressionou a negligência, a que a preocupação dos grandes problemas resolvidos naquele trabalho abandonara a sua forma". E por aí foi, numa crítica vigorosa e severa à linguagem do mesmo texto que, pouco antes, tinha passado pela censura de um grande mestre em assuntos de língua portuguesa. Como era de esperar, respondeu Carneiro Ribeiro, cinco meses depois, com um opúsculo de 92 páginas, intitulado *Ligeiras observações ao Parecer do Dr. Rui Barbosa, feitas à redação do projeto do Código Civil*, como em 1917 apareceu em edição da Livraria Catilina. A esse opúsculo Rui deu resposta na *Réplica*, a que Carneiro Ribeiro opôs embargos, num denso volume de 920 páginas, com o qual a disputa findou entre os dois grandes homens (a tréplica do Professor Carneiro Ribeiro foi depois reeditada na Bahia, em 1923, pela Livraria Catilina, com o seguinte título: *A Redação do Projeto do Código Civil e a réplica do Dr. Rui Barbosa pelo Dr. Ernesto Carneiro Ribeiro, Lente jubilado do Ginásio da Bahia*).

Paralelamente, outras figuras das letras brasileiras e o próprio autor do Projeto pronunciaram-se, pela imprensa, acerca dos problemas de linguagem suscitados no parecer de Rui. Este, porém, só deu resposta, na *Réplica*, além de Carneiro Ribeiro, a José Veríssimo, Clóvis Bevilaqua, Medeiros e Albuquerque (sem lhe citar o nome, designando-o como "O Agressor") e a "um membro da comissão parlamentar", cujo nome também não mencionou – tratava-se do deputado Anísio de Abreu – dizendo em seu lugar: "A resposta parlamentar".

A faina codificadora, no Brasil, tem chegado até os dias de hoje. Depois do Código Civil, vieram: em 1939, o primeiro Código de Processo Civil nacional (Dec.-lei 1.608, de 18 de setembro), em virtude da competência reservada à União, desde a Constituição de 1934, de legislar sobre Direito Processual; em 1940, um novo Código Penal, que ainda está vigendo (Dec.- lei 2.248, de 7 de dezembro); em 1941, o Código de Processo Penal (Dec.- lei 3.689, de 3 de outubro), seguido da Lei de Introdução ao Código de Processo Penal (Dec.- lei 3.931, de 11. de dezembro); em 1943, a Consolidação das Leis do Trabalho (Dec.- lei 5.452, de 1º de maio); em 1946, a Constituição de 18 de setembro; o Código Eleitoral (Lei 4.737, de 15.7.65); em 1967, a Constituição de 15 de março; em 1973, novo Código de Processo Civil (Lei 5.869, de 11 de janeiro, com as alterações da Lei 5.925, de 1º de outubro); e, finalmente, o novo Código Civil, promulgado pela Lei n. 10.406, de 10 de janeiro de 2002.

20. Unificação do Direito privado no Brasil

Tanto na doutrina como na legislação verifica-se, de há muito, a tendência para a unificação do Direito Civil e Comercial, nas partes em que ambos têm princípios comuns (obrigações e contratos). A Teixeira de Freitas se deve o impulso inicial do movimento nesse sentido. Ele não negava o Direito Comercial, mas se opunha à arbitrária separação de leis, a que se deu o nome de Código Comercial. Ele queria dois Códigos: um Código Geral, constituído de dois Livros (Livro 1 – Das Causas Jurídicas – Seção 1ª – Das Pessoas; Seção 2ª – Dos Bens; Seção 3ª – Dos Fatos; Livro 11 – Dos Efeitos Jurídicos), e um Código Civil, dividido em três livros (Livro I - *Dos efeitos civis;* Livro II – *Dos direitos pessoais;* Livro III – *Dos direitos reais).*

O Código Civil, tal como planejado, conteria *todas as matérias do atual Código do Comércio.* E o *Código Geral* – conforme reconheceu o parecer favorável da Seção de Justiça do Conselho de Estado, da lavra de Nabuco de Araújo, subscrito por Sales Torres Homem e Jequitinhonha – trazia *as definições que expliquem o sentido das disposições gerais, que são aplicáveis aos diversos ramos da legislação, e não peculiares a alguns deles, como são as disposições que dizem respeito à publicação das leis, aos seus efeitos em relação ao tempo e ao lugar, assim como, as relativas às pessoas, coisas e fatos, como causa dos direitos.*

O Conselho de Estado aplaudiu a idéia de Teixeira de Freitas, pois *na Legislação como na ciência, as idéias por novas não devem ser repelidas "in limine", mas pensadas e estudadas.* O gabinete por fim rejeitou a proposta dos dois Códigos (Cf. Joaquim Nabuco, op. e vol. cits.).

Dezesseis anos depois da exposição de Teixeira de Freitas ao governo imperial, a Suíça teve o seu Código Federal das

Obrigações, incorporando considerável parte da legislação civil e comercial. Também a Itália, no Código Civil promulgado em 1942, incluiu no seu Livro V, denominado *Del Lavoro*, a matéria civil e comercial. Na extinta URSS, embora houvesse regulamentação legal de determinadas matérias mercantis, inexistia Código Comercial autônomo. Atos de natureza civil e comercial regulavam-se pelo Código Civil, porquanto, segundo decorria de sua estrutura político-social e era apregoado pelos juristas do regime, o Direito civil soviético regulava *também as relações patrimoniais entre as organizações socialistas na circulação econômica* (Cf. V. Serebrovski e R. Jalfina, *Fundamentos del Derecho Soviético*, Ediciones en Lengua Extranjera, Moscou, 1962, p.180).

Entre nós, o tema da unificação voltou novamente à pauta, em 1911, quando o governo encarregou o Professor Inglês de Sousa de elaborar um projeto, a princípio de Código Comercial, mas que veio, afinal, a se converter, no ano seguinte, num *Código de Direito privado*, reunindo a matéria civil e comercial. Tal iniciativa não prosperou, tendo sido absorvida pelo começo de vigência do Código Civil a 1º de janeiro de 1917.

Nova tentativa verificou-se no período do Estado Novo. Em 1941, constituiu-se comissão para elaborar um *Código das Obrigações*. Integravam-na Orosimbo Nonato, Filadelfo Azevedo e Hahnnemann Guimarães, cujo trabalho não logrou ser convertido em decreto-lei do chefe do governo discricionário de então. Em 1965, Orosimbo Nonato, Caio Mário da Silva Pereira (relator-geral), Teophilo de Azevedo Santos, Sílvio Marcondes, Orlando Gomes, Nehemias Gueiros e Francisco Luiz Cavalcanti Horta (secretário), componentes da comissão respectiva, elaboraram um *Projeto de Código das Obrigações*.

"Este Projeto" – escreveu o seu Relator-Geral – "porá o Brasil na linha dos sistemas contemporâneos que repelem a dicotomia incongruente do Direito Privado, e consagrará uma idéia, que antes de ser posta em prática na codificação de sistemas jurídicos de povos do mais elevado conceito, já era nossa, preconizada que fora, antes de todos, pelo mais genial de nossos civilistas, Teixeira de Freitas" (Cf. *Comissão de estudos legislativos do Ministério da Justiça e Negócios Interiores – Projeto de Código de Obrigações*, Serviço de Reforma de Códigos, 1965, p. VIII).

Afirma-se não haver razão científica para a bipartição das obrigações em civis e comerciais. Segundo a linha dos sistemas jurídicos mais evoluídos dos tempos atuais, avessos ao que Caio Mário denomina 11 "a dicotomia incongruente do Direito Privado" (Teixeira de Freitas, como vimos, impugnava *essa calamitosa duplicação das leis civis*), unifica-se a legislação dos dois maiores ramos do Direito privado. No Brasil atual, o pensamento dominante é o de um Direito obrigacional unificado, cujos preceitos normativos não mais cogitam da profissão mercantil ou não-mercantil dos sujeitos da relação jurídica.

Contudo, o projeto de 1965 não chegou a ter tramitação parlamentar. Ficou como mais uma contribuição de alto nível para o legislador que viesse a retomar o assunto. Isto sucedeu no terceiro governo militar, quando ministro da Justiça o Professor Alfredo Buzaid, a quem se deve ter sido composta nova comissão encarregada de fazer o Projeto de Código Civil hoje vigente. Essa comissão, cujo supervisor foi o Professor Miguel Reale, estava assim constituída: José Carlos Moreira Alves (parte geral), Agostinho Neves de Arruda Alvim (parte especial, Livro I, Direito das obrigações), Silvio Marcondes (atividade negocial), Ebert Chamoun (Direito das coisas), Clóvis do Couto e Silva (Direito de família) e Torquato Castro (Direito das sucessões).

Na Câmara dos Deputados, o projeto enviado pela Mensagem 160, de 1975, tomou o número 634, de 1975.

Fundamentando e justificando a obra realizada, disse o supervisor, Professor Miguel Reale, que "o Código Civil era uma *lei básica, mas não-global,* do Direito privado (grifos seus), *conservando-se em seu âmbito, por conseguinte, o Direito das obrigações, sem distinção entre obrigações civis e comerciais, consoante diretriz já consagrada, nesse ponto, desde o Anteprojeto do Código de Obrigações de 1941, e reiterada no Projeto de 1965"*. Ressaltava também ter sido considerada "elemento integrante do próprio Código Civil a parte legislativa concernente às atividades negociais ou empresariais em geral, como desdobramento natural do Direito das obrigações, salvo as matérias que reclamam disciplina especial autônoma, tais como as de falência, letra de câmbio, e outras que a pesquisa doutrinária ou os imperativos da política legislativa assim o exijam".

Assim, pois, como aliás o próprio supervisor adiante consigna, o que, afinal, se fez, no âmbito do Código Civil, "foi a unidade do Direito das obrigações", de conformidade com a linha de pensamento prevalecente na ciência jurídica pátria, desde Teixeira de Freitas e Inglês de Sousa até os já referidos anteprojetos de Códigos das obrigações, de 1941 e 1964 (Cf. *Diário do Congresso Nacional,* Suplemento (B) ao n. 61, de 13.6.1975, Câmara dos Deputados Projeto de Lei 634, do Poder Executivo, Mensagem 160/75, Código Civil).

Capítulo VII

21. Fontes do Direito. 22. Sistema romanístico do Direito e common law. 23. A jurisprudência. A doutrina e seu papel.

21. Fontes do Direito

As fontes aqui encaradas são as fontes do Direito positivo, ou fontes de onde procede esse Direito, não histórica e, sim, logicamente. As fontes históricas do Direito, como escreveu Savigny, compreendem todos os monumentos que nos proporcionam fatos relativos à ciência, ao passo que as fontes do Direito são as bases do Direito geral e, por conseguinte, as instituições mesmas e as regras particulares que separamos delas por abstração (Cf. M.F.C. de Savigny, *Sistema del Derecho Romano Actual*, trad. de Jacinto Mesia e Manuel Poley, 2ª ed., vol. 1, § VI, Madrid, Góngora, s/d).

Costumam os autores considerar aquilo que produz o aparecimento e determina o conteúdo das normas jurídicas, isto é, o que denominam as *suas fontes materiais* (necessidades políticas, ideológicas, econômicas, culturais, que o legislador tende a resolver). O Direito já elaborado, isto é, a norma jurídica, segundo Zorraquin Becú, encontra-se potencialmente incerto nesses fatores, pois é lógico chegar à conclusão de que certos elementos sociais hão de produzir um determinado ordenamento jurídico e não outro distinto. Este raciocínio, continua ele, é de caráter contingente, não só pela imensa complexidade dos fatos sociais, mas, também, porque em cada caso podem também intervir fatores individuais que com aqueles não coincidem. Mas, em termos gerais, os antecedentes de ordem material contêm em potência um resultado jurídico previsível, e é por isto que se chamam fontes do Direito (Cf. *Introducción al Derecho*, cit.). São estas, pois, os antecedentes de natureza lógica do Direito existentes em cada povo.

Ao lado das *fontes materiais*, estudam-se aquelas outras significativas das diferentes maneiras pelas quais o Direito positivo se exterioriza, se manifesta, ou, noutras palavras, expressivas das formas diversas, assume a vontade humana criadora da norma jurídica. E aí temos *fontes formais* do Direito. Assim encaradas, constituem *fontes formai*, do Direito positivo as leis, os costumes jurídicos, jurisprudência e os atos jurídicos. No nosso sistema jurídico, a fonte principal do Direito é *a lei*. Todas as demais (o costume, a analogia, os princípios gerais de Direito), de acordo com a norma retora da aplicação das normas em geral que é a Lei de Introdução ao Código Civil, só funcionam subsidiariamente, isto é, em sendo omissa a lei. Não se menciona a *doutrina*, porque, embora em remoto passado tenha sido fonte formal do Direito, hoje, a experiência demonstra que ela pode apenas influir, e realmente influi, na elaboração da norma pelo poder constitucionalmente qualificado para isso, sendo, assim, fonte *material* do Direito.

Historicamente falando, a primeira das fontes formais do Direito objetivo foi o *costume*. Nos seus primórdios, as relações humanas no meio social foram reguladas por normas consuetudinárias, tendo surgido o *jus scriptum*, ou direito elaborado pelo homem, em fase mais adiantada da evolução social.

Há também autores que dividem as *fontes formais* do Direito em *gerais particulares*, figurando entre as primeiras as leis gerais, a jurisprudência e o costume jurídico, e constituindo as particulares, as chamadas *leis particulares* (leis concessivas de favores ou honrarias, p. ex.), a vontade (contrato, p. ex.) e a sentença isolada (norma concreta ou individualizada).

Oportunamente, voltaremos a tratar de cada qual dessas formas manifestadoras do Direito positivo, a saber, *a lei, o costume jurídico, a jurisprudência.*

A fonte produtora da lei é o Poder Legislativo, em regra, mas sem excluir a elaboração da norma legal por outros órgãos de poder, como hoje se verifica em muitos países. A norma costumeira surge da convivência social, da conduta repetida acompanhada da consciência de sua necessidade jurídica. A norma jurisprudencial, por sua vez, emana da uniformidade e concordância das decisões sobre a mesma questão de direito, proferidas pelos órgãos incumbidos da função jurisdicional.

Para Giorgio Del Vecchio, a fonte do Direito *in genere* é a natureza humana, o espírito que reluz na consciência individual, donde se deduzem os princípios imutáveis da justiça ou do Direito natural. Savigny, a seu turno, entendia que o Direito positivo brota do *espírito geral que anima a todos os membros de uma nação.* Se perguntarmos, escreveu ele, qual é o sujeito em cujo seio tem sua realidade o Direito positivo, encontraremos que este sujeito é o povo. Na consciência comum deste, vive o Direito positivo, pelo que pode ser chamado *Direito do povo* (Savigny, *Sistema del derecho romano actual,* cit., vol. I, § VII).

Segundo um adepto da teoria egológica do Direito, Júlio Cueto Rua, "as fontes do Direito são, justamente, os critérios de objetividade de que dispõem juízes, advogados e juristas para conseguir respostas às interrogações da vida social, que sejam suscetíveis de compartir pelos componentes do núcleo, ou ainda, as instâncias a que recorrem os juízes, os legisladores, os funcionários administrativos, quando devem assumir a responsabilidade de criar uma norma jurídica, quer geral, quer individual, imputando determinadas conseqüências jurídicas à existência de um determinado estado de fato" *(Fuentes del Derecho,* Buenos Aires, Abelardo-Perrot, 1971).

O Professor Miguel Reale, reconhecendo que a conhecida divisão das fontes do Direito *em fontes materiais* e *fontes formais* tem originado equívocos, entende necessário empregar a locução *fonte do Direito*, como designativa só dos processos de produção de normas jurídicas, isto é, processos ou meios em virtude dos quais as regras jurídicas se positivam com legítima força obrigatória (vigência e eficácia). Visto que o Direito, diz ainda o mestre paulista, se manifesta através de certas formas *ou fôrmas* que são *o processo legislativo, os usos e costumes jurídicos, a atividade jurisdicional e o poder negocial*, implicando toda fonte do Direito uma *estrutura de Poder*, segue-se que quatro são as fontes de Direito, porque quatro também são as formas de *poder: o processo legislativo*, expressão do Poder Legislativo; *a jurisdição*, que corresponde ao Poder Judiciário, *os usos e costumes jurídicos*, que exprimem o *poder social*, ou seja, o poder decisório anônimo do povo; e, finalmente, *a fonte negocial*, expressão do *poder negocial* ou da *autonomia da vontade* (Miguel Reale, *Lições preliminares de Direito*, op. cit.).

22. Sistema romanístico do Direito e *common law*

Os dois principais sistemas jurídicos contemporâneos são o dos países anglo-saxônicos – sistema de *common law* – e o dos países filiados ao Direito romano ou sistema de Direito escrito. Neste último, adotado no continente europeu, nos países ibero-americanos e em certas partes da África e da Ásia, a fonte primordial do Direito é a lei, como regra geral e abstrata, elaborada, de ordinário, pelo Poder Legislativo. De um modo geral, conforme opinião de Vicente Ráo, o Direito civil dos países latinos pode ser incluído na órbita do Direito romano, reavivado pelo Código Civil francês, de 1804 (Cf. *O Direito e a vida dos Direitos*, vol. I).

Já o sistema dos povos anglo-americanos (com exceção da província canadense de Quebec e do estado da Luisiana, ambos sujeitos às influências do Código Napoleão), denominado *common law*, é o Direito originariamente costumeiro consagrado pela jurisprudência. Por outras palavras: *common law* ou Direito comum, porque essencial e formalmente constituído pelo conjunto de normas jurídicas que os tribunais estabelecem em suas sentenças, as quais se convertem em precedentes obrigatórios. O *statute law*, ou regime de lei escrita, constitui direito especial, regulador somente das matérias que contempla, em relação às quais prevalece (no sistema romanístico, a lei sempre obriga, como fonte primordial do Direito).

No regime jurídico anglo-americano, a expressão *common law*, conforme a palavra de um dos melhores expositores desse regime jurídico, tem vários sentidos, para designar: a) o direito anglo-americano em sua totalidade, distinto do sistema jurídico romano e seus derivados, tanto na Europa como na América, assim como dos demais sistemas no mundo; b) o elemento casuístico do Direito anglo-americano constituído pelos precedentes judiciais, ou seja, a jurisprudência dos tribunais, por distinção das leis promulgadas formalmente pelo legislador; c) o Direito formado pelas decisões e precedentes judiciais aplicados pelos clássicos tribunais ingleses chamados *common law courts* (King's Bench, Common Pleas y Exchequer) e os modernos tribunais de igual categoria, tanto na Inglaterra como nos Estados Unidos, em contraposição ao direito constituído pela jurisprudência dos tribunais de *equity* (Direito-equidade), almirantado, Direito marítimo, Direito canônico, etc.; d) o antigo Direito vigente na Inglaterra e nos Estados Unidos, por distinção dos preceitos introduzidos em épocas recentes, pela legislação ou pela jurisprudência (Cf. Oscar Rabasa, op. cit. Segundo ainda o citado autor, a *equity* Direito costumeiro-jurisprudencial fundado na eqüidade, inicialmente, era meio de atenuar o rigorismo do Direito comum e estatutário, e com o tempo se converteu em regras (*rules of equity*), constantemente aplicadas pelos tribunais e elevadas à categoria de precedentes judiciais, compondo o Direito-eqüidade.

Aí, a fonte primordial do direito são os precedentes judiciais, a jurisprudência, numa palavra.

Ao Direito de tradição romanista, vigente noutras partes do mundo civilizado, os anglo-americanos chamam *civil law*. No sistema denominado *common law* distinguem-se o *common law*, o *statute* e o *act*, sendo estes dois últimos, as leis editadas pelo parlamento inglês ou o congresso e as assembléias estaduais dos Estados Unidos. É o seu direito legislado, distinto dos precedentes judiciais que se compreendem numas das acepções do *common law*, acima referidas.

O Direito filiado ao sistema romanístico compõe-se de instituições científicas e codificadas, é obra principalmente do legislador e dos jurisconsultos, ao passo que o Direito anglo-americano é de formação mais histórica e tradicional. Teve origem nos costumes das antigas comunidades inglesas, os quais se converteram em normas jurídicas consuetudinárias mediante as sentenças judiciais que os aplicaram. Até hoje esse Direito continua constituído, basicamente, pelo Direito comum que os juízes estabelecem em suas sentenças, ou *judge made law*, paralelamente às reformas introduzidas por uma crescente legislação federal e estadual.

No seu livro sobre o regime jurídico anglo-americano, publicado há mais de 40 anos, Júlio Cueto Rua já salientava a marcha acelerada, nos Estados Unidos, para a legislação substitutiva e modificadora do *common law*. Para evidenciar o alcance desta situação – diz ele – bastará fazer referência aqui, aos seguintes dados: a coleção oficial de leis sancionadas pelo Congresso dos Estados Unidos, nas últimas décadas, *statutes at large*, compreende 44 grandes volumes; os decretos, resoluções e regulamentos de caráter geral, em *vigência*, recopilados no *Code of Federal Regulations* e seu *supplement*, edição de 1949, compreende 55 volumes com cinqüenta capítulos. Nos Estados, a situação é idêntica, verificando-se que o movimento para a progressiva legislação em quase todas as esferas tem sido fenômeno que se repete em todas as jurisdições norte-americanas. Ao mesmo tempo, cresce a organização sistemática do material editado pelo Congresso Federal e as legislaturas locais, com sua classificação pelo conteúdo, chamando-se a tais ordenações "Códigos", embora lhes falte a unidade sistemática, a coerência, a coordenação e a correlação normativa que se observam nos Códigos dos países de tradição romanista" (Júlio Cueto Rua, El *"Common Law" – Su Estructura Normativa – Su Enseñanza*, Buenos Aires, 1957).

A obrigatoriedade do precedente é a norma fundamental do *common law*. A instituição da força obrigatória do precedente, nos casos posteriores em que seja semelhante a matéria controvertida, chama-se *stare decisis* (*Stare decisis et quieta non movere* – ficar com o decidido e não perturbar o que está firme). A virtude operante do *stare decisis* segundo o citado estudioso do Direito anglo-americano, encontra-se na circunstância de que ele atribui valor de fonte normativa às sentenças precedentes. O princípio do *stare decisis*, enfim, confere ao precedente o valor de fonte do Direito.

Cumpre notar que esse autor chama a atenção para a dificuldade de se fixar o que seja o caso semelhante, a seu ver, questão sumamente flexível e imprecisa. Os precedentes são respeitados – diz ele – e se trabalha com muito rigor e precisão na determinação da similitude dos casos e na explicitação e formulação da norma geral envolvida na sentença precedente. Pode afirmar-se, pois, sem reservas, que, nos Estados Unidos, se reconhece que: adotando um tribunal certa norma, não deve alterá-la em casos futuros, exceto diante de razões muito convincentes e mediante prova do erro cometido no caso precedente, em apoio do que menciona várias decisões judiciais.

O costume transformado em lei pela atividade dos juízes, e não pelo trabalho dos legisladores e dos juristas, compõe o *common law*. A jurisprudência tem a mesma força da lei; as normas de conduta nela contidas obrigam tanto quanto os preceitos legais. Conforme escreve um dos grandes juristas norte-americanos, a doutrina do *"common law* consiste em aplicar a razão à experiência. Parte da suposição de que a experiência proporcionará o fundamento mais satisfatório para os *standards* de ação e princípios de decisão. Sustenta que o Direito não pode ser criado arbitrariamente por um *fiat* da vontade soberana, senão que há de ser descoberto pela experiência judicial e jurídica à base de regras, dos princípios que, no passado, conseguiram uma solução de justiça ou fracassaram no intento (Roscoe Pound, *El Espíritu del "Common law"* trad. de José Puig Brutau, Barcelona, Bosch, 1954).

Nesse sistema, a lei positiva ocupa segundo lugar, não em hierarquia, como adverte Oscar Rabasa, mas no uso prático. Só a organização política foi diretamente influenciada pelo elemento legislativo, notadamente nos Estados Unidos, mas pouco influi no seu ordenamento de Direito privado. Em problemas constitucionais, como assinala Júlio Cueto Ruas o princípio do *stare decisis* sofre muitas exceções e está longe de ser aplicado estritamente.

Por tudo isso, é que do regime jurídico de Inglaterra e Estados Unidos disse Edgar Bodenheimer: "O senso prático dos ingleses aliado à sua intuição das exigências dos casos concretos permitiram-lhes desenvolver o único sistema jurídico destinado a ser um verdadeiro rival do Direito Romano" (op cit.).

23. A jurisprudência. A doutrina e seu papel

A palavra "jurisprudência" é aqui empregada não no sentido de ciência jurídica, mas exprimindo a constante atividade dos juízes na aplicação do Direito positivo aos casos submetidos ao seu julgamento. Entre nós, desempenha, hoje, um papel muito especial a produzida pelo Supremo Tribunal Federal, em face do regime de "súmula" a que ele está sujeito, mas que não obriga aos demais órgãos do Poder Judiciário.

Quando aplica a norma jurídica geral e abstrata no julgamento da lide, isto é, ao proferir sentença, o juiz cria direito, mas, tão-somente, para o caso concreto (norma "individualizada", segundo a terminologia kelseniana), obrigatória apenas em relação às pessoas participantes da relação processual. O que o juiz superior decide, num litígio determinado, não obriga ao juiz inferior, noutras palavras, ao modo como aquele interpretou o Direito positivo aplicado não fica sujeito outro juiz, de instância inferior. O próprio autor da sentença é livre de, em futuro caso semelhante, variar de entendimento da lei, porquanto a esta é que ele deve obedecer, não figurando ainda a jurisprudência entre as fontes formais do nosso Direito.

Cabe ao juiz, antes de tudo, aplicar as "normas legais" editadas pelos poderes competentes, que ele encontra em vigência, e não, "fazer" leis novas. Se não houver, no quadro geral delas, uma que possa solucionar o conflito de interesses levado a seu conhecimento, aí então se valerá de uma qualquer das fontes subsidiárias, indistintamente, pois não há entre elas hierarquia, a fim de elaborar a norma jurídica "para o caso de que se trata" – conforme preceito do artigo 126, do CPC, combinado com o art. 4º da LICC. Essa norma que resulta da sentença não tem, no entanto, o caráter geral e impessoal que é próprio da lei. Ao conjunto de sentenças que decidem, uniformemente questão de Direito, chama-se "jurisprudência". Esta supõe certo número de julgados que dão a um tema jurídico a mesma interpretação. É a reiteração uniforme das decisões dos órgãos jurisdicionais sobre um determinado ponto de Direito que constitui, propriamente, a jurisprudência. Os tribunais decidem casos, e, para o futuro só deliberam, expressamente, de modo indireto pela influência maior ou menor de seus julgamentos. A sentença e a lei são, ambas, normas obrigatórias, mas aquela o é entre partes e esta em relação a todos. A jurisprudência distingue-se por ser mais maleável e influindo no esclarecimento do conteúdo normativo da lei e adequação aos casos concretos. Daí já ter sido dito que "o juiz é a justiça viva; a lei, a justiça inanimada". A jurisprudência se impõe pela persuasão. Vale na medida de sua constância e uniformidade; os julgados isoladamente considerados, por sua fundamentação. Em geral, tratando-se de decisão de tribunal, é citada pela "ementa" respectiva, que traduz, sinteticamente, a doutrina jurídica assentada, como, por exemplo: "Servidor público. Não direito à percepção de vencimentos fixados para cargo, cujas atribuições foram exercidas de fato. Recurso conhecido e provido". Indicam-se depois: o tribunal julgador (Pleno ou Turma, ou Câmara), a natureza do recurso decidido, número e procedência; os nomes do recorrente recorrido, bem como do relator; a data do acórdão e o nome do repertório de jurisprudência que o tiver publicado. No caso da "ementa" acima : "Supremo Tribunal Federal (1ª Turma), RE 84.221, de São Paulo (simplesmente: RE 84.221-SP), recorrente, o Estado de São Paulo; recorrido, Amilton Tavares Vieira e outros, Relator Ministro Cunha Peixoto, acórdão unânime – ou apenas ac. un. –, de 11.5.76, in RTJ, 8019).

A jurisprudência ajuda a tarefa do intérprete, sem torná-lo dispensável. As "conclusões" do julgado (seja *sentença* ou julgamento proferido por juiz de primeiro grau; seja *acórdão* ou julgamento proferido por tribunal) é que constituem "precedentes", não os raciocínios do julgador.

O julgado vale pelos fundamentos jurídicos em que assenta e pela autoridade do órgão jurisdicional de onde emana. Quando se trata de julgamentos de tribunal, de ordinário têm maior peso os unânimes que os tomados por maioria ocasional (num tribunal, por exemplo, de 21 membros, presentes 11, votar-se uma questão altamente controvertida, verdadeira *vexata questio*, por seis votos contra cinco).

A jurisprudência não tem efeito vinculativo, pois o juiz do primeiro grau de jurisdição, ao sentenciar, não fica sujeito aos critérios adotados pelo tribunal de instância superior. Não deve ser modificada senão diante de razões jurídicas relevantes, em respeito aos interesses privados legítimos que precisam contar com a estabilidade dos julgamentos em casos semelhantes. Falta-lhe, enfim, caráter "normativo" e, assim sendo, o juiz a ela não recorre para extrair preceitos legais ou preencher lacunas. A Lei de Introdução ao Código Civil, definidora das fontes formais do Direito no sistema jurídico brasileiro, não a inclui entre as fontes subsidiárias (art. 4º). No rol destas, o artigo 8º da CLT designa a jurisprudência.

O Código de Processo Civil estabelece normas destinadas a eliminar a divergência de interpretação do Direito, nos tribunais de segunda instância. O tribunal que reconhecer a divergência denunciada, dará a interpretação que deve ser observada e o julgamento, tomado pelo voto da maioria absoluta dos seus membros integrantes, será objeto de súmula e constituirá precedente na uniformização da jurisprudência". Súmulas de jurisprudência predominante serão, oficialmente, publicadas (Cf. CPC, 476 e 479).

O Supremo Tribunal Federal, por sua vez, graças a uma emenda de 30.8.63 ao seu Regimento Interno, inaugurou o regime de "súmula". Revela a "súmula" o que o Supremo Tribunal Federal tem por sua jurisprudência predominante e firme, sendo citada pelo número de enunciado, o que toma dispensável "a indicação complementar de julgamentos no mesmo sentido".

A "súmula" do Supremo Tribunal Federal, embora não figure, ainda, sequer como fonte subsidiária do Direito, impõe-se aos próprios juízes do "Excelso Pretório" e às partes em determinados casos. Donde poder-se deduzir, como já o fizemos em estudo de 1974, que *em face da nova autoridade concedida ao Supremo Tribunal Federal pela Constituição de 1969 artigo 120, parágrafo único, o caráter normativo da jurisprudência do STF desponta como um corolário natural de premissas constitucionais conhecidas* (Cf. Rubem Nogueira, *Desempenho Normativo da Jurisprudência do Supremo Tribunal Federal*).

De fato, até certo ponto tem obrigatoriedade "geral" a jurisprudência do STF, desde quando o relator pode arquivar ou negar seguimento a um recurso, "quando contrariar a jurisprudência predominante do Tribunal" (art. 21, § 1º, do RISTF). Além disso, não cabem embargos a decisão de Turma, em recurso extraordinário ou agravo de instrumento, se a jurisprudência do plenário estiver firmada no sentido da decisão embargada" (art. 332 do RISTF), isto é, compendiada em "súmula". E por fim a declaração de constitucionalidade ou inconstitucionalidade de lei ou ato, feita na forma do artigo 97, da Constituição, obriga às Turmas e ao Plenário em novos julgamentos, enquanto o Tribunal não mudar de entendimento (art. 101), como toda a jurisprudência compendiada na "súmula".

Por outro lado, o Supremo Tribunal Federal é o intérprete último da Constituição. Somente ele tem o poder de declarar, por sentença definitiva, a inconstitucionalidade de lei ou ato normativo federal ou estadual, para o fim de determinar a suspensão de sua execução, mediante ato do Senado Federal (art. 52, da CF). Parece, assim, já ter soado o momento próprio de dar nova redação ao artigo 4º, da LICC, nele incluindo-se, como fonte subsidiária do Direito, a jurisprudência do Supremo Tribunal Federal compendiada na "súmula".

O anteprojeto de reforma da Lei de Introdução ao Código Civil, apresentado em 1964 pelo Professor Haroldo Valadão ao Ministro dá Justiça e Negócios Interiores, prescreve:

> "Art. 7º O Supremo Tribunal Federal, no exercício das atribuições que lhe confere o art. 101, III, d, da Constituição Federal (1969), uma vez fixada a interpretação da lei federal pelo Tribunal Pleno, em três acórdãos, por maioria absoluta (CF/69, art. 200), torná-la-á pública, na forma e nos termos determinados no Regimento, em Resolução que os tribunais e os juízes deverão observar enquanto não modificada segundo o mesmo processo, ou por disposição constitucional ou legal superveniente.
>
> Parágrafo único. A modificação pelo Supremo Tribunal se fará, havendo razões substanciais, mediante proposta de qualquer Ministro, por iniciativa própria ou sugestão constante dos autos".

Como se vê, a idéia do autor da norma acima está limitada à jurisprudência do STF em matéria de interpretação de "lei federal". É necessário, porém, ter em conta também a outra, relativa à interpretação dos dispositivos constitucionais vigentes.

No regime do *common law*, a jurisprudência dos tribunais é a principal fonte reveladora do Direito, como vimos anteriormente. Nele, como diz Oscar Rabasa, o juiz é, principalmente, o autor do Direito, as decisões judiciais são a fonte primordial dos princípios jurídicos e os repertórios das sentenças executórias, os textos formais em que parecem publicadas as normas que estão em vigor.

Quanto à opinião sustentada em seus livros pelos juristas, não constitui, hoje em dia, em parte alguma, fonte reveladora do Direito. Tem a mesma utilidade da jurisprudência dos tribunais nos regimes de preponderância do *jus scriptum (lex)*, isto é, compõe o elemento ancilar da interpretação da norma jurídica com vistas à sua justa aplicação. Sua força é também, simplesmente, persuasiva, influindo, mais ou menos, segundo o valor intrínseco que revelar. A *doutrina*, em suma, ajuda a compreender as normas vigentes, mas não cria norma nova.

Entre os romanos, uma das principais fontes do Direito eram os trabalhos elaborados pelos jurisconsultos providos do *ius respondendo (responsa prudentium)*, alguns dos quais, pela sua autoridade científica, tinham a permissão, dada pelo imperador, de criar Direito *(permissão iure condere)*. Em suas *instituías*, Gaius arrola as seguintes fontes das normas jurídicas (Iura) do povo romano: leis, plebiscitos, senadoconsultos, constituições imperiais, edito dos que têm o *ius edicendi* e as respostas dos prudentes. No *Digesto (D.* I, 1, 7), o fragmento de Papiniano diz: "É direito civil o que dimana das leis, dos plebiscitos, dos senadoconsultos, dos decretos dos príncipes *e da autoridade dos prudentes*" (grifamos). O imperador Justiniano recomendou a Triboniano, compilador do *Digesto*: "As notas de Ulpiano, Paulo e Marciano a Emílio Papiniano, *que antes não valiam, por consideração ao famoso Papiniano, não deveis, sem mais, rejeitá-las, mas ao contrário, se achardes que são necessárias como complemento ou interpretação das obras do superior engenho de Papiniano, não deveis duvidar em juntá-las com força de lei, de modo que todos os prudentes que se incluam neste Código tenham a mesma autoridade, como se seus escritos procedessem das constituições imperiais e houvessem sido proferidos por nossos excelsos lábios*" (I- Const. Deo Auctore, El Digesto de Justiniano, vol. 1, p. 16, versão castelhana por A. D'Ors e outros, Pamplona, 1968).

O *jus respondendi,* que, como explica Bonfante, o Imperador Augusto, pela primeira vez, concedeu aos mais notáveis jurisconsultos (prudentes), significava o direito de emitir respostas *ex auctoritate principis* e estas doutrinas, pronunciadas numa certa causa, vinculavam o juiz do mesmo modo que os rescritos imperiais (Pietro Bonfante, op. cit., p. 485). As opiniões emitidas pelos derradeiros jurisconsultos clássicos, séculos II e III, d.C. (os mais importantes eram Emílio Papiniano, "o último dos grandes jurisconsultos", "príncipe e modelo de juristas", Gaius, Julius Paulus, Domitius Ulpianus, Juventio Ceisus e Herennius Modestinus) tinham força normativa, quando concordantes sobre um dado ponto de Direito. Informa Gaio, aludindo ao valor das *responsa* (respostas ou pareceres dos prudentes): "Quando todas as respostas concordam num sentido, a opinião tem força de lei, mas, se divergem, então, o juiz pode seguir o parecer que quiser; assim é como decidiu um rescrito do divino Adrianus" (*Gaius, Institutas,* 1, 7, trad. esp. de Alfredo de Pietro, La Plata, 1975).

Na observação de Cogliolo, o mundo romano mostra que das XII Tábuas a Teodósio foi devido aos juristas o desenvolvimento admirável do seu Direito, quer por meio do edito pretório, quer com as respostas, quer com os tratados científicos. Por muito tempo, os juristas foram mesmo legalmente falando, uma verdadeira "fonte jurídica", deixando de sê-lo depois e, hoje, já não o são (Pietro Cogliolo, *Filosofia do Direito Privado,* trad. de Eduardo Espínola, Bahia, Empresa, 1898).

Não foi pequena também, a influência do pensamento doutrinário na Idade Média, graças ao labor dos glosadores e pós-glosadores. O movimento dos *glosadores,* que fez renascer o estudo do Direito romano na Idade Média, teve em Irnério (Bolonha, entre 1121 e 1125) o seu deflagrador. As compilações justinianeas haviam tomado destino desconhecido desde a queda do Império Romano do Ocidente, de maneira que as glosas, interlineares ou marginais, tiveram de ser feitas para explicar o significado de muitas palavras, bem como a razão da existência e o sentido de determinadas normas contidas naqueles vetustos monumentos do saber jurídico.

Discípulos de Irnério foram Bulgaro e Acursio (1182-1260), este último autor da *Grande glosa*, obra com que finda a época dos glosadores. Tempos depois, vieram os comentários dos pós-glosadores (Cino de Pistoia, Baldo de Ubaldis e Bartolo, considerado o maior de todos, 1313-1357). Mais tarde, para dar um exemplo ligado a nós, as Ordenações Filipinas indicavam, como fonte subsidiária do nosso sistema, jurídico, o Direito romano, as "glosas" de Acursio e as opiniões de Bartolo, no que não contrariassem a *communis opinio doctorum*, e isto veio até agosto de 1769, quando a Lei da Boa Razão revogou, nessa parte, o Direito positivo reinol, aqui vigente.

O entendimento geral dá a "doutrina" como o conjunto de teorias e estudos científicos a respeito da interpretação do Direito positivo.

Apesar da abundância da legislação, e, talvez, por isso mesmo, ela se desenvolve ininterruptamente, crescendo cada dia mais o aparecimento de trabalhos especializados e tratados científicos que ajudam os advogados e os juízes a penetrar nos arcanos da lei, a desvendar todo o potencial normativo do Direito escrito, para o fim de realização da justiça. A investigação doutrinária do Direito é, portanto, feita quer com o propósito puramente especulativo de sistematização de seus preceitos, quer com a finalidade de interpretar suas normas e assinalar as regras de sua aplicação (García Maynez).

No Brasil, particularmente, não raro, tanto os juízes de primeiro grau, como os tribunais superiores e o próprio órgão máximo do Poder Judiciário, apoiando, embora, a sua *ratio decidendi* na lei, como a única fonte imediata, direta, do Direito vigente, invocam a autoridade jurídica de escritores para reforço do argumento expendido.

No STF (Pleno), verificou-se isso em alto estilo. Como relator de um mandado de segurança originário, o Ministro Bilac Pinto, ao dar pela ilegalidade de um ato administrativo do presidente da República e de um ato legislativo do Congresso Nacional, no que foi acompanhado pela unanimidade dos votos de seus pares, apoiou-se, principalmente, numa longa citação de Kelsen, extraída de seu livro *General Theory of Law and State*. Estava em causa o princípio da legalidade como fundamento da competência de agir da autoridade pública. E a citação de Kelsen começa assim: "Um indivíduo age como um órgão do Estado somente enquanto atua mediante a autorização de alguma norma válida". O acórdão é de 24.5.74 e restabelece a validade do ato do Tribunal de Contas da União que tinha sido desfeito pelo presidente da República com ratificação do Congresso. A *ementa* respectiva, em quatro ítens, inicia-se com este: "O Tribunal de Contas da União, declarando a ilegalidade da concessão de aposentadoria, opera julgamento definitivo na esfera administrativa. Sendo assim, descaberia ao Presidente da República, por inexistir norma válida de competência, mandar executar o ato de aposentação, nem, por idêntica razão, poderia o Poder Legislativo homologar o ato deste. Inteligência dos §§ 7º e 8º do art. 72 da EC, de 1969 – Declaração, pelo STF, de ilegalidade do ato do Senhor Presidente da República que autorizou a execução do aposentamento e, via de conseqüência, do Dec. legislativo 85, de 1971, que o aprovou" (RTJ 77/129).

Episódio judiciário semelhante a esse, em que um juiz fundamenta o principal argumento de seu voto na opinião de um cientista do Direito, certamente, não ocorreria no sistema jurídico anglo-americano, porquanto, como salienta um dos seus melhores expositores, "esse Direito enraíza, antes de tudo, na jurisprudência dos Tribunais, a opinião do jurisconsulto, por sábia que seja, não tem autoridade, a menos que haja sido emitida com a investidura do juiz e por meio de uma sentença. A doutrina formada pelas opiniões dos tratadistas, propriamente, não existe, pois o labor dos escritores de Direito se limita à mera exposição, em forma ordenada e científica, dos princípios jurídicos sustentados pelas sentenças ou decisões proferidas pela autoridade judicial" (Oscar Rabasa, op. cit).

A doutrina, entre nós, não está entre as fontes formais do Direito, mas tem utilidade na prática judiciária, iluminando o campo de abrangência da normatividade da lei (haja vista, por exemplo, a difusão dos comentários aos códigos e Constituições, entre advogados e juízes). Além disso, ela exerce influência sobre o desenvolvimento da própria legislação, sendo muitas as ocasiões em que o Poder Legislativo elabora novas leis ou modifica as já existentes, convencido pelas lições dos grandes mestres do Direito. Quem, no Brasil, senão a palavra do jurista e advogado em luta contra atos arbitrários ofensivos da liberdade individual, convenceu o Judiciário e, por via deste, o próprio constituinte de que "os efeitos do estado de sítio" não podiam subsistir depois de findo o prazo marcado para essa medida de exceção? Não foi também, por obra exclusiva desse advogado, que os tribunais vieram a admitir e a Constituição de 1934, finalmente, a prescrever a proibição de desterrar presos políticos para lugares desertos, insalubres ou longínquos?

A propósito da importância viva da doutrina na experiência jurídica de todos os tempos, escreve um mestre: "Os juristas são porta-vozes da comunidade. Neles se manifesta uma aguda capacidade para intuir as exigências do desenvolvimento social. São dos primeiros a adquirir consciência dos desajustes entre o Direito vigente e as novas circunstâncias sociais. E nesta situação têm sabido encontrar soluções mediante o manejo imaginativo de recursos processuais ou substantivos. Em suas obras se encontram a crítica das instituições vigentes, os remédios propostos, e a forma de encarar as dificuldades mediante o emprego diferente das técnicas disponíveis. Com suas críticas, converteram-se em agentes efetivos do desenvolvimento legislativo. Seus escritos têm exercido uma perdurável influência sobre os legisladores. E em muitas oportunidades eles mesmos chegaram a ocupar essa posição, com o que tiveram a oportunidade de traduzir em ação legislativa seus ensinamentos teóricos (Júlio Cueto Rua, cit.).

Capítulo VIII

24. A lei e o costume. Elementos e classificação dos costumes. 25. Valor do costume entre os diferentes ramos do Direito

24. A lei e o costume. Elementos e classificação dos costumes

A lei é a principal fonte do Direito, na maioria dos ordenamentos positivos vigentes. O *costume* tem esta mesma categoria nos países sujeitos ao regime do *common law*. Em sentido amplo, lei é toda norma coativamente imposta pelos órgãos do Estado e elaborada de conformidade com um processo preestabelecido. Ou, em sentido próprio, toda norma feita pelos órgãos políticos da soberania, aos quais a Constituição confere a faculdade de ditar o Direito. Definiu-a Santo Tomás: "Preceito racional orientado para o bem-comum e promulgado por quem tem a seu cargo o cuidado da comunidade".

De acordo com a sua etimologia, é um texto escrito para ser lido. Por sua vez, o costume, juridicamente falando, é um uso reconhecidamente obrigatório, é a norma de conduta que surgiu na prática social e a comunidade consagrou como obrigatória. A *lei*, como dizem os doutores, é a expressão racional do Direito, norma geral e abstrata, através da qual se exprime a vontade do órgão legislativo. Dela disse Del Vecchio ser o mais alto e perfeito grau de formação do Direito positivo. O *costume*, implantado na comunidade e por ela considerado juridicamente obrigatório, é o Direito criado pelos costumes, o *jus moribus constitutum*, diz Claude du Pasquier. Ou, como quer Clóvis Bevilaqua, a observância constante de uma regra jurídica não fundada na lei escrita.

Primitivamente, o Direito assumiu a forma do costume, que era o único modo de se expressar, inexistindo legislador. Sempre que se produzia, na comunidade, o mesmo fato, os homens, pelo hábito, observaram a mesma conduta ou regra. "A regra de direito nasce, pois, pelo uso e extrai sua autoridade da convicção que se forma lentamente nos espíritos de que é imprescindível sua aplicação, cada vez que se produz o mesmo acontecimento" (Enrique Vescovi).

Entre essas duas fontes formais do direito existem diferenças, algumas das quais a doutrina põe em relevo. Assim é que: 1) a *lei é* resultado reflexivo e técnico da vontade do órgão estatal qualificado, e começa a obrigar a partir de um dado momento, ao passo que o *costume* não tem autor conhecido, surge espontaneamente e ninguém sabe quando começou a existir; 2) a *lei* é dotada de certeza e segurança, visto emanar de um órgão determinado (ex. o Congresso Nacional) e obedecer, na sua formação, a um processo anteriormente previsto (entre nós, esse processo está regulado no Título IV, Capítulo 1, Seção VIII, da Constituição vigente) e o *costume* nasce de maneira imprevista, sem se lhe poderem prefixar métodos elaborativos, nem se saber onde e como apareceu; 3) a *lei,* uma vez publicada, vigora até que outra lei a revogue, mas o *costume* jurídico, pelo desuso *(desuetudo),* pode perder a força. Como diz Miguel Reale, a vigência do costume é uma decorrência de sua eficácia, de modo que as regras de direito costumeiro deixam de viger por falta de uso; 4) a *lei* tem execução imediata e geral, dispensando a prova de sua existência, ao passo que o *costume* deve em regra ser demonstrado e cede ante prova em contrário, havendo, entretanto, quem entenda só ter de ser provado o costume no caso de sua contestação.

Dois elementos fundamentais integram as normas jurídicas consuetudinárias: um elemento *objetivo, externo ou material (corpus)* e um elemento *subjetivo, interno ou psicológico*. O elemento *objetivo (inveterata consuetudo)* vem a ser a repetição constante, uniforme e geral de determinado uso ou conduta numa comunidade. O uso deve ser dilatado e persistente, apresentando, segundo a doutrina dominante, as seguintes características: 1) ter formação espontânea, afastada, portanto, toda idéia de contradição ou resistência por parte das pessoas, cuja conduta ele deverá regular juridicamente; 2) deve ser observado com regularidade, a fim de ficar patente que se trata de hábitos firmemente estabelecidos; 3) terá de estender-se publicamente ao longo de certo tempo, para que seja considerado como uma regra consagrada pelo povo e pelas autoridades.

A este propósito, assim se manifesta Del Vecchio: "O elemento extrínseco implica determinada duração, porque não pode encontrar-se uniformidade na série de atos repetidos, sem que decorra lapso de tempo bastante longo; daí ser usual indicar, como requisito do costume, que deva ser *longo ou longevo, inveterado, diuturno*. Todavia, claro é que este conceito de duração meramente relativa, assim como o número maior ou menor de repetições, dependem da índole da relação. Atos existem que, pela sua natureza, se realizam com intervalos bastante longos; o que se verifica especialmente em matérias de Direito público (por exemplo, quando se trata de modos de resolver as crises ministeriais, nos regimes parlamentares). Em tais casos, ainda que falte uma norma expressamente formulada, um número embora pequeno de repetições é suficiente para demonstrar uma vontade constante e uma prática uniforme. O que importa é que a regra seja observada em todos os casos nos quais se apresenta a possibilidade de observá-la, de modo que a repetição possa ser interpretada como expressão de uma persuasão geral, que se imponha imperiosamente ao arbítrio individual" (cit.).

O elemento *interno (animus)*, também chamado *opinio juris vel necessitatis*, é a convicção, pelo interessado, de ser obrigatória, exigível, a conduta repetida ou uso. Trata-se de elemento essencial, que permite distinguir o costume jurídico de certos hábitos da vida comum, de determinados costumes populares ou convenções sociais, como, por exemplo, o uso da aliança por noivos e cônjuges, pois o uso que os consagra não implica a idéia de bilateralidade e coercibilidade própria da norma jurídica. O elemento *interno* do costume jurídico consiste no sentimento ou na idéia de ser a conduta repetida juridicamente obrigatória para todos, acarretando sua violação uma sanção de natureza jurídica. Não basta, assim, o uso, por mais prolongado que seja, mas, ainda, a consciência de ser ele a manifestação externa de norma compulsória, exigível de todos coativamente.

Hoje, de ordinário (salvo nos países anglo-americanos e, fora deles, nalguns ramos da ciência jurídica, como o Direito Internacional Público e o Direito Comercial), a importância do costume é escassa. A vontade estatal é que confere obrigatoriedade à regra de conduta costumeira, constituindo esta fonte formal, simplesmente, *subsidiária* ou complementar do Direito, recorrendo-se a ela *só na falta de lei,* fonte primária ou primordial do Direito. Sobre o *costume jurídico, a lei* tem ainda, a vantagem: 1) de maior rapidez em ser feita e reformada; 2) oferece certeza e segurança às relações jurídicas; 3) é de mais fácil conhecimento, por ser consignada em textos ordenados. Conforme sua posição em face da lei, classificam-se os costumes em Costumes *secundum legem,* os quais vêm referidos na lei, ou se formam de conformidade com ela, completando-a; costumes *praeter legem,* os costumes que suprem a lei, constituindo fonte subsidiária do Direito para o juiz, quando este se defronta com uma *lacuna da* lei, e costumes *contra legem,* que estabelecem uma conduta social contrária o disposto na lei, ou que se podem formar em oposição à lei. Estes últimos estão completamente fora do nosso sistema jurídico, pois o seu reconhecimento importaria em admitir a revogação da lei pelo costume, e aqui a força obrigatória de uma lei só pode ser tirada por outra lei. Rudolf Von Ihering apelidou o Direito costumeiro de "Direito sonâmbulo", por sua formação lenta e quase imperceptível, ao contrário da lei, que surge de modo muito menos tardo.

Em certa fase do período colonial, medrou, no Brasil, um *costume contra a lei*, segundo informa César Trípoli, em sua *História do Direito brasileiro*, op. cit., vol. 1, pp. 182-3. Diz ele que, devido à nossa imensa extensão territorial, as pessoas tinham grandes dificuldades de atingir as sedes dos tabelionatos, a fim de cumprirem o preceito das Ordenações, L 3, tit. 59, parágrafo, segundo o qual os *contratos sobre bens de raiz*, cujo valor excedesse a quatro mil réis, deviam ser celebrados por *escritura pública* Os interessados, premidos por aquela dificuldade, foram dispensando, nos casos referidos, a intervenção do tabelião, e tal prática se generalizou pouco a pouco, chegando a firmar um *costume*. Foi então expedido o *alvará de 30.10.1793*, mandando, sem embargo da sentença que o reprovava, continuasse a ser observado esse costume no Brasil, salvo quanto às convenções já celebradas em que houvesse tabelião ou este pudesse ser alcançado comodamente, indo e voltando no mesmo dia.

Evidentemente, se essa prática veio até o século XX, extinguiu-se com o Código Civil de 1916, cujo artigo 1.807, dispõe: "Ficam revogadas as ordenações, alvarás, leis, decretos, usos e costumes concernentes às matérias de direito civil reguladas neste Código."

Ao apreciar a influência natural e legítima do costume, ponderando que acomodar o ordenamento jurídico às inclinações e tendências coletivas pode concorrer para uma vigência mais eficaz e um acatamento más espontâneo do Direito, escreve R. Zorraquin Becú: "A urgência em que vive o mundo moderno impede a formação de costumes e obriga a solucionar os problemas mediante a legislação que pode ser ditada e modificada rapidamente. Porém, esta conclusão não significa suprimir todo o valor ao costume. Está superada também a teoria que aspira a formar o Direito científica e racionalmente em sua totalidade. Deve buscar-se uma solução de equilíbrio entre ambas as tendências opostas, reconhecendo que a ordem jurídica, se aspira realmente a ser aceita e cumprida numa comunidade, deve adaptar-se a suas modalidades e características na parte em que os costumes não se chocam com os princípios que dão fundamento ao Direito. Os usos e costumes coletivos são, com efeito, a fonte inspiradora de inumeráveis leis, sentenças e doutrinas. Numa infinidade de casos converteu-se em Direito, por meio de atos formais, o que já existia como Direito informe nos hábitos e nas práticas de um grupo social. E isto se explica, porque o legislador, o jurista ou o magistrado traduzem em normas jurídicas escritas as normas que eles mesmos vivem e acatam como membros da comunidade".

O artigo 4º, da LICC, ao enumerar as fontes secundárias ou subsidiárias no Direito positivo, às quais deverá o juiz recorrer, na hipótese de omissão da lei, para decidir o caso submetido à sua apreciação, colocou os costumes em segundo lugar. Já o Código Civil suíço estatui que, na falta de um costume, o juiz decidirá segundo as regras que estabeleceria se tivesse de praticar ato de legislador (art. 1º).

25. Valor do costume entre os diferentes ramos do Direito

Hoje, como vimos, a lei ocupa o primeiro lugar entre as fontes do Direito, na maioria dos sistemas jurídicos conhecidos, cabendo ao costume o papel de fonte meramente complementar, utilizável apenas para preencher as lacunas da lei.

O Código Civil refere-se aos costumes nos artigos 569, 596, 597, 599 e 615.

Na esfera do Direito comercial, os usos mercantis têm força normativa, constituindo uma das fontes mais copiosas desse ramo jurídico. Sob a denominação de *usos comerciais,* escreve Carvalho de Mendonça (J. X.): "entendemos as normas ou regras observadas uniforme, pública e constantemente, pelos comerciantes de uma praça e por estes consideradas como juridicamente obrigatórias para, em falta de lei, regularem determinados negócios. Servem eles para interpretar a vontade dos contratantes (Código Comercial, art. 131, n. 4) e suprir o silêncio da lei. Outras vezes, o Código Comercial dá preferência aos usos e práticas mercantis sobre as leis civis como fonte subsidiária do Direito objetivo, nos artigos 154, 169, 176, 186, 291. O artigo 291 tem mesmo esta redação: "As leis particulares do comércio, a convenção das partes sempre que lhes não for contrária, e os usos comerciais, regulam toda a sorte de associação mercantil; não podendo recorrer-se ao Direito Civil para decisão de qualquer dúvida que se ofereça, senão na falta de lei ou uso comercial".

No Direito internacional público, o costume é, ao lado dos tratados e convenções e dos princípios de Direito reconhecidos pelas nações civilizadas, a principal fonte. Não havendo hierarquia entre os países soberanos, nem um Poder Legislativo universal que a todos eles imponha o cumprimento de suas regras, constitui o costume a forma primordial de manifestação da norma jurídica.

A universalização desse ramo jurídico ainda decorre fundamentalmente do costume, "em virtude de a sociedade internacional ser descentralizada" e, ainda, bastante incipiente a codificação do Direito Internacional Público (Celso D. de Albuquerque Mello). Nele, como consta do Estatuto da Corte Internacional de Justiça, o costume internacional é a "prática geral aceita como sendo o Direito". Várias de suas mais conhecidas instituições são puramente consuetudinárias, como, por exemplo, o direito de asilo, a entrega de credenciais, a imunidade diplomática (a propósito desta última lembra-se que David, rei de Judá e Israel, guerreou os Amonitas por terem prendido e maltratado os embaixadores que ele enviara ao rei Hanon, conforme narra o Velho Testamento. E entre os romanos, um dos quatro motivos justos para fazer a guerra externa era a violação das imunidades dos embaixadores).

No Direito penal, o costume não é fonte de Direito repressivo, inexistindo definição de crimes e cominação de penas com apoio no costume. Este não interfere no domínio do Direito penal estritamente considerado. De costume jamais surgirá norma penal típica nos regimes jurídicos da índole do nosso, onde prepondera absolutamente o princípio *nullum crimen nulla poena sine lege*. Conseqüentemente, não há, por ele, *integração* da lei penal, nem a sua revogação ou derrogação, por mais prolongado que seja o desuso. Serve como elemento de interpretação da norma incriminadora ou de conceitos variáveis como, entre outros, os de *ato obsceno, mulher honesta, honra, reputação, decoro*.

Influi, ainda, na ampliação de causas excludentes da antijuridicidade ou de culpabilidade (Aníbal Bruno). Ou no caso (citado por Nelson Hungria) da incriminação do "ultraje público ao pudor". Aí, a lei penal reporta-se a um "costume social", ou seja, à moralidade coletiva em torno dos fatos da vida sexual, de modo que, no seu entendimento e aplicação, se subordina à variabilidade desse *costume*, no tempo e no espaço. E no regime do *common law*? Conforme explica Júlio Cueto Rua, no Direito penal, o princípio do *stare decisis* é aplicado rigidamente, para impedir mudanças jurisprudenciais que possam operar em prejuízo dos direitos de um acusado. E na hipótese de ser uma sentença anterior considerada errônea ou demasiado rígida para facilitar uma administração da justiça criminal mais adequada, a solução não está numa reforma de jurisprudência, isto é, em prescindir do *stare decisis*, mas em pedir ao Legislativo remédio próprio.

Também não é o costume fonte de obrigação tributária. Esta só a lei, e mais nenhuma outra fonte formal do Direito pode criar. O Direito tributário, tanto quanto o Direito penal, está preso ao *princípio da legalidade*, embora no passado, segundo Aliomar Baleeiro, algum tributo tenha caído em desuso, como o denominado "dízimo de Deus". O Código Tributário Nacional (Lei 5.172, de 25.10.66), no artigo 100, ao relacionar as fontes subsidiárias integrantes da legislação tributária, indica no inciso III "as práticas reiteradamente observadas pelas autoridades administrativas". E o anteprojeto de Rubens Gomes de Sousa incluía, no artigo 109, 111, como complemento da legislação tributária, "as práticas", "métodos", usos e costumes "de observância reiterada das autoridades administrativas". Porém, a instituição e a majoração de tributos, bem como os outros casos designados taxativamente no artigo 97 do CTN, *somente a lei pode estabelecer.*

Capítulo IX

26. Fato jurídico. Relação jurídica. 27. Influência do tempo na vida dos direitos. 28. Ato jurídico. Noção e elementos essenciais. 29. Defeitos dos atos jurídicos. Noções gerais. 30. Nulidade e anulabilidade dos atos jurídicos.

26. Fato jurídico. Relação jurídica

A norma jurídica, reguladora da conduta humana, compõe-se, logicamente, de hipótese ou *suposto jurídico* e *disposição*. Quando se realizam as condições previstas no *suposto*, toma-se efetiva a *disposição* ou conseqüência. A primeira parte da norma – *o suposto* ou hipótese (conduta regulada) corresponde ao fato antecedente, *ou fato jurídico, de* cuja realização nascem direitos e deveres (resultado previsto). Noutras palavras, "em toda norma há um fato antecedente, a cuja efetiva ocorrência se imputa a prestação ou conseqüência jurídica, e assim é o fato antecedente que determina um dever do obrigado e uma faculdade do pretensor, ou, noutros termos, à base do fato antecedente nascem direitos e obrigações (Enrique Aftalion, Fernando Garcia Olano e José Vilanova, op. cit.)

Ao examinar-se o Direito subjetivo em sua estrutura, verifica-se, na lição de Eduardo Espínola, que ele se compõe de três elementos essenciais: o *sujeito*, a quem compete exercê-lo; o *objeto*, no qual se corporifica o fim do Direito ou sua utilidade para o sujeito, e, para que entre os dois se estabeleça a relação jurídica, é necessário que ocorram certos acontecimentos capazes de desenvolver o poder do sujeito, que são os *fatos jurídicos* (Cf. Eduardo Espínola, *Sistema do Direito civil brasileiro – Introdução e parte geral*, 2ª ed., vol. I, Rio de Janeiro, 1917).

Fato jurídico é, assim, o fato produtor da relação jurídica, que vem, necessariamente, antes da formação do Direito subjetivo, ou o elemento que, por si só, ou ligado a outro, determina um efeito jurídico. Ele antecede, dá vida e põe em movimento o direito subjetivo.

É dessa espécie de fato, ou *fato juridicamente qualificado* (Miguel Reale) que o Direito nasce: *ex facto jus oritur*. A aquisição, a modificação e a perda dos direitos estão ligadas sempre a fatos, conforme a lei. Esta, por si só, como diz Betti, nunca dá vida a novas situações jurídicas, se se não verificam alguns fatos por ela previstos (Emilio Betti, *Teoria General del Negócio Jurídico*, trad. esp. de Martin Perez, Madrid, s/d).

A doutrina o define como todo acontecimento, natural ou humano, em virtude do qual as relações jurídicas começam, se modificam ou se extinguem, como, por exemplo, o *nascimento*, do qual resultam direitos e deveres recíprocos entre pais e filhos; o *contrato*, que gera direitos e obrigações para as partes contratantes. São também chamados *fatos jurígenos, fatos relevantes para o direito, fatos antecedentes*, porém a denominação consagrada na doutrina é fato jurídico.

Ontologicamente, como quer Caio Mário da Silva Pereira, o *fato jurídico* se biparte em dois fatores constitutivos, de um lado, *um fato*, isto é, uma eventualidade qualquer erigida em causa atuante sobre o Direito subjetivo, gerando-o, modificando-o ou extinguindo-o; do outro, *uma declaração do ordenamento jurídico*, que atribui efeito a essa eventualidade.

Há uma inumerável variedade de *fatos jurídicos*, como o decurso do tempo, a renúncia, o nascimento, a morte, o aluvião, etc. Na esfera criminal, o delito é o suposto básico de fato, para que se produza o efeito jurídico da pena. O livre acordo de vontades (B quer vender a A e A quer comprar de B) é o fato jurídico movimentador das normas do Código Civil disciplinadoras do contrato. Assim, todo acontecimento a que a norma jurídica atribui um efeito jurídico é um *fato jurídico*. Ele é que dá o impulso inicial à relação jurídica. A *ocupação* (apropriação da coisa sem dono), por exemplo, gera o direito de propriedade e, com este, o direito de uso, gozo e disposição da coisa submetida ao poder jurídico do titular. A relação de *domínio*, regulada pelo Código Civil, põe-se em movimento pelo fato da *ocupação*, a benefício de seu autor.

Os *fatos jurídicos*, em sentido lato, abrangem os fatos da natureza e as ações humanas. Em sentido estrito, são os atos humanos.

Podem ser *naturais* ou acontecimentos da natureza, de que a vontade humana não participa, suscetíveis de engendrar conseqüências na esfera do direito (assim, o *decurso do tempo*, fato natural, produz a *decadência* de um direito; os direitos da sucessão *ab intestato* se adquirem com *a morte* da pessoa) e *humanos*, ou fatos do homem (casamento, renúncia, doação e outros). E, necessariamente, afetam pelo menos duas pessoas, porque o Direito é, por natureza, bilateral. Um incêndio que destrói uma reserva florestal, em princípio, não produz conseqüências jurídicas. Mas, se o proprietário da gleba sinistrada fez contrato de seguro contra fogo, aparece outro sujeito, o segurador, e surge a relação jurídica produtora da indenização do dano: o incêndio terá sido, aí, um *fato jurídico*.

Os acontecimentos *naturais* podem ser *ordinários* (nascimento e morte da pessoa) e *extraordinários (força maior*, por exemplo, que é todo acontecimento inevitável, de efeitos irresistíveis, como um terremoto, uma inundação). Os *humanos*, produzidos por pessoas – ou sujeitos de direito – podem *ser voluntários e involuntários*, conforme realizados, ou não, com liberdade, discernimento e vontade. Os fatos humanos *involuntários* não são fontes de efeitos jurídicos, salvo quando causem dano. Os *voluntários* são os atos lícitos (atos jurídicos) e ilícitos (constituem fonte da obrigação de indenizar a violação do direito ou o dano causado por dolo ou culpa, e, na esfera penal, da imposição de pena).

Para Teixeira de Freitas, os fatos *voluntários* ou são atos *lícitos* ou *ilícitos*, havendo entre os *lícitos* os atos suscetíveis de produzir aquisição, modificação ou extinção de direitos, ou *atos jurídicos*, e os atos ilícitos que *não são atos jurídicos*. Estes últimos, quando *não tiverem por fim imediato alguma aquisição, modificação ou extinção de direitos*, só produzirão efeitos jurídicos nos casos expressamente declarados por lei. Em nota ao artigo 436 do seu *Esboço*, explica o grande codificador, relativamente, a tais atos: "Eles não têm denominação própria, são esses fatos de que resultam os direitos e obrigações do *quase-contrato*. Aquele (Savigny, op. cit., t. 3º, p. 6, nota) que manda fazer reparos na propriedade de um amigo ausente, tem por fim prevenir um prejuízo; mas não pensa no quase-contrato da *negotiorum gestio*".

Alguns autores distinguem os *fatos jurídicos* em *fatos naturais* ou *exteriores, em que a vontade não tem parte*, como disse Teixeira de Freitas, ou fatos jurídicos em sentido estrito, e *atos humanos*, os quais são constituídos pelos fatos *lícitos e ilícitos*, sendo os *lícitos* subdivididos em *meramente lícitos e negócios jurídicos*. Os atos humanos meramente lícitos são aqueles nos quais inexiste intuito negocial (exemplo: pelo art. 1254 do CC, aquele que, de boa-fé, semeia, planta ou edifica em terreno próprio com sementes, plantas ou materiais alheios, adquire a propriedade destes, etc.). O agente alcança aí um efeito jurídico vantajoso *que não tinha em mira obter. Os atos lícitos providos do intuito negocial são os negócios jurídicos* (assim: se uma é pessoa capaz deixar testamento feito legalmente, sua manifestação de última vontade será reconhecida e seus bens passarão para os herdeiros testamentários que designar, de modo que o efeito jurídico obtido pelo ato do testador coincide com o que ele queria em vida). O núcleo central do negócio jurídico é uma declaração de vontade.

Relação jurídica – Uma vez produzido o *fato jurídico,* surge um vínculo entre dois ou mais sujeitos de direito, "em virtude do qual um deles tem a faculdade de exigir algo que o outro deve cumprir". Esse vínculo estabelecido entre as pessoas, à base de um fato a que a norma jurídica empresta determinados efeitos (fato jurídico), é o que se denomina *relação jurídica, a pedra angular do edifício conceitual do direito*, nas palavras do mestre Miguel Reale *(Filosofia do Direito,* cit.).

A relação é entre pessoa e pessoa ou sujeitos de direito, e não entre pessoa e coisa. As pessoas é que são os sujeitos da *relação jurídica e* esta é sempre um laço que a norma jurídica estabelece entre os sujeitos de direito. Outrora não foi assim. No Direito romano, havia o *imperium* – poder supremo pertencente aos magistrados, herdeiros do poder real, o que também designava o poder com a autoridade que depois de Julio César compreendia o direito de vida e de morte, mesmo sobre os senadores e os cavaleiros, conforme Charles Maynz *(Cours de Droit Romain,* t. 1, n°s 53 e 145, Paris, 1891); o *nexum,* em virtude do qual o credor não reembolsado da quantia confiada ao devedor ficava com o direito de se apoderar da pessoa do devedor e tê-la como coisa sua – *mancipium* (ibidem, p. 457); o *patria potestas* (direito do pai de família sobre a mulher e os filhos, pois a família toda se resumia numa só pessoa, o *paterfamilias, de* modo que todas as pessoas que se achavam na família lhe pertenciam fossem filhos, mulher ou escravos (ibidem, p. 397), o *dominica potestas,* ou poder do senhor sobre os escravos.

Hoje, porém, já não é o Direito um poder absoluto, nem um poder *sobre* as pessoas, mas um liame ou vínculo, uma *relação jurídica, enfim,* entre pelo menos duas pessoas que a lei coloca uma diante da outra em situação de relativa igualdade, ou de igualdade objetiva. *Todos são iguais perante a lei,* diz a Constituição da República Federativa do Brasil, com o que ficaram entre nós proscritos os *privilégios, as isenções pessoais, as regalias de classe,* na lição de Carlos Maximiliano *(Comentários à Constituição brasileira,* Rio de Janeiro, 1918, p. 692). Esse preceito fundamental de nossa organização jurídica significa, em resumo, tratamento igual para os que se encontram *nas mesmas condições e debaixo de idênticas circunstâncias* (Paulino Jacques, *Da igualdade perante a lei,* 2ª ed., Rio de Janeiro, 1957).

Isto posto, e não estando, por exemplo, devedor e credor nas mesmas condições e sob circunstâncias idênticas, porquanto um deve pagar e o outro tem o direito de receber, ficando assim o devedor sujeito juridicamente a ser forçado a entregar a sua prestação, se não o fizer espontaneamente, verifica-se que há entre os sujeitos componentes da relação jurídica uma desigualdade apenas subjetiva, que por isso mesmo não envolve nenhuma contradição. Subsiste algum desnível ou subordinação entre o sujeito ativo e o sujeito passivo, entre credor e devedor, mas isto é da índole da relação que ambos compõem. Se assim não fosse, isto é, se houvesse uma igualdade subjetiva absoluta entre o sujeito ativo e o passivo da relação jurídica, seria impossível pôr em movimento a norma e realizar os direitos. A desigualdade subjetiva que estamos referindo é, pois, inevitável, tem um caráter ontologicamente necessário, não envolvendo uma falta de justiça social, como diz o escritor argentino Abelardo Torre, "já que por mais justo e igualitário que fosse um ordenamento jurídico, forçosamente, haveria credores, pais, etc., que limitariam as esferas de liberdade dos sujeitos, respectivamente, obrigados (não há que confundir, pois, a consideração ontológica com a consideração axiológica do fenômeno jurídico)" (*op. cit.*). Contudo, a ordem jurídica tende a moderar, reduzir e orientar essa preponderância, a fim de prevenir abusos.

Os dois sujeitos que integram a relação jurídica chamam-se *sujeito ativo* e *sujeito passivo*, ou pretensor e obrigado, ou, ainda, em sentido lato, credor e devedor. O sujeito ativo – ou titular do direito – tem a faculdade ou o poder de exigir o cumprimento de uma prestação; o sujeito passivo tem o dever ou a obrigação de torná-la efetiva, dando, fazendo ou não fazendo aquilo que constitui o objeto sobre que recai o vínculo jurídico, pois direito e dever são correlativos. A relação jurídica, dissemos acima, se trava entre pessoa e pessoa, não entre pessoa e coisa. Nos direitos reais, ainda é entre sujeito ativo e sujeito passivo a relação jurídica que se estabelece, sendo o sujeito passivo, não a coisa (entre pessoa e coisa há relação de *fato* e não de *direito*), mas todos os membros da sociedade, que ficam obrigados a respeitar o direito do sujeito ativo.

Para o Professor Miguel Reale, a relação jurídica tem ainda mais dois elementos fundamentais: o *vínculo de atributividade* e o *objeto*. O *vínculo de atributividade* a seu ver, é a concreção da norma jurídica no âmbito do relacionamento estabelecido entre duas pessoas. É o vínculo que confere a cada um dos participantes da relação o *poder de pretender ou exigir algo* determinado ou determinável. Quando alguém tem uma *pretensão* amparada por norma jurídica, diz-se que tem *título* para o *status* ou o ato pretendido, ou, por outras palavras, que está *legitimado* para exigir o seu direito ou praticar o ato.

Quanto ao *objeto* de uma relação jurídica, entende ele que pode ser uma *pessoa*, uma *prestação* ou uma *coisa*. E explica o seu pensamento assim: "No pátrio poder, fácil é perceber que a relação jurídica se opera entre a pessoa do pai e a dos filhos. É uma pessoa mesma que se põe como objeto da relação. Nos contratos e no direito obrigacional, em geral, o objeto, propriamente dito, é a *prestação*, muito embora essa prestação se concretize através de algo material. Temos, finalmente, como objeto, uma coisa, o que acontece especialmente no campo dos direitos reais. Daí dizermos que o objeto é aquilo sobre que incide o vínculo da atributividade. Daí também a distinção que se pode fazer do Direito, segundo e seu objeto, pessoa, coisa e prestação – em Direito pessoal e Direito obrigacional".

27. Influência do tempo na vida dos direitos

Como fato jurídico, o tempo influi, consideravelmente, na vida dos direitos das pessoas. A ordem jurídica apresenta-nos dois institutos representativos dessa influência: a *prescrição* e a *decadência*. aparentemente idênticos, mas que oferecem entre si algumas distinções que a doutrina, continuamente, se esforça em evidenciar.

Câmara Leal define a prescrição como a extinção de uma ação ajuizável, em virtude da inércia de seu titular durante certo lapso de tempo, na ausência de causas preclusivas de seus cursos. E a decadência como a extinção do direito pela inércia de seu titular, quando sua eficácia foi de origem, subordinada à condição de seu exercício dentro de *um* prazo prefixado, e este se esgotou sem que esse exercício se tivesse verificado.

O tempo, associado a outros fatores, produz a aquisição de direitos quando torna firme e inatacável a situação que o titular vem continuamente exercendo (caso de prescrição aquisitiva ou usucapião). Ou então causa a extinção de uma relação jurídica, cujo titular, por inércia, deixou de exercitá-la dentro de certo prazo (hipótese de prescrição extintiva ou liberatória).

A base essencial da prescrição aquisitiva é o fato da posse. A lei dá ao que desfruta de uma situação continuada e pacífica, ou possuidor de uma coisa, o direito de incorporá-la ao seu patrimônio, mediante a ação própria, transformando assim, a simples posse em domínio. O tempo atua, aí, como força criadora. Diz o Código Civil, nos artigos 1238 e 1242, reguladores desse meio de aquisição do direito real de propriedade: "Art. 1238. Aquele que, por quinze anos, sem interrupção, nem oposição, possuir como seu um imóvel, adquire-lhe a propriedade, independentemente de título e boa-fé, podendo requerer ao juiz que assim o declare por sentença, a qual servirá de título para registro no Cartório de Registro de Imóveis". "Art. 1242. Adquire também a propriedade do imóvel aquele que, contínua e incontestadamente, com justo título e boa-fé, o possuir por dez anos."

A prescrição extintiva ou liberatória (prescrição, propriamente dita) determina a perda da prerrogativa do uso da ação protetora de um direito subjetivo, por parte do titular que por inércia deixou de exercer essa ação, durante certo lapso de tempo. O decurso do tempo produz, aí, a perda do direito pelo titular negligente. Decurso do tempo associado à inércia do titular gera a perda do direito ou da ação. O titular fica sem mais poder exigir o devido, porque não tem mais a ação destinada a tornar efetivo o seu direito. Extinta a ação, morre o direito, por falta do poder de se realizar, ficando o devedor vinculado apenas, por uma obrigação moral. Para a maioria dos autores, a prescrição atinge a ação, ao passo que a decadência atinge o próprio direito. O Código Civil dispõe, no artigo 189, que, "violado o direito, nasce para o titular a pretensão, a qual se extingue, pela prescrição, nos prazos a que aludem os arts. 205 e 206".

As duas figuras jurídicas parecem-se e no entanto são substancialmente distintas. Assim, a prescrição atinge a ação, ao passo que a decadência visa o direito. A prescrição pode ser impedida, interrompida ou suprimida, ao passo que, salvo disposição legal em contrário, o Código Civil veda a aplicação à decadência das normas impeditivas, suspensivas ou interruptivas do seu curso (art. 207, do Código Civil).

28. Ato jurídico. Noção e elementos essenciais

Outra espécie de fato jurídico, ou de fato jurídico em sentido estrito, é *o ato jurídico*, também denominado por muitos autores *negócio jurídico*. Encarado em sentido estrito, como fato humano gerador de direitos e obrigações, tem o ato jurídico na vontade do homem o seu fator primordial. A vontade, uma vez manifestada na conformidade da lei, gera o nascimento, a modificação ou a extinção dos direitos subjetivos. Dentro dessa ordem de idéias, *ato jurídico é* toda declaração de vontade particular, emitida de modo válido e que se destina, imedia-tamente, a produzir efeitos jurídicos (p. ex., o testamento, a doação, a compra e venda, a renúncia).

Os atos humanos ou não têm importância jurídica (uma saudação, uma viagem) ou produzem, segundo as disposições legais vigentes, um efeito de direito, e estes atos juridicamente eficazes são os *atos jurídicos*. Seus elementos estruturais, isto é, elementos constitutivos do conteúdo do ato jurídico, conforme a doutrina, são: a *vontade humana*, revelada validamente através da declaração – a vontade exteriormente manifestada é pressuposto do ato jurídico; a *idoneidade do objeto,* em relação ao negócio visado; e a *forma,* quando da substância do ato, pois neste caso, sem ela, o ato é inválido.

Nos termos do Código Civil, os requisitos de validade de todo ato jurídico são a *capacidade do agente, o objeto lícito* e a *forma prescrita ou não proibida. A capacidade,* ou aptidão para praticar pessoalmente os atos da vida civil é a regra, mas haverá *incapacidade* sempre que se verificar motivo que impossibilite ou torne defeituoso o desenvolvimento ou o funcionamento das faculdades psíquicas. Esse defeito provém da idade ou de enfermidades mentais, isto é, ou não têm as faculdades psicológicas o necessário desenvolvimento ou estão alteradas ou aniquiladas. A vontade dos incapazes é ineficaz, oferecendo a ordem jurídica recursos para o suprimento das incapacidades absolutas e relativas *(a representação,* no primeiro caso, e, no segundo, a *assistência* e a *autorização).* O objeto do ato jurídico tem de ser *lícito,* não valendo o ato contrário a preceito de lei, à moral e aos bons costumes. A ordem jurídica não apóia intuitos imorais, nem garante ajustes opostos aos princípios fundamentais em que assenta. A manifestação de vontade dirigida à criação de um efeito jurídico é aquela que se ajusta aos fins éticos do Direito. O objeto deve, ainda, *ser possível* (Capitant dá como exemplo do objeto sem valor, isto é, que desatende ao requisito em foco, o contrato pelo qual alguém se encarregasse de explorar atualmente uma mina no planeta Marte).

Finalmente, a forma, a saber, palavras ou sinais por cujo intermédio a vontade é declarada. A tendência do Direito moderno é suprimir as formalidades inúteis ou supérfluas, que retardam e tornam dispendiosos os processos, sem a menor vantagem para a Justiça. Mas não eliminar a forma dos atos jurídicos, matéria em que nosso ordenamento é sóbrio. Haja vista o disposto no art. 107, do CC: "A validade da declaração de vontade não dependerá de forma especial, senão quando a lei expressamente o exigir. Assim sendo, o Direito se contenta, em geral, com a forma escolhida pela parte ou agente do ato, desde que seja apta a lhe exprimir a intenção. Existem formas especiais (o instrumento público e o particular), mas só a lei pode impor determinada forma para o ato. Para ser reconhecida, toda manifestação de vontade se exprime de várias formas: falada, escrita, e até por gestos ou sinais reveladores de uma intenção – ou manifestação *expressa* da vontade. Pode haver manifestação *tácita* da vontade, a qual resulta, segundo Caio Mário da Silva Pereira, de uma conduta do agente, traduzindo a exteriorização por uma dada atitude. Vale tanto quanto a expressa, salvo quando a lei exige manifestação expressa. O *silêncio* mesmo pode ser tido como manifestação de vontade (art. 539 do CC).

Todo ato jurídico tem de assumir uma forma. Em relação a uns a ordem jurídica determina que assumam uma forma especial (são os atos *formais* ou *solenes*), ao passo que, para outros, a forma é deixada à escolha do agente (atos *não-formais*). Em certos casos a declaração de vontade deve ser rodeada de requisitos especiais, a fim de se notar com toda nitidez a natureza do ato e a este imprimir maior solenidade e significação. Um testamento público, por exemplo, há de ser lavrado em notas de oficial público, de acordo com o ditado ou as declarações do testador, diante de duas testemunhas, lido depois pelo oficial na presença das testemunhas e do testador, ou pelo testador, se o quiser, na presença do oficial e das testemunhas, e, em seguida, assinado pelo testador, pelas testemunhas e o tabelião. No casamento, além da habilitação, os nubentes, cada um a sua vez, têm de dizer *sim* ao juiz, perante as testemunhas e o oficial. É em tais termos o *formalismo* do nosso sistema jurídico. Vale, a propósito, recordar estas palavras de Rudolf von Ihering (*O espírito do Direito romano*): "Inimiga jurada da arbitrariedade, a forma é irmã gêmea da liberdade. É com efeito o freio que detém as tentativas dos que arrastam liberdade para a licença; a que dirige a liberdade, a contém e protege. As formas fixas são a escola da disciplina e da ordem, e, por conseguinte, da liberdade; são um baluarte contra os ataques exteriores: poderão romper-se, mas não amoldar-se. O povo que professa verdadeiro culto à liberdade compreende instintivamente o valor da forma, e sente que ela é um jugo externo, senão o vigia de sua liberdade".

A declaração de vontade, segundo Eduardo Espínola (op. cit.), pode ser *expressa* ou direta, imediata, explícita, que se manifesta por meio dos sinais usualmente apropriados a esse fim; *tácita* ou implícita, ou pode consistir no silêncio. O silêncio importa em anuência, quando as circunstâncias ou os usos os autorizarem e não for necessária a declaração de vontade expressa, como dispõe o artigo 111 do Código Civil.

Quanto ao *modo de formação,* os atos jurídicos são *unilaterais,* em que há declaração de vontade de uma só pessoa ou de muitas concorrendo para uma única declaração, e *bilaterais,* em que se verifica o concurso de pelo menos duas declarações de vontade coincidentes, cada uma das quais isoladamente considerada deve ser válida. O negócio jurídico bilateral chama-se, genericamente, *contrato,* este é sempre bilateral no momento de sua formação, mas pode ser também unilateral nos efeitos produzidos (ex.: o *comodato,* gerador de obrigações só para o comodatário). Quanto à *época, em que devem produzir efeitos,* denominam-se *inter-vivos,* cujos efeitos se produzem em vida do agente, ou *mortis causa,* quando o efeito é deixado para depois da morte do agente, e são, caracteristicamente, revogáveis. Em relação ao conteúdo da vontade, ou ao fim visado, dividem-se em *onerosos* e *gratuitos.* Nos onerosos, há compensação de vantagens e encargos para ambos os agentes (ex.: a compra e venda); nos negócios gratuitos, somente uma parte se beneficia, à custa da diminuição do patrimônio da outra, como, por exemplo, na doação. Todo negócio oneroso é bilateral, mas há negócios jurídicos bilaterais *gratuitos,* ou que se realizam em benefício de uma só pessoa, às custas de outra, como nos exemplos citados do comodato e da doação. Ainda há *os principais* (existentes por si próprios), e os *acessórios,* cuja existência depende da de outro. O negócio jurídico acessório segue a sorte do principal, perdendo a eficácia e cessando a produção dos seus efeitos, uma vez extinto ou invalidado o principal.

O conceito doutrinário atual de *negócio jurídico* vai além da concepção restritiva do Código Civil, abrangendo toda declaração de vontade, individual ou coletiva, quer dos particulares, quer de órgãos legislativos, judiciários ou administrativos. Segundo essa nova concepção, o ato jurídico tem o sentido extenso de *fonte de Direito*. Assim, tanto é ato jurídico um testamento, um contrato, a confissão de dívida a emissão de uma nota promissória, quanto a lei, a sentença, o provimento, como acentuou Caio Mário da Silva Pereira, na apresentação, como seu relator-geral, do Projeto de Código de Obrigações de 1965 (Duguit, op. cit., 1º vol.); Jean Brethe de la Gressaye e Marcel Laborde Lacoste (op. cit. n. 207) distinguem as seguintes espécies de atos jurídicos *como fontes de Direito*: atos-regras, que são atos jurídicos criadores de uma situação jurídica geral, impessoal, ou ainda, contendo uma regra de Direito, atos emanados de uma autoridade pública, tais como as leis, os regulamentos, a sentença normativa nos conflitos coletivos de trabalho, os estatutos de uma associação, por exemplo; e, ainda, *ato subjetivo, ato condição e ato jurisdicional*. *Os atos subjetivos* são atos criadores de situações jurídicas individuais, como os contratos. Os *atos condições*, conforme Brethe de la Gressaye, são manifestações de vontade, cujo objetivo é colocar um indivíduo numa situação jurídica geral ou impessoal; chamam-se assim, porque constituem a *condição de aplicação* a um indivíduo de uma situação legal preexistente. Nos exemplos por ele figurados, o casamento civil é um ato-condição e não um contrato, porque os consortes não são livres para regular sua situação jurídica, mas se limitam a exprimir a vontade de aceitar o estado de marido e mulher tal como está imperativamente estabelecido na lei; ou a nomeação de um funcionário público, que o insere numa situação jurídica preestabelecida, o Estatuto. No *ato jurisdicional*, enfim, enquadram-se as decisões das autoridades incumbidas de decidir conflitos de interesses, embora o efeito de suas decisões opere apenas entre os envolvidos no litígio resolvido (autoridade relativa da coisa julgada). O ato jurídico é, por definição, um *ato lícito*. Os autores do Projeto de Código Civil que antecedeu a promulgação do Código atual estenderam, porém, as disposições reguladoras do negócio jurídico aos *atos jurídicos ilícitos*, por considerarem o *ilícito* como parte também do *domínio do jurídico*, pois este *abrange todos os atos e fatos aos quais uma regra de direito liga uma conseqüência, trate-se de uma sanção penal ou premial, civil, ou penal,* como escreveu o supervisor da Comissão Elaboradora e Revisora do Código Civil, professor Miguel Reale, em resposta às críticas do professor Caio Mário da Silva Pereira. O relator da Parte Geral, professor José Carlos Moreira Alves, por sua vez, também sustentou que *qualquer ato que produza efeito jurídico é ato jurídico, e, conseqüentemente, o ato ilícito também o é.* No pensamento do professor Caio Mário da Silva Pereira, o ato jurídico é sempre *lícito.* "O ato que não é lícito", afirma ele, "é ilícito e contrapõe-se ao ato jurídico". À luz do artigo 81 do anterior CC, assim é. Mas, como observa Miguel Reale, toda ação ou omissão dolosa ou culposa, causadora de dano, sujeita o seu autor a repará-lo (art. 186), sendo, pois, o ato ilícito produtor de efeitos jurídicos, donde parecer-lhe inadmissível considerar jurídico, apenas, o ato lícito. É o que também ensina Pontes de Miranda. Os crimes, diz ele no seu *Tratado de Direito privado*, t. I, pp. 79 e ss., "são atos jurídicos; porque atos jurídicos não são somente os atos conforme o direito, os atos (lícitos) sobre os quais a regra jurídica incide, regulando-os; são-no também os atos ilícitos, sobre os quais incidem regras penais, ou de ofensa aos direitos absolutos, ou de reparação dos danos, ou de violação, dos direitos de crédito, ou outros".

Já muito antes Hans Kelsen havia escrito que *o ilícito não é um fato que esteja fora do Direito e contra o Direito, mas é um fato que está dentro do Direito (Teoria Pura do Direito,* cit., 2ª ed., trad. de João Batista Machado, vol. 1º, p. 222). É o que também se infere do pensamento de Cossio, segundo quem o "Direito existe ou como faculdade ou como prestação ou como ilícito (entuerto) ou como sanção, que são os seus modos de ser" (Carlos Cossio, cit.). Os conceitos fundamentais constitutivos da estrutura da norma (dois constantes e oito variáveis), segundo ele, ficariam assim dispostos: "Dada uma situação coexistencial como o fato de uma totalidade sucessiva (1), deve ser (2) a prestação de alguém (3) como alguém obrigado (4) ante alguém titular (5) – *endonorma* – ou (6) dado o ilícito (7), deve ser (2) a sanção do responsável (8) imposta por um funcionário obrigado a isso (9) em virtude de pretensão da Comunidade (10) – *perinorma* (ibidem).O ilícito é a não-prestação.

29. Defeitos dos atos jurídicos. Noções gerais

Pressuposto do ato ou negócio jurídico é a vontade humana funcionando normalmente. Se o agente não atingiu o desenvolvimento psíquico considerado suficiente pela ordem jurídica (caso dos menores absolutamente incapazes) ou em conseqüência de alienação mental, estaremos diante de *ausência ou falta de vontade,* que impede a formação do ato ou negócio jurídico. Os negócios aos quais falta a vontade, sequer têm existência jurídica, diz Orlando Gomes. A vontade pode existir, mas achar-se perturbada no momento de sua manifestação, de tal maneira que se dá uma divergência não querida entre a intenção verdadeira do agente e sua vontade aparente. Neste segundo caso, diz-se que a vontade padece de vícios ou defeitos, e esses vícios, como ensina Clóvis Bevilaqua, se transmitem ao ato, do qual a vontade é a essência. São eles o *erro,* o *dolo* e a *coação,* que atingem a vontade no momento em que ela se forma, perturbando-lhe a elaboração, influindo no momento de exteriorizar-se a deliberação do agente, viciando-lhe o consentimento. Ao lado desses chamados *vícios psíquicos,* há ainda, os defeitos que tornam desconforme o resultado do ato negocial com o imperativo legal, casos em que o negócio reflete a vontade real do agente, como diz Caio Mário da Silva Pereira, mas canalizada, desde a origem, em direção oposta ao mandamento da lei – *ou vícios sociais: a simulação e a fraude contra credores*. Uns e outros constituem os denominados *defeitos dos atos jurídicos,* cuja ineficácia produzem, tomando-os judicialmente anuláveis.

O *erro,* o *dolo* e a *coação,* incidindo sobre a vontade, impedem-na de se manifestar segundo o desejo do agente. Na *simulação* não há vício do consentimento, pois o agente exterioriza a vontade de acordo com sua intenção real, o consentimento se manifesta livremente. Há *simulação,* ensina Orlando Gomes, quando num negócio jurídico se verifica intencionalmente divergência entre a vontade real e a vontade declarada, com o fim de enganar a terceiros. É uma deformação voluntária para escapar à disciplina normal do negócio, prevista na lei *(Curso de Direito civil – Introdução ao Direito civil,* 5ª ed., vol. 1, p. 515). Na simulação, há sempre o intuito de enganar. Um exemplo extraído de decisão do Supremo Tribunal Federal: um proprietário, desejando facilitar o despejo do inquilino, finge vender o imóvel locado a terceiro que, residindo em prédio alheio, tem maior probabilidade de vencer a demanda (Cf. RTJ-177/250).

Na fraude contra credores, pela mesma forma: o devedor aliena o seu patrimônio deliberada e conscientemente. A *fraude contra credores* importa no propósito de prejudicar a estes, em benefício próprio ou de terceiros, privando os credores da garantia geral que devem encontrar no patrimônio do devedor. É a diminuição maliciosa do patrimônio, como diz Caio Mário da Silva Pereira.

Vejamos agora os defeitos ou vícios, em virtude dos quais o consentimento do agente não se deu de modo livre e esclarecido.

O erro é o falso ou incompleto conhecimento da realidade, ou, na definição de Fubini, que Clóvis Bevilaqua considera plenamente satisfatória, *o estado da mente que, por defeito do conhecimento do verdadeiro estado das coisas, impede uma real manifestação da vontade.* Há de ser um erro *escusável,* isto é, aquele em que pode incorrer uma pessoa dotada à indigência comum e atenção ordinária, e *substancial*, ou de tal importância que o agente não teria dado seu consentimento se conhecesse a realidade.

De acordo com o nosso Direito positivo, o *erro substancial* incide na essência do ato, no objeto principal da declaração ou em alguma de suas qualidades substanciais (art. 139, *caput* e inciso I, do CC), ou, ainda, o que disser respeito a qualidades essenciais da pessoa a quem se refira a declaração de vontade (art. 139, II). Há *erro* sobre a essência ou *natureza do ato*, quando se tenciona realizar um ato e se realiza outro (v.g., o adquirente supõe ser uma doação a coisa que lhe foi vendida). Dá-se o *erro sobre o objeto principal da declaração*, como diz Clóvis Bevilaqua, quando a coisa diretamente visada pelo ato não é a que estava na intenção do agente. Exemplo: declaro vender a casa A, quando penso vender a casa B. O *erro* interessa alguma das qualidades essenciais do objeto, quando as qualidades substanciais deste levam a vontade a determinar-se e o declarante supunha existirem (v.g., compro um objeto de ouro branco, supondo ser de platina). O *erro sobre a pessoa* influi, quando o ato é realizado, tendo em vista qualidades essenciais dela. Se apenas o *erro de fato* (incidente sobre a pessoa ou a coisa) vicia a vontade, ou se também a vicia o *erro de Direito*, que é o falso conhecimento ou a ignorância da lei, a doutrina não responde com uniformidade de opiniões. Orlando Gomes informa que, sem embargo da controvérsia a esse respeito reinante, a *doutrina moderna inclina-se pela admissibilidade do erro de Direito*, mas afirma que *o erro de direito não pode ser invocado na transação, na confissão, nem nos casos em que conduziria à violação de lei de ordem pública* (Ibidem).

O *dolo* consiste em todo expediente malicioso, empregado para induzir a pessoa a praticar um ato que a prejudica e aproveita ao autor de dolo ou a terceiro. Caracteriza-se pela intenção de prejudicar. É o *dolus causam dans, dolus malus* ou dolo principal, gerador do consentimento, que se não daria se inexistisse o artifício malicioso. O agente do dolo utiliza processo de convencimento mediante manobras ou maquinações e assim obtém da vítima um ato jurídico que esta só realizou por ter sido enganada. Distinto do dolo principal o dolo *acidental* não invalida o ato jurídico, obrigando apenas à satisfação das perdas e danos que tiver ocasionado (art. 146, do CC, segundo o qual o dolo é acidental, quando a seu respeito o ato se teria praticado, embora por outro modo).

Como escreve Orlando Gomes, na prática, a distinção entre essas duas espécies de dolo apresenta dificuldades, mas é observada em todas as legislações.

O dolo não se presume, mas pode ser provado por qualquer meio juridicamente reconhecido, inclusive mediante indícios e presunções.

A *coação* que vicia o consentimento é a chamada *vis compulsiva*, ou toda espécie de pressão injusta exercida sobre a pessoa, para levá-la a praticar um ato jurídico. Ela suprime a espontaneidade do querer que deve estar sempre no processo de formação da vontade. A vontade do coacto existe, mas viciada. A violência física ou *vis absoluta* elimina a vontade: não é um vício dela, mas a sua ausência, o que tira ao violentado toda possibilidade de querer, e assim impede a formação do ato jurídico. Visto que a *coação*, ou violência moral, consiste na *ameaça* de um mal que a vítima sofrerá se não praticar o ato exigido, é necessário que a ameaça seja *verdadeira* e *séria* (não simplesmente suspeitada), *injusta* (não é ilegítima à ameaça de cobrança de uma dívida pelo credor), *grave* (isto é, incuta temor de dano à própria pessoa, à sua família ou a seus bens).

30. Nulidade e anulabilidade dos atos jurídicos

Diferente é a sanção imposta pela lei ao ato praticado com violação do que ela determina, ou com vício do consentimento. A imperfeição dos negócios jurídicos pode torná-los "nulos" ou "anuláveis", conforme a sua gravidade.

Só a observância das prescrições legais garante eficácia à vontade individual, elemento propulsor do negócio jurídico. Nulidade é o defeito ou vício em virtude do qual o ato jurídico perde a sua eficácia, ou, nas palavras de Clóvis Bevilaqua, a declaração legal de que a determinados atos jurídicos se não prendem os efeitos ordinariamente produzidos pelos atos semelhantes (*Teoria geral do Direito civil*, 3ª ed.). Quando ao ato jurídico falta algum requisito essencial, como a capacidade do agente, o objeto lícito, a forma legalmente determinada, ou solenidade que a lei considere essencial à validade do ato, este é nulo. O defeito é irremediável. Dá-se aí uma ofensa ao ordenamento jurídico, uma transgressão de normas de ordem pública, causando a nulidade do ato, uma reação violenta da sociedade, proporcional à intensidade do agravo que lhe é feito. Mas, noutros casos, não é o interesse da ordem pública que se encontra em jogo, nem tampouco a estabilidade social, e sim o interesse particular das pessoas em certas situações, cuja violação a ordem jurídica sanciona menos radicalmente. É caso do menor púbere ou dos que agem por "erro, dolo, coação", ou vítima de "simulação" ou "fraude contra credores". Os atos jurídicos que daí decorrem são apenas "anuláveis", permitindo a lei que, se o interessado o "quiser", promova a invalidação do ato prejudicial.

 O ato "nulo" é aquele praticado com inobservância de requisito essencial à sua validade (assim, o do absolutamente incapaz, o que tenha objeto ilícito ou impossível, o que não revestir a forma legal prescrita, ou, ainda, o que preterir solenidade essencial à sua validade), ou o que a lei taxativamente considera como tal ou ao qual de modo expresso nega efeito (v.g., arts. 1548, 548, 549 do CC).

 Ao lado dos atos "nulos" e "anuláveis", alguns autores colocam os chamados atos "inexistentes", a saber, aqueles atos desprovidos de um dos elementos constitutivos e que, por isto mesmo, não chegam a formar-se juridicamente. Eles não reúnem os elementos, de fato, subentendidos pela sua natureza ou pelo seu objeto e sem os quais a existência do negócio jurídico se torna inconcebível, como um casamento sem a participação de pessoas de sexos diferentes ou em que os nubentes não exprimiram o seu consentimento; um contrato de compra e venda sem o preço ou a coisa, etc. Não se confundem com os atos nulos e anuláveis, porque estes apresentam todos os elementos estruturais indispensáveis, ainda que sem corresponderem às exigências da lei, ou eivados de algum dos defeitos ou vícios da vontade. Dos atos "inexistentes", pois, não se pleitearia a declaração de nulidade, embora desprovidos de toda eficácia, mas de sua "não-significação jurídica", como diz Reale, porquanto tais atos permanecem juridicamente "embrionários, *in fieri*", ou seja, privados de toda substantividade jurídica.

Capítulo X

31. Ato ilícito. Natureza e espécies. 32. Fundamento da responsabilidade civil e penal. 33. Gozo, exercício e abuso de direito

31. Ato ilícito. Natureza e espécies

Na doutrina jurídica assente, ou por alguns denominada tradicional, assim como o ato ou negócio jurídico é o ato de vontade que, tendo objeto lícito e forma prescrita ou não-proibida, a lei permite que produza os efeitos jurídicos desejados pelo agente, o "ato ilícito" é igual ao ato contrário à lei, à moral ou aos bons costumes e que, por isto mesmo, produz, não os efeitos queridos pelo agente, mas os que a lei determina. Orlando Gomes o define como a ação ou omissão culposa com a qual se infringe, direta e imediatamente, um preceito jurídico de Direito privado, causando-se dano a outrem (op. cit.). Consiste, assim, numa ação ou omissão exercida com infringência de um dever preexistente, da qual resulta dano a outrem.

Todos os atos humanos são lícitos ou ilícitos, não havendo um terceiro gênero. Os "ilícitos", explica Del Vecchio, são os que, sejam "ações ou omissões, implicarem, conforme o Direito objetivo, invasão da esfera jurídica de outrem e, por isso, a que é lícito juridicamente fazer impedimento, dando lugar às correspondentes sanções civis (ressarcimento do dano) ou penais (cit.).

Vária é a intensidade da infração da norma de conduta. Na violação um preceito de ordem "criminal", o Direito penal reage energicamente, cominando "pena privativa da liberdade e multa". Quando a regra é de Direito privado, o dano patrimonial ou moral, resultante de sua inobservância, gera apenas o "dever de indenizar" a família da vítima (CC, art. 948).

São pressupostos do "ato ilícito": 1) uma ação ou omissão do agente; 2) dolo ou culpa; 3) relação de causalidade entre a ação ou omissão culposa e o evento danoso; 4) um dano. Autores há que apontam como seus elementos componentes a "antijuridicidade" (esta se revela como o ato oposto, contrário ao direito, que causa prejuízo a alguém), a "imputabilidade" (ou capacidade de sofrer a conseqüência resultante da conduta ilícita, que alguns não têm, como os menores de 18 anos, p. ex.) e a "culpabilidade expressa em três níveis, conforme a gravidade decrescente: "dolo, preterintencionalidade e culpa", propriamente dita, A conduta "ativa" do agente (ação) consiste no dolo e a "passiva", na negligência, imprudência ou imperícia.

"Culpa" é a conduta desatenta para a possibilidade de um dano a alguém, ou a negligência, imprudência ou imperícia, sem o propósito, a intenção de prejudicar. O "dolo" implica a violação intencional de um dever jurídico. Se este dever se funda numa obrigação assumida em contrato, a culpa é "contratual" (culpa *in contrahendo*), se não existe qualquer vínculo contratual e o dever, portanto, decorre do princípio geral de direito que manda não prejudicar a ninguém – *neminem laedere* – a culpa se denomina "aquiliana".

No Direito privado, a "culpa" ainda é "direta" e "indireta", conforme a pessoa imputável seja o próprio agente do ato comissivo ou omissivo, ou outrem. A culpa "indireta" se apresenta sob os tipos de culpa *in vigilando* (a de quem não exerce a necessária vigilância sobre as pessoas a seu cargo, como a do pai em relação aos atos dos filhos menores), culpa *in eligendo* (falta de cuidado na escolha de quem nos serve) e culpa *in custodiendo* (a do dono do animal pelos danos que este causar a terceiros).

Não há ilícito sem "dano". A prática do "ato ilícito" acarreta obrigação de indenizar o prejuízo causado, constituindo, pois, o dano, o elemento material do ato ilícito civil. Pode ser patrimonial e *moral*. Doutrinariamente, ainda existe, até certo ponto, divergência de opiniões acerca da indenizabilidade do dano "moral", ou dano que não atinge o patrimônio material da pessoa. Mas a jurisprudência já a consagrou. Haja vista o enunciado n. 491 da *súmula* do Supremo Tribunal Federal que diz: "É indenizável o acidente que causa a morte de filho menor, ainda que não exerça trabalho remunerado". Não raro, tem o Supremo Tribunal Federal considerado merecedor de reparação o *dano estético*, o *sofrimento* e a *dor moral*, como em acórdão unânime da 2ª Turma, em 20.1.76 n. RE 83.296-RJ (v. RTJ 83/172). Por outro lado, os artigos 952, parágrafo único, 953, parágrafo único; 954, *caput* do CC, referem-se a casos de danos "morais". O Código Civil considera ato ilícito causar dano "ainda que simplesmente moral" (art. 1.517, *caput*). A Constituição vigente acolheu o dano moral (art. 5º, V e X).

A responsabilidade pelo ato ilícito "criminal" é pessoal e intransferível (CF, art. 5º, XLV), mas a outra, relativa ao ilícito "civil", é "patrimonial" e transfere-se, podendo deslocar-se do agente que pratica o ato para outra pessoa.

Dissemos não haver ilícito sem "dano", mas a conduta comissiva ou omissiva pode causar dano, sem haver ilícito de qualquer natureza. Assim, os atos praticados em "legítima defesa", em "estado de necessidade" ou no "exercício regular de um direito", ainda que prejudiquem a alguém, não constituem "atos ilícitos", quer civis, quer penais. Tampouco o são aqueles desejados pelos a quem ofendem *(volenti non fit injuria)*.

32. Fundamento da responsabilidade civil e penal

A conduta das pessoas tem a proteção da ordem jurídica, quando se desenvolve dentro dos limites estabelecidos pelas normas. Extrapolando-os, de modo a interferir na esfera jurídica alheia e causar injusto dano, o indivíduo pratica o *ilícito,* civil ou penal, e responde pelas conseqüências de seus atos. A responsabilidade jurídica, no conceito do professor mexicano Miguel Villoro Toranzo, é uma solução social construída pelo Direito com o fim de marcar uma pessoa para que dê conta das conseqüências de determinados fatos ou atos jurídicos, ou o conjunto de notas pelas quais um sujeito há de dar razão a outros por um ato ou por um fato.

O fundamento da responsabilidade reside na culpa *lato sensu,* segundo os partidários da teoria *subjetiva,* o que significa que só nasce o dever de indenizar, na esfera civil, quando o agente causa dano a outrem, intencionalmente, ou agindo por *imprudência, negligência ou imperícia.* Procede imprudentemente o indivíduo que se excede, ultrapassando o máximo tolerado para dar segurança à conduta (como, por exemplo, no caso do motorista que imprime ao seu veículo a máxima velocidade, em pista molhada), e procede com negligência aquele que adota conduta oposta, como a do motorista que viaja sem prévia verificação de freios, pneus, etc. A imperícia diz respeito à culpa dos profissionais.

Pela teoria "objetiva" da responsabilidade, o que domina é a idéia do chamado "risco proveito", eliminando-se inteiramente o elemento subjetivo ou "culpa". O criador do risco deve assumir as conseqüências de sua realização. Tem ela feito grandes progressos no Brasil, onde numerosas leis extravagantes a instituíram, tais como a de "acidentes do trabalho", a do seguro obrigatório, reguladora da responsabilidade civil dos proprietários de veículos automotores, e outras. A Constituição Federal, por sua vez, consagrou a responsabilidade objetiva das pessoas jurídicas de Direito público interno (União, Estados, Distrito Federal, Municípios) pelos danos que seus funcionários, nessa qualidade, causarem a terceiros, cabendo ação regressiva contra o responsável, nos casos de culpa ou dolo (art. 37, § 6º). Figuras exponenciais da teoria objetiva, no campo do Direito privado, entendem que o "fato" em si tende a substituir o "fato culposo", pondo-se a "reparação" no lugar da responsabilidade (Josserand). Não somos responsáveis como culpáveis, mas como realizadores de atos – infere-se desse pensamento.

Contudo, a base da responsabilidade, segundo o Código Civil, é a "culpa", em sentido amplo, isto é, abrangendo a conduta "culposa" e a "dolosa". No campo, portanto, das relações jurídicas regidas pelo Código Civil, em virtude do disposto nos seus artigos 186 e 927, *caput,* a fonte da obrigação de indenizar é o "ato ilícito".

A própria tendência dos sistemas modernos de Direito privado, na opinião da maioria, é o da responsabilidade "por culpa", como regra, funcionando a obrigação de reparar o dano, independentemente da idéia de culpa, em casos regulados por legislação especial. Dois civilistas brasileiros – Orlando Gomes (op. cit., p. 543) e Caio Mário da Silva Pereira (*Curso de Direito civil,* vol. 1) – estão entre os que assim pensam.

No Direito penal, a responsabilidade se funda na "culpa", lato *sensu* ou "culpabilidade", compreensiva do "dolo" e da "culpa", em sentido estrito. "Dolo" e "culpa" são os pressupostos da pena, nenhuma pena sendo imposta sem prova de ter o agente praticado a ação, ou a omissão dolosa, ou culposamente.

33. Gozo, exercício e abuso do direito

Exercer um direito é utilizá-lo, tornar efetivo todo o poder nele contido, gozar-lhe, em suma, todas as vantagens. Qualquer ser humano é capaz de direitos e obrigações na ordem civil, possui capacidade jurídica, ou "personalidade". Não existe homem que não seja "pessoa", nem pessoa desprovida da capacidade de ter direitos e deveres, ou "capacidade de gozo". "Toda pessoa", diz o artigo 1º do CC, "é capaz de direitos e obrigações na ordem civil".

Nem todos, porém, têm o poder de agir juridicamente por si próprios, ou "capacidade de exercício". O atual Código

Civil regula a situação das pessoas absolutamente incapazes do exercício dos atos da vida civil (art. 3º, itens I, II e III) e incapazes relativamente a certos atos ou à maneira de os exercer (art. 4º, itens I, II, III e IV). Há os que, embora possuindo a capacidade jurídica ou de gozo, estão privadas do exercício pessoal dos direitos, em virtude de disposições legais criadoras de "incapacidade". A incapacidade é o reconhecimento da inexistência, em determinadas pessoas (pela idade, a saúde, o desenvolvimento mental) dos requisitos que a lei considera necessários para que elas exerçam por si mesmas os seus direitos.

O exercício dos direitos é "facultativo", como uma decorrência da natureza mesma do Direito subjetivo. Uma vez que este, por definição, consiste numa "faculdade" ou poder moral de fazer ou deixar de fazer algo, ninguém pode ser compelido a exercer ou fruir as vantagens do direito que possui. Está também sujeito ao princípio da "inesgotabilidade", o que quer significar que o Direito subjetivo não se acaba pelo fato de não ser utilizado. O seu não-exercício não o esvazia, salvo em relação aos direitos sujeitos à pena de extinção se não forem exercidas dentro de certo prazo e isto por uma necessidade de segurança do comércio jurídico. Finalmente, está o exercício dos direitos subordinado ao princípio da "normalidade". O titular de um direito não pode utilizá-lo "segundo lhe convém", ou conforme lhe pareça melhor, mas, de modo correto, "regular, normal", tendo em vista o fim social do direito. Quando o direito é exercido em desacordo com a finalidade social para a qual foi conferido dá-se "abuso de direito", como diz Josserand. Exercer anormalmente o direito é abusar dele, e não usá-lo. O "abuso de direito", como registra a doutrina, tem um caráter subjetivo que não raro dificulta a sua caracterização. Constitui sempre um desvio no exercício da faculdade de agir, do qual resulta injusto dano a outrem. O direito, ensina Clóvis Bevilaqua, deve ser exercido dentro de certos limites éticos. Exercer regularmente o direito é realizar o seu destino próprio.

O Direito positivo brasileiro regula, indiretamente, o "abuso direito", no artigo 188, I, do CC, que prescreve: *"Não constituem atos ilícitos: I. Os atos praticados em legítima defesa ou no exercício regular de um direito reconhecido"* (grifamos).

Quem, pois, segundo essa norma, usa regularmente o seu direito, isto é, exerce-o dentro dos limites que o condicionam, não faz injúria a ninguém, ainda que se verifique para outrem uma conseqüência prejudicial. A *contrario sensu*, resulta do dispositivo citado que o exercício "irregular" do direito gera o "ato ilícito" e, com este, a obrigação de indenizar o dano causado. Assim como o extremo rigor na aplicação da lei pode produzir uma injustiça *(summun jus summa injuria)*, da mesma forma o uso incorreto do próprio direito converte-se em "abuso". Muito antiga é a noção da "relatividade" dos direitos concedidos e protegidos pela ordem jurídica, os quais por isso mesmo devem ser exercitados segundo um fim legítimo. O Código Civil alemão prescreve, no artigo 226: "O exercício de um direito é inadmissível se unicamente pode ter a finalidade de causar dano a outrem".

A primeira representação da doutrina do abuso de direito, segundo San Tiago Dantas, encontra-se em parecer do jurisconsulto medieval Pistóia. Relatando este o exemplo fundamental do ato emulativo (ato praticado com o só intuito de prejudicar outrem), ou seja, a abertura de uma janela na parede de um edifício, feita com o fim de devassar a intimidade de um convento de freiras, concluía com esta sentença depois convertida em brocardo: *malitiis non est indulgendum*, isto é, não deve haver indulgência para com atos maliciosos ou a malícia. O ato emulativo, ou abusivo, portanto, não merece amparo.

O "abuso de direito" se verifica quando alguém, usando um direito, pratica ato do qual nenhuma utilidade lhe vem e ainda resulta prejuízo para outra pessoa (é o caso, por exemplo, do proprietário que levanta em seu terreno uma parede bastante alta, com o propósito exclusivo de tirar a vista à casa vizinha ou escurecê-la). Para Josserand, o absoluto não é deste mundo jurídico; poucos direitos estão verdadeiramente

145

isolados no espaço e no tempo; todas as faculdades jurídicas, pela razão de se realizarem num meio social, fatalmente comportam limites, estão contidas em nome de situações, de aspirações igualmente respeitáveis que exigem sua legítima parte e devem obtê-la. "Os direitos subjetivos, valores sociais, produtos sociais, concedidos pela sociedade", diz, "não são atribuídos abstratamente e para que os usemos discricionariamente, *ad nutum;* cada um deles tem sua razão de ser, sua missão a cumprir; cada um deles está animado de certo espírito que não pode seu titular desconhecer ou disfarçar; quando os exercemos, devemos conformar-nos com este espírito e permanecer na linha da instituição, sem o que afastaríamos o direito de seu destino, faríamos mau uso dele, abusaríamos, cometeríamos uma culpa que comprometeria nossa responsabilidade" (Louis Josserand, *Derecho Civil*, trad. de Santiago Chunchilios e Manterola, t. II, vol. I, Buenos Aires, Bosch, 1950).

A propósito do direito de propriedade, o texto romano referente ao seu conceito foi exagerado, senão deturpado pelos glosadores, na opinião de alguns juristas. De fato, entre os direitos elementares da propriedade, os glosadores, e não os romanos, como observam Planiol e Ripert, aludiam ao *jus utendi, fruendi et abutendi*, em lugar de referirem os substantivos *usus, fructus, abusus,* empregados pelos romanos.

A fórmula clássica – *jus utendi, fruendi et abutendi* –, faz sentir Waline, não merecia tornar-se clássica; ela se repete graças ao respeito que lhe granjeia sua aparência romana, porém, foi ignorada dos juristas romanos: inventaram-na na Idade Média (Marcel Waline, *L'Individualisme et le Droit*, 2ª ed., Montchrestien, Domat, 1949, p. 343).

Daí passou-se ao equívoco de arrolar, entre os direitos elementares do proprietário, o de *abusar,* como tradução literal do *jus abutendi,* quando nesta locução havia unicamente o direito de *dispor,* não contido nos direitos reais, constituindo por isso mesmo o *atributo característico da propriedade* (Planiol e Ripert).

Para enunciar a idéia de ser o direito de propriedade absoluto no sentido de poder o proprietário dispor da coisa como lhe parece, lembra Maynz que se diz algumas vezes ter o proprietário o *jus utendi et abutendi*. Mas isso – logo acentua – é um lugar-comum que nada acrescenta, pois o vocábulo *abuti*, embora, às vezes, possa traduzir-se por *abusar*, ordinariamente, significa *consumir* (Cf. Charles Maynz, op. cit., § 94 e nota 2).

O que caracteriza o direito de propriedade, o que o distingue de todos os outros direitos reais, ensina Marcel Planiol, é a faculdade de dispor da coisa, quer consumindo-a, quer destruindo-a materialmente, ou "transformando-lhe a substância". É o que os antigos chamavam *abusus*, vocábulo designativo *do consumo da coisa*, e não do *abusus* no sentido moderno da palavra que designa o ato contrário ao Direito (Marcel Planiol, op. cit.).

Direito de dispor, esclarece Carbonnier, é a tradução de *abusus*. Nem mesmo no remoto ano de 1804, os autores do Código Civil francês, entretanto, haviam dito *abusar*, expressão, sublinha, que soara mal (Jean Carbonnier, *Droit Civil*, t. II, Paris, Les Biens, Presses Universitaires de France, 1957).

Da essência, pois, dos direitos, é a sua "relatividade". Temos de utilizar corretamente os direitos subjetivos derivados das normas jurídicas. O direito real tipo, que é o de propriedade, ele mesmo só é absoluto no sentido de sua oponibilidade a todos, mas, em sua realização prática, é relativo, sofrendo "restrições especiais" criadas em nome do interesse geral (as desapropriações por utilidade pública, entre outros casos), ou resultantes dos deveres de vizinhança e dos regulamentos administrativos (arts. 1277, 1280, 1299 e 1301, do CC), ou, ainda, estabelecidas pela vontade humana (as cláusulas de inalienabilidade). Isto, sem falar nas limitações derivadas da "função social" que o direito de propriedade tem em nosso ordenamento jurídico fundamental (CF, art. 170).

Essa "relatividade" dos direitos abrange também os direitos não-patrimoniais" (Orlando Gomes cita o caso de abuso do pátrio poder de parte do pai que, sem motivo algum, proíbe os filhos de visitar os avós) e *os direitos públicos*. Haja vista, quanto a estes, a moderna teoria do "desvio de poder", na esfera administrativa, equivalente ao "excesso de poder" ou, enfim, ao "abuso de poder". A Constituição Federativa do Brasil concede mandado de segurança para proteger direito líquido e certo não amparado por *habeas corpus,* seja qual for a autoridade responsável pela ilegalidade ou "abuso de poder". Dispõe, ainda, que se dará *habeas corpus* sempre que alguém sofrer ou se achar ameaçado de sofrer violência ou coação em sua liberdade de locomoção, por ilegalidade ou "abuso de poder".

Uma atividade jurídica não pode ser acionada por móveis maliciosos. O próprio "direito de se defender judicialmente" sujeita o titular a limites, apesar de aparentemente absoluta a faculdade de recorrer aos juízes e tribunais. Começar uma demanda por mero espírito de rivalidade ou competição ou por capricho, assim como exercitar os meios de defesa, opondo maliciosamente resistência injustificada à marcha ordinária do processo, tudo isso exprime "abuso de direito", produzindo o chamado "dano processual", que o Código de Processo Civil pune nos artigos 16, 17 e 18.

O "abuso de direito", segundo a doutrina dominante, em essência, difere de "ato ilícito", porquanto este é a infração da norma de conduta, é o ato praticado sem direito ou em sentido oposto ao Direito objetivo, ou, ainda, a não-prestação devida, ao passo que no "abuso de direito" o agente utiliza um direito de que é titular, mas o faz de maneira anormal e intolerável, contrariando a finalidade social, em cujo nome os direitos subjetivos são dados e protegidos.

Capítulo XI

34. Direitos subjetivos: conceito e classificação. 35. Sujeito do direito. Pessoa natural. 36. Pessoas jurídicas. 37. Objeto do direito.

34. Direitos subjetivos: conceito e classificação

Os dois principais sentidos da palavra "direito", como já vimos, são: *Direito objetivo,* ou Direito concebido como norma ou sistema de normas disciplinadoras da coexistência social (assim, temos o Direito penal, o Direito argentino, o Direito falimentar, e outros), e *Direito subjetivo,* ou faculdade que a pessoa tem de proceder, segundo as prescrições normativas editadas pelo Estado. São, num e noutro sentido, simples aspectos de uma só idéia – o "Direito" – e esses *sentidos* se pressupõem entre si e assim se completam: a faculdade sempre deriva da forma e, por outro lado, se não houvesse pessoas capazes de pôr em prática a norma, esta nenhuma aplicação viria a ter.

Duguit nega a existência de *Direito subjetivo*. Para ele, o Direito subjetivo repousa na vontade, e esta é um conceito metafísico a ser, como tal, afastado do Direito. O Direito objetivo não concede faculdades às pessoas, mas, apenas, ações mediante as quais se pode reclamar o cumprimento de deveres. "O homem", afirma Duguit, "vivendo em sociedade, tem direitos, porém, tais direitos não são prerrogativas que lhe pertençam por sua qualidade de homem, mas poderes que lhe competem, porquanto sendo o homem social tem um dever a cumprir e, em conseqüência, deve ter o poder de cumprir esse dever".

Kelsen, por sua vez, entende que o Direito é a norma, o Direito objetivo. O que se chama *Direito subjetivo*, diz ele, é o reflexo do dever jurídico dos demais. Porque todos têm de respeitar meus bens, diz ainda, afirmam que tenho um direito de propriedade; porque todos têm o dever de deixar-me circular livremente, concluem que tenho o direito de locomoção, etc. Mas isso não é exato: a única coisa que há em tais casos é o dever.

Para Windscheid, o Direito subjetivo é um domínio da vontade reconhecido pela ordem jurídica. Von Ihering, como ele, aceita a existência do Direito subjetivo, dando-o como um interesse juridicamente protegido. Criticando as diferentes teorias sobre esse tema, admite o professor uruguaio Enrique Vescovi que as do interesse e da vontade oferecem a vantagem de concentrar o direito no homem e fazê-lo depender do homem, ao passo que as teorias negatórias (Duguit e Kelsen), embora sem pretenderem tal resultado, podem chegar a esquecer que a razão suprema do Direito se encontra no homem. "O Direito", escreve ele, "como norma não é mais do que um meio, um instrumento para tornar possível a vida social; quando sentimos o peso de sua complexidade é porque reflete a complexidade mesma da vida de relação dos homens. Porém, quando o Direito aparece como um fim em si mesmo que oprime o homem, é porque se desvirtuou a sua função. Quando os deveres se impõem por si mesmos e não para salvaguardar os direitos, carecem de sentido. Por isto, devemos defender o direito subjetivo como a finalidade essencial da norma jurídica" (Enrique Vescovi, op. cit.).

Para Aftalion, uma vez posta em conexão a noção do direito subjetivo com a divisão do direito em público e privado, obtemos a classificação dos "direitos subjetivos" em "públicos" e "privados", sobre os quais a doutrina é de elaboração relativamente recente e se encontra em dependência muito estreita das noções um pouco flutuantes de Direito público e privado (Enrique. Aftalion, Fernando Garcia Olano e José Vilanova, op. cit., p. 309), Informando como em geral a esse respeito entende a doutrina atual, ele diz que "*hay derecho subjetivo público cuando entre los sujetos de la relación jurídica ya sea como sujeto pasivo o obrigado, ya sea como sujeto activo o pretensor – se encuentra el Estado (o un órgano del mismo) que actúa su caracter de tal*".

Nas relações de Direito público, o Estado trata com os particulares numa posição de superioridade, usa a força coativa e dispõe de ampla margem de arbítrio e discricionariedade. Quando, no entanto, se regulam relações jurídicas entre particulares, sem subordinação entre si, mesmo na esfera do Direito privado. Admite-se que o critério distintivo entre Direito subjetivo público e Direito subjetivo privado reside na personalidade do titular de cada Direito, posta em confronto com o correspondente sujeito passivo. Se ambos são particulares, o Direito subjetivo é privado; se o Estado intervém na relação exercendo domínio, quer como titular do Direito, quer como sujeito passivo a quem se pode exigir o cumprimento de uma obrigação contraída nesse caráter, o Direito subjetivo é "público".

Nem sempre o Estado atua como pessoa jurídica, mas age também como "Poder". Assim, quando ele pratica atos de governo, no exercício do poder soberano que tem sobre seus súditos, permanece numa esfera "discricionária", embora sujeito à legalidade constitucional, pois discricionariedade não significa arbitrariedade nem irresponsabilidade. A extralimitação no poder discricionário, diz Fleiner, constitui ilícito (Fritz Fleiner, *Instituciones de Derecho Administrativo*, trad. de Sabino Gendin, Barcelona, Labor, 1935, p. 119). Nessa condição, o Estado exerce os poderes conferidos pelo regime político: está, em suma, no uso de sua "soberania", sem entrar em relação jurídica com pessoa alguma, e, por isto, a ninguém é dado se lhe opor. É o que ocorre, por exemplo, quando o Estado institui tributos mediante leis, castiga um delinqüente, cria um serviço público novo. Ali, ele atua "unilateralmente", como "Poder público" em suas funções próprias, fora do campo dos direitos subjetivos. Mas quando o Estado procede como pessoa jurídica, entra em relação jurídica com os particulares, exercendo "atividade administrativa", e aí, surgem os direitos subjetivos, quer do próprio Estado quer dos indivíduos que podem cobrar-lhe a observância das normas disciplinadoras da atuação estatal. Quando o Estado põe em funcionamento um serviço público, contrata uma obra pública, nomeia ou demite um funcionário, tem de submeter-se às regras jurídicas vigentes e cujo cumprimento o interessado pode reclamar. Da mesma forma, se os particulares transgridem deveres a que estão sujeitos, pode a autoridade pública provocar a intervenção dos órgãos jurisdicionais para exigir a observância das normas cabíveis ou aplicar sanções. Toda vez que a personalidade jurídica do Estado atua revestida de alguma "autoridade", estabelecendo um desnível entre ela e o particular, sobre o qual predomina, deve ser tida como de Direito público e, nesse caso, exerce "direitos subjetivos públicos" (ex.: quando exige o pagamento de um tributo, quando desapropria um bem privado por necessidade ou utilidade pública). Da mesma natureza é o direito subjetivo das pessoas que, com ele, em tais hipóteses, entrarem em relação (assim, o expropriado tem "direito subjetivo público" ao pagamento prévio, e em dinheiro, da indenização respectiva nos precisos termos do artigo 5º, XXIV, da Constituição de 1988). Se o Estado entra na relação sem privilégios, numa atividade de "coordenação", o Direito subjetivo dele e do particular que com ele trata é "privado" (como quando o Estado compra e vende, aluga, troca, segundo as regras do Direito comum).

"Direito subjetivo público" pode assim definir-se como o que o particular tem diante do Estado, bem como a faculdade que o Estado, quando age como pessoa jurídica de Direito público, possui em relação às pessoas a ele submetidas.

Os "direitos subjetivos privados", por sua vez, dividem-se em "patrimoniais" (com conteúdo econômico suscetível de avaliação em dinheiro), que podem ser alienados e transmitidos por herança; e "não-patrimoniais" ou direitos da personalidade, que se referem ao homem (direito à honra, direito ao nome, direito à liberdade, que se não negociam nem se transmitem hereditariamente). Os "patrimoniais" se subdividem em "reais" e "pessoais" ou "absolutos e relativos". É a classificação devida a Teixeira de Freitas, no seu *Esboço*, definidos os reais como os que se exercem diretamente sobre as coisas, o que provocou a objeção de que a relação jurídica se dá sempre entre pessoas e assim o conteúdo próprio do *direito real* é uma obrigação universal de acatamento. Absolutos ou "reais" são os que possuímos em face de um número indeterminado de pessoas e neles a relação jurídica nasce quando o direito é violado. A doutrina os denomina "direitos" correlativos de um dever geral de respeito. Os direitos "relativos" ou pessoais, também chamados "direitos de crédito, creditórios, obrigacionais", correspondem ou dizem respeito a um dever particular de uma ou várias pessoas determinadas.

Outros preferem adotar a divisão dos direitos subjetivos privados em *absolutos e relativos,* figurando entre os primeiros os direitos *reais* e os da *personalidade,* e na categoria dos últimos ficam os direitos *pessoais* e os *de família,* tudo segundo o quadro sinótico abaixo.

Direitos subjetivos *privados*		
	Absolutos	*Reais* (propriedade em geral, inclusive artísticas, literária, industrial e científica)
		Da personalidade (como o direito à vida, à própria imagem, ao nome, à liberdade, à honra)
	Relativos	Ou *obrigacionais, creditícios* ou *pessoais,* e *de família* (tutela, pátrio poder, etc.)
		– cujo dever jurídico é de pessoa ou pessoas determinadas, estabelecendo-se o vínculo diretamente com a pessoa do obrigado.

35. Sujeito do direito. Pessoa natural

Inexiste diferença, a não ser acidental, entre *sujeito de direito* e pessoa. Na linguagem jurídica, as duas expressões significam o mesmo tanto, embora, às vezes, seja incorreto empregar indistintamente uma ou outra (assim, alude-se às *pessoas* por nascer, e não aos *sujeitos*). Pessoa é o sujeito ou titular do direito, todo ser capaz de ter direitos e obrigações, seja individual (o ser humano), seja coletivo (associações, sociedades).

Trata-se de uma palavra equívoca e que pode ter mais de um significado. Contudo, o mais comum e até hoje persistente é o que indica o indivíduo humano, como demonstra Francisco Ferrara, no seu grande livro sobre as pessoas jurídicas: "Não obstante as investigações glosológicas até aqui feitas", diz ele, "a etimologia da palavra é ainda bastante obscura, e o mais provável parece a derivação que dela faz Aulo Gelio de *personare*. Certo é que, entre os latinos, o significado originário de *persona* foi o de máscara, *larva histrionalis,* que era uma careta que cobria a face do ator quando recitava em cena, com o fim de fazer sua voz vibrante e sonora; e pouco depois a palavra passou a significar o próprio ator mascarado, o personagem; assim, no frontispício das comédias de Plauto e Terêncio se lê a lista das pessoas: *Personae*. Também na linguagem teatral se usavam as expressões *personam genere, agere, sustinere,* no sentido de sustentar no drama as partes de alguém, de representar alguém. Sendo assim, esta linguagem cênica logo se introduziu na vida. E como do ator que no drama representava a parte de alguém, também do que na vida representava alguma função, se dizia: *gerit personam (principis, consulis,* etc.). Pessoa aqui quer dizer: *posição, função, qualidade*. Neste sentido, encontramo-las nas fontes – D. 34, 3, 7, 5: *pupillum... personam sustinere eius a quo sub conditione legatur;* D. 41,1, 34: *hereditas non heredis personam sed defuncti sustinet*. Por um posterior desenvolvimento lingüístico *persona* passou imediatamente a designar o homem, enquanto reveste aquele *status*, aquela determinada qualidade, e assim se fala de *persona consulis*, de *persona sociis* em vez de *socius*, etc. Porém, nestas formas de coligação, *persona* vai gradualmente perdendo todo significado, e se reduz a um simples sufixo estilístico, um rudimento sem conteúdo; assim se chega a ver em *persona* a indicação do gênero, cujo genitivo opositivo formava a espécie, e essa indicação genérica não podia ser outra que a do homem. Deste modo, *persona* acaba por indicar, indeterminadamente, ao indivíduo humano, e este é o significado que se tornou mais comum e persistente até hoje" (Francisco Ferrara, *Teoría de las Personas Jurídicas*, trad. de Eduardo Ovejero y Maury, Madrid, Reus, 1929, pp. 313-4).

Duas categorias ou espécies de pessoas existem, no campo do Direito: as pessoas *naturais*, ou físicas (o ente racional, o ser humano) e os seres imateriais, criações sociais, que têm vida jurídica e se chamam *pessoas jurídicas*, tais como o Estado, os partidos políticos, as empresas públicas, as sociedades anônimas, etc. As pessoas *naturais*, Teixeira de Freitas preferiu denominar pessoas de *existência visível*, no seu *Esboço*, e, em vez de pessoas jurídicas, pessoas de *existência tão-somente ideal* (art. 17). Segundo lhe parecia, a expressão *pessoa natural* dava a perceber não serem naturais as outras pessoas que não são entes humanos e, no entanto, dizia: "É tão natural o mundo visível como o mundo ideal, é tão natural a matéria como o espírito, é tão natural o corpo do homem como a sua alma, é tão natural o homem mecânico como o homem inteligente e livre, e é tão natural o espírito humano como o produto desse espírito que é a *idéia*. Ora, as pessoas de existência ideal são nada menos do que a idéia personificada".

Contudo, mais tarde, na sua última obra – *Regras de Direito* - de 1882, mudou a denominação das duas espécies de pessoas, por *naturais* e *jurídicas* (Cf. Ernesto Nieto Blanc, *Scientia Juridica*, 107/650, 1970, nota 122).

A *pessoa é* o elemento permanente de todas as relações possíveis da vida social (Teixeira de Freitas), o *ente substantivo* da ordem jurídica considerado isoladamente. Já a locução *sujeito de Direito* designa a pessoa participando de uma determinada relação jurídica. Por isto dizemos: Paulo é o sujeito ativo de tal ou qual obrigação, e não, Paulo é a pessoa ativa ou passiva de tal ou qual relação jurídica.

O ponto de partida ou começo da existência da *pessoa natural*, segundo o nosso Direito positivo, é *o nascimento com vida*. (art. 2º, do Código Civil). Assim também é na maioria dos sistemas jurídicos contemporâneos. O novo Código Civil português, de 1967, no artigo 66, 1 (Começo da Personalidade), diz: "A personalidade adquire-se no momento do nascimento completo e com vida. 2. Os direitos que a lei reconhece aos nascituros dependem do seu nascimento".

O artigo 29 do Código Civil espanhol dispõe: "O nascimento determina a personalidade; porém, o concebido se tem por nascido para todos os efeitos que lhe sejam favoráveis sempre que nasça com as condições que o artigo seguinte expressa. Art. 30. Para os efeitos civis, só se reputa nascido o feto que tiver figura humana e viver 24 horas inteiramente desprendido do seio materno". O Código Civil argentino, no artigo 70: "Desde a concepção no seio materno começa a existência das pessoas, e antes de seu nascimento podem adquirir direitos, como se já houvessem nascido. Esses direitos ficam irrevogavelmente adquiridos se os concebidos no seio materno nascerem com vida, ainda que seja por instantes após estarem separados de sua mãe".

O Código Civil alemão de 1900 (BGB) diz (art. 1º): "A capacidade jurídica das pessoas começa com a consumação do nascimento".

Já o Código Napoleão exige que a criança nasça *viva* e *viável*, retroagindo sua capacidade de adquirir direitos à época de sua concepção. Assim foi entre nós, no regime do Decreto (lei) n. 181, de janeiro de 1890.

O Código Civil brasileiro, dispõe, porém, no artigo 2º: "A personalidade civil da pessoa começa do nascimento com vida; mas a lei põe a salvo, desde a concepção, os direitos do nascituro" (de acordo com essa norma, figura-se o seguinte caso: A, casado com B, morre, deixando a mulher grávida. Se a criança nascer com vida, mesmo por um segundo, e em seguida morrer, os bens de seu falecido pai – deferidos ao filho no momento em que este nasceu vivo – passarão aos herdeiros da criança, isto é, sua mãe. Se nascer morta, a herança caberá aos herdeiros do *de cujus,* a saber, seus pais, se vivos forem).

No Direito brasileiro, pois, o início da existência da pessoa natural é *o nascimento com vida,* resguardados os direitos do que ainda não nasceu mas vai nascer (nascituro). Outras legislações, como vimos, ora exigem o decurso de 24 horas após desprender-se o feto do ventre materno e que tenha forma humana, ora que nasça *vivo* e apto para a vida (viável). O ponto de vista do Direito, porém, segundo a observação de Clóvis, é social e não biológico, de modo que o indivíduo pode ser considerado incapaz de viver, mas, por isto mesmo que vive, merece a proteção da ordem jurídica. Escreveu ele, depois, em comentário ao artigo 2º do CC: "Basta que a criança dê sinais inequívocos de vida, para ter adquirido a capacidade civil. Entre os sinais apreciáveis estão os vagidos e os movimentos característicos do ser vivo; mas, particularmente, perante a fisiologia, é a inalação do ar cuja penetração, nos pulmões, vai determinar a circulação do sangue do novo organismo, o que denota ter o recém-nascido iniciado a sua vida independente".

Para Teixeira de Freitas, o começo da existência da pessoa natural (*pessoa de existência visível,* como ele queria) estava na *concepção:* o nascituro era uma *pessoa.* Assim rezava o artigo 221, do *Esboço:* "Desde a concepção no ventre materno começa a existência visível das pessoas, e antes de seu nascimento elas podem adquirir alguns direitos, como se já estivessem nascidas". Esta opinião foi prestigiada pelo Projeto-Clóvis, cujo artigo 3º dispunha: "A personalidade civil do ser humano começa com a concepção, sob a condição de nascer com vida" (a Comissão Revisora modificou-o, dando-lhe a forma, quase literal, com que veio a ficar o antigo art. 4º, atual art. 2º).

Nos comentários jurídicos que deixou aos primeiros 21 artigos do Projeto Revisto, quando este se achava no Senado,

Rui Barbosa teve a oportunidade de apreciar esse problema. Entre outras coisas disse o seguinte: "Os argumentos com que T. de Freitas sustentou a sua brilhante divergência atestam a independência do pensador mas não vencem a tradição aceita. Nem o respeito, de que as leis rodeiam a gravidez, nem a repressão penal do aborto, nem a curatela ao ventre pressupõe necessariamente no feto os direitos da pessoa humana. Todas essas instituições vêm dos romanos, e nenhuma entre eles assentava nessa consideração. O aborto forçado não se reputava como homicídio. O que no feticídio se punia era o atentado contra o pai. A feticida era condenada ao exílio, por subtrair ao marido o fruto legal do matrimônio. *Indigno enim videri potest, impune eam maritum liberis fraudasse.* De sorte que, não existindo o vínculo matrimonial, não havia por esse fato responsabilidade. Vedava-se a inumação da mulher grávida antes de extraído o parto, unicamente para não destruir o gérmen de uma vida futura: *spem animantis*. Não era a pessoa humana o que se acautelava, mas a *expectativa* do homem futuro: *partus dum in ventre portaretur, et homo fieri speraretur*. O Estado ganharia com esse incremento. Velava-se pelos interesses do Estado, pois, quando não se acudia aos da autoridade paterna. Em direitos pessoais da criatura embrionária é que não cogitava o legislador. O aborto não tinha, na concepção romana, o caráter homicida. Essa concepção nova da natureza do crime contra a vida uterina surgiu com o cristianismo, professado no ensino dos doutores. Mas a escola positiva, em nossos dias, nega essa dignidade ao embrião. Aos olhos desse sistema, o feto constitui apenas o rudimento animal da criatura humana. Ora, da preservação dele essencialmente depende a conservação da espécie. Todas as sanções justas da lei, portanto, o devem amparar" (Cf. *Obras completas de Rui Barbosa*, vol. XXXII, 1905, t. M, *Código Civil, parecer jurídico*, MEC, 1968).

Nessa parte do comentário de Rui ao artigo 4º do Projeto Revisto, ele estava considerando a sustentação feita por Teixeira de Freitas do artigo 21 de seu *Esboço*. A certa altura de suas notas dizia o grande codificador: "Não concebo (art. 16) que haja ente corri susceptibilidade de adquirir direitos, sem que haja *pessoa*... Se os nascituros não são *pessoas*, qual o motivo das leis penais e de polícia, que protegem sua vida preparatória? Qual o motivo (arts. 199 e 200, do CP) de punir-se o aborto? Qual o motivo (art. 43 do CP) de não executar-se a pena de morte na mulher prenhe, e nem mesmo de se a julgar, no caso de merecer tal pena, senão quarenta dias depois do parto?" (Cf. *Código Civil [Esboço], por* A. Teixeira de Freitas, Ministério da Justiça e Negócios Interiores, Serviço de Documentação, 1952, vol. 1º). O Código Civil eliminou as palavras *desde a concepção*, ao redigir o artigo 2º, que assim ficou: "A personalidade civil da pessoa começa do nascimento com vida; mas a lei põe a salvo, desde a concepção, os direitos do nascituro". A supressão foi feita, como disse o relator da Parte Geral, professor José Carlos Moreira Alves, "para aten-der-se à objeção de que essa restrição entra em choque com os artigos 2.007 e 2.008 (atuais 1.987 e 1.988 do Anteprojeto, os quais – como sucede no Código vigente (art. 1.799, I) – admitem à sucessão os filhos ainda não-concebidos *(nondum concepti)*".

Personalidade – A "personalidade" é a aptidão que a ordem jurídica reconhece a alguém para ter direitos e contrair obrigações. É a mesma coisa que *capacidade de ter direitos*, comum a todo homem, ao contrário da capacidade de exercer direitos, que nem todos possuem. Quando o artigo 1º do CC diz: "Todo homem é capaz de direitos e obrigações na ordem civil", está regulando a capacidade de ter direitos, que não importa na de exercer direitos. Existem causas (naturais ou legais) que suspendem *pro tempore* a capacidade de praticar atos jurídicos, pessoalmente, produzindo, como já vimos, incapacidade parcial ou total, absoluta ou relativa, conforme exista em relação a todos ou a alguns atos, a todos ou a certas pessoas (CC, arts. 3º e 4º).

A pessoa natural tem *estado, nome e domicílio*. O *estado*, ou posição jurídica, são certas condições que a lei toma em consideração para lhes atribuir efeitos jurídicos, segundo Planiol e Ripert, e é ele que determina a sua capacidade de agir. O *estado* da pessoa manifesta-se sob diversos ângulos:

político, de família e da *pessoa em si mesma*. Pelo estado político, a pessoa é nacional ou estrangeira, e o nacional: nato ou naturalizado; pelo *estado de família*, casada, solteira, separada ou divorciada, viúva, pai, filho, cônjuge, parente; e quanto ao *estado da pessoa em si mesma*, são considerados os seguintes fatores: *idade* (menor, maior, sendo de notar que a velhice, como tal, não influi absolutamente na capacidade da pessoa), *integridade mental* (são de espírito e alienados de qualquer espécie), bem como certos defeitos físicos, como a surdo-mudez.

A pessoa possui traços definidores e individualizadores, como o *nome*. O nome, diz Planiol, é *uma instituição de polícia civil*, é a *forma* obrigatória da designação das pessoas (op. cit., vol. 1, n. 398). Compõe-se do *prenome*, ou nome próprio, imodificável, e do *cognome*, ou nome *patronímico*, também chamado sobrenome, comum aos membros de uma família.

Identifica-se ainda a pessoa natural pelo *pseudônimo*, não raro mais notório que o nome próprio, ou pelo apelido ou "nome de guerra". O nome é civil (obrigatório) e comercial. Tem, finalmente, a pessoa, um *domicílio*, lugar onde reside com ânimo definitivo ou onde estabelece a sede de sua atividade. O domicílio tem múltipla importância, pois determina a competência geral do juiz (CPC, art. 94), o lugar de cumprimento normal das obrigações e o lugar da abertura da sucessão (CC, arts. 327 e 1.785, respectivamente). No Direito internacional privado, segundo a regra estabelecida pela Lei de Introdução ao Código Civil (art. 7º), o *domicílio* determina o estado e a capacidade das pessoas.

Tendo começado do nascimento com vida, a existência das pessoas naturais termina com a "morte" – real ou presumida. Esta última é a dos ausentes, declarados tais por sentença, caso em que manda o Código Civil observar-se o disposto nos artigos 37 e 38: quer dizer, os interessados poderão requerer a sucessão definitiva do ausente, dez anos depois de passada em julgado a sentença concessiva da sucessão provisória; bem como se pode requerer a sucessão definitiva, provando-se que o ausente conta 80 anos de nascido e que de cinco datam as últimas notícias suas.

36. Pessoas jurídicas

As *pessoas jurídicas*, também chamadas pessoas morais, coletivas ou de existência ideal – realidades do mundo jurídico, não do mundo sensível – são entes dotados de personalidade e constituídos de pessoas naturais, a que se reconhece existência própria, ou de patrimônio personificado (as fundações).

Elas se constituem *para a realização de fins coletivos e permanentes dos homens,* reconhecendo-lhes a ordem jurídica capacidade de direito. Classificam-se: 1) segundo a sua estrutura e, 2) segundo a órbita de sua atuação. Conforme a estrutura que apresentam, são uma reunião de pessoas, *universitas personarum* (associações e sociedades) ou um patrimônio destinado a certo fim: *universitas bonorum* (fundações). Tendo em vista a órbita de sua atuação, as pessoas jurídicas são de Direito público externo (a ONU, a Santa Sé, os vários Estados estrangeiros) ou interno (a União, os Estados-membros, os municípios) e de Direito privado (CC, art. 44). Dentre as de Direito privado, umas têm fins econômicos (sociedades) e outras, não (associações). Sua existência, como a das pessoas naturais, tem começo e fim. As pessoas jurídicas nascem, legalmente, a partir da inscrição do contrato, estatuto ou ato institutivo no registro peculiar, sendo que algumas dependem ainda de autorização governamental para funcionar (é o caso dos bancos, companhias de seguros, cooperativas, etc.), e findam por uma qualquer das razões designadas na lei.

Sua existência não se confunde com a das pessoas que as compõem e sua representação, ativa ou passiva, nos atos judiciais e extrajudiciais, cabe a quem os respectivos estatutos indicarem e, no silêncio destes, pelos seus diretores. Têm, também, nome, domicílio e capacidade de gozo e de exercício de direitos.

Várias teorias existem sobre as pessoas jurídicas. A denominada *teoria da personificação ou ficção*, ligada a Savigny, para quem são elas seres fictícios, "pessoas que só existem para fins jurídicos que nos aparecem ao lado do indivíduo como sujeitos das relações de direito" (M. F. C. de Savigny, *Sistema del Derecho Romano Actual*, cit., vol. II, § LXXXV, p. 57). De acordo com Savigny, sendo *pessoa* o ente capaz de direitos e obrigações e só podendo ter direitos o ser que possui vontade, a subjetividade das pessoas jurídicas resulta de uma ficção, uma vez que estas não têm arbítrio. Para a teoria da realidade objetiva, as pessoas jurídicas são tão reais quanto as pessoas naturais; sendo assim, o direito subjetivo pertence àquelas e não aos indivíduos que as compõem. A lida chamada da realidade técnica diz que a personificação dos grupos é uma construção da técnica jurídica, que lhes imprime forma e lhes permite terem capacidade jurídica própria, por ser o exercício desta necessário à sua existência. Existe também a teoria que nega a existência de pessoas jurídicas, entendendo que as únicas pessoas existentes são as pessoas humanas. O fato de o homem viver e só poder viver em sociedade – pretendem os adeptos dessa corrente do pensamento – importa em reconhecer-lhe unicamente deveres, e não direitos.

As pessoas jurídicas – escreveu F. Ferrara – podem definir-se como "associações ou instituições formadas para a consecução de um fim e reconhecidas pela ordenação jurídica como sujeito de direito". "Elas são", acrescenta, "uma realidade e não uma ficção. São reais no mesmo sentido e do mesmo modo que são reais as demais formas jurídicas, como é real uma obrigação, uma herança, um contrato. Realidade ideal, jurídica, não realidade corporal sensível" (op. cit., p. 359).

37. Objeto do Direito

O cumprimento do dever jurídico é o "objeto do Direito". Também se diz que este consiste na prestação devida ao sujeito ativo pelo sujeito passivo da relação jurídica, naquilo sobre que o titular do Direito exerce o poder dado pela ordem jurídica, ou ainda, no conteúdo do Direito subjetivo. Assim, por exemplo, a entrega da coisa é o objeto da compra e venda, a realização do serviço encomendado é o objeto do contrato de trabalho. Não há Direito sem objeto, do mesmo modo que não há Direito sem sujeito. Para os egologistas, o objeto do direito é a conduta humana em interferência intersubjetiva. Esta é a matéria sobre a qual recai a regulamentação jurídica, pois – diz um deles – "assim como o escultor atua sobre uma dada matéria, o mármore, por exemplo, trabalhando-o, imprimindo-lhe forma, etc., o Direito, *mutatis mutandis*, atua também sobre uma matéria que é *a conduta humana,* encaminhando-a numa determinada direção, impedindo que se desvie por outra, etc. – *conduta social do homem,* ou seja, conduta do homem em relação com a dos demais homens, ou mais precisamente ainda, a conduta em sua interferência intersubjetiva" (Abelardo Torre). A conduta humana é, pois, a causa material do Direito, o seu objeto em sentido lato.

Para outros, ainda, consiste na *prestação* que o sujeito passivo da relação jurídica deve ao titular do Direito (sujeito ativo).

Clóvis Bevilaqua define-o como o "bem" ou vantagem sobre que o sujeito exerce o poder conferido pela ordem jurídica, podendo ser objeto do direito: 1) Modos de ser da própria pessoa na vida social (a existência, a liberdade, a honra, etc.); 2) As ações humanas; 3) As coisas corpóreas, ou incorpóreas. entre estas últimas incluindo-se os produtos da inteligência (*Teoria geral do Direito civil,* cit.).

Para Nawiasky, o objeto do direito é um e único: "a obrigação imposta a outro pela norma jurídica, cuja sanção está à disposição do legitimado". Nos direitos relativos, diz ele em seguida, "trata-se da obrigação de uma determinada ação ou omissão por parte de uma pessoa defrontada com o legitimado, nos direitos absolutos, é a obrigação que todas as demais pessoas situadas frente ao legitimado têm de omitir qualquer perturbação não-autorizada. Neste sentido, se poderia também designar como objeto dos direitos fundamentais e de liberdade o dever que incumbe aos órgãos do Estado de omitir interferências neles" (op. cit.).

Bens: classificação – Nem todas as coisas são bens ou objeto do direito, mas tão só as apropriáveis e suscetíveis de avaliação econômica (o espaço aéreo, o ar atmosférico, por exemplo, não são bens). Os bens materiais denominam-se "coisas", sendo "coisa", segundo Teixeira de Freitas, todo objeto material suscetível de medida de valor. Donde o conceito de "bens" como os objetos, materiais ou imateriais, de possível apreciação econômica, afetiva ou de outra ordem. Como ensina Orlando Gomes, "a noção *jurídica* de bem é mais ampla do que a *econômica*. Compreende toda utilidade, material ou ideal, que possa incidir na faculdade de agir do sujeito. Abrange as coisas propriamente ditas, suscetíveis de apreciação pecuniária, e as que não comportam essa avaliação, as que têm natureza corpórea, ou não. Todo bem econômico é jurídico, mas a recíproca não é verdadeira, pois nem todo bem jurídico é econômico".

Considerados em relação à própria natureza, os bens são corpóreos e incorpóreos, móveis e imóveis, fungíveis e não-fungíveis, consumíveis e não-consumíveis, divisíveis e indivisíveis, singulares e coletivos.

Reciprocamente considerados, são "principais" e "acessórios". Em relação às pessoas que os possuem, são "públicos" e "particulares". E finalmente, tendo em vista serem ou não suscetíveis de negociação, dividem-se em *coisas no comércio* e *coisas fora do comércio*.

"Corpóreos" são os bens materialmente existentes, e que, por isso, caem sob os nossos sentidos; os "incorpóreos" não têm existência material (crédito, honra, nome comercial, etc.). "Imóveis" são os que estão fixos num determinado sítio e não podem ser removidos sem alteração de sua substância.

"Móveis" são os suscetíveis de movimento próprio, ou semoventes (os animais), ou de remoção por força alheia, como as coisas inanimadas. "Fungíveis", os que costumam determinar-se por número, peso, medida, quantidade e podem substituir-se por outros equivalentes, no cumprimento de uma prestação (ex.: gado, cereais, etc.). "Não-fungíveis os que não podem ser substituídos por outros equivalentes, visto terem individualidade (um carro de determinada marca, uma tela de Portinari, etc.). "Consumíveis" são aqueles, cuja existência termina com o primeiro uso (Teixeira de Freitas, art. 354, 1º, do *Esboço* – ex.: mantimentos), ou que se destinam à alienação; se não se consomem pelo primeiro uso ou só se deterioram após lapso de tempo mais ou menos dilatado, não são "consumíveis", mas "coisas que comportam uso repetido". "Divisíveis" são os bens que se podem repartir em porções distintas, compondo cada uma delas um todo homogêneo. "Indivisíveis", os que não podem se repartir sem alteração de sua substância. "Singulares" são as coisas consideradas na sua individualidade. "Coisas coletivas", diz Clóvis Bevilaqua, "são as que, sendo compostas de várias coisas singulares, se consideram em conjunto, formando um todo econômico e designando-se por um nome genérico. Constituem *universalidade de fato*, ou reunião de coisas corpóreas (um rebanho, por exemplo) e *universalidade de direito*, "unidades abstratas de coisas e direitos" (v.g., uma herança). Considerados uns em relação aos outros, os bens são *principais* e *acessórios*. *Principais* são os cuja existência independe da de outro, ou, como na linguagem da lei, existem sobre si, abstrata ou concretamente. Os *acessórios* são aqueles "cuja existência supõe a do principal" (frutos, rendimentos, etc.).

Os bens que pertencem ao Estado são "públicos", subdividindo-se estes em "bens públicos de uso comum do povo" (mares, rios, estradas, ruas e praças), "bens públicos de uso especial" (edifícios ou terrenos aplicados a serviço ou estabelecimento federal, estadual ou municipal) e "bens públicos dominicais" (que constituem o patrimônio da União, dos Estados ou dos municípios, como objeto de direito pessoal, ou real, de cada uma dessas entidades (art. 99 do CC), tais como os terrenos de marinha e seus acrescidos, as estradas de ferro, as jazidas e depósitos minerais, as terras devolutas, etc.

Os bens públicos se caracterizam pela sua "inalienabilidade" (que só perdem nos casos e formas expressamente previstos, em lei), "imprescritibilidade" (por isso mesmo que são inalienáveis) e "inegociabilidade", isto é, são bens *extra comercium,* exceto os dominicais.

Patrimônio – Patrimônio é um conjunto de direitos e obrigações da pessoa, pecuniariamente apreciáveis (coisas, créditos, débitos) ou, segundo o conceito dado por Orlando Gomes, todas as relações jurídicas de conteúdo econômico, das quais participe a pessoa, ativa ou passivamente. Noutras palavras, como já se tem dito, é a *representação econômica da pessoa.*

Do ponto de vista econômico, pode o patrimônio ser "líquido" ou "bruto", sendo o primeiro o conjunto de bens e créditos, deduzidos os débitos, e o outro, o complexo de relações jurídicas, sem a dedução de débitos. Juridicamente considerado, é "ativo" ou "passivo", sendo o patrimônio ativo composto pelos direitos, e o passivo, pelas obrigações.

Capítulo XII

38. A lei: noção e propriedades. Classificação.
39. Formação da lei. 40. Hierarquia das leis.
41. Da irretroatividade das leis.

38. A lei: noção e propriedades. Classificação

Nos sistemas jurídicos de tradição romanista, como o nosso, é a "lei" a fonte imediata do direito. Ela é que regula a conduta das pessoas e as sanções aplicáveis, no caso de inobservância do dever-ser que encerra. Num sentido lato, abrange todo o direito positivo (assim, pode dizer-se: a "lei" brasileira evoluiu rapidamente nos últimos tempos, adotando a dissolução do vínculo conjugal), ou equivale à norma jurídica genericamente encarada, compreendendo também outras disposições normativas, como o decreto e o regulamento.

De ordinário, é empregada a palavra "lei" para designar o preceito normativo emanado dos órgãos que recebem da Constituição o poder de legislar.

Quando ainda estava em vigor a separação clássica dos poderes do Estado, cabia só a um destes, o Poder Legislativo, a faculdade de elaborar normas obrigatórias denominadas "leis". Mas os tempos mudaram e, por toda parte, também o Poder Executivo assumiu esse papel, não havendo exagero em admitir que, em alguns países, ele acabou se tornando o mais fecundo legislador. Não apenas o Executivo, mas ainda o próprio Judiciário, no caso particular do Brasil, diante da força "normativa" das decisões dos tribunais do trabalho, nos dissídios coletivos (CF, art. 114, § 2º). Em face de nosso direito constitucional, é sustentável a existência de um poder legislativo da Justiça do Trabalho" (Manoel Gonçalves Ferreira Filho, *Do processo legislativo*, São Paulo, Saraiva, 1968). Não esquecer que, antes da EC 7, de 13.4.77, cabia ao Tribunal de Justiça de cada Estado-membro *dispor, em resolução, pela maioria absoluta de seus membros, sobre a divisão e a organização judiciárias*. Depois da referida emenda, voltou essa matéria a ser regulada por "lei", mediante proposta do Tribunal de Justiça ao Poder Legislativo.

Alguns autores distinguem a "lei" em sentido "formal" e em sentido "material". Formalmente considerada, "lei" é toda regra jurídica emanada do Poder Legislativo, tenha ou não matéria própria de lei ("normatividade"), seja ou não de caráter geral. Neste sentido é que se denomina "lei" o ato legislativo que, por exemplo, anualmente orça a receita e fixa a despesa do Estado, ou o que concede uma isenção de imposto. Em sentido "material", "lei" é uma regra *abstrata e geral*, elaborada, segundo um processo previamente estabelecido, pelo Poder constitucionalmente qualificado e que se impõe à obediência de todos.

Além, pois, de "coativa", a "lei" propriamente dita é "geral e abstrata". A "generalidade" é um dos atributos ou propriedades da lei em sentido "material", por oposição às chamadas leis individualizadas. Estas são feitas, tendo em vista um número indefinido de destinatários, abrangendo, na sua "normatividade", todos quantos se encontrem na situação por elas descrita ou regulada (assim, "geral" é a lei disciplinadora das relações *ex locato,* pois submete ao seu império todas as pessoas que estejam na situação de inquilino e locador predial). "Abstrata" também é a "lei", porque não considera casos particulares nem situações pessoais específicas. Sobre estes dois atributos da lei escreve o Professor Marcello Caetano: "A generalidade da norma está na sua abstração, isto é, em ser formulada de tal modo que se não saiba quantas pessoas, nem quais, virão a ser abrangidas pelo seu comando. Pode a norma abranger apenas uma categoria restrita ou até só o titular de um órgão singular, isto é, um único indivíduo de cada vez, como sucede, por exemplo, com o Presidente da República, desde que a norma seja decretada para vigorar sucessivamente, por tempo indefinido, ou por período que se tome aplicável a todos quantos, durante a sua vigência, possam achar-se nas circunstâncias previstas para caírem sob a sua alçada, a generalidade existe" (*Princípios fundamentais de Direito administrativo,* Rio de Janeiro, Forense, 1977, p. 118).

Segundo a sua eficácia, classificam-se como "coativas" (subdivididas em imperativas e proibitivas), como as que impõem o dever recíproco de alimentos entre parentes e as que vedam o casamento entre irmãos; e "permissivas", que não ordenam nem proíbem (suprimem uma anterior proibição, como a que hoje permite o reconhecimento de filhos ilegítimos).

Conforme a intensidade da sanção, são "perfeitas" *(leges perfectae),* que cominam a nulidade do ato praticado contra a sua disposição (assim é nulo de pleno direito um negócio jurídico realizado por menor impúbere, em virtude do disposto no artigo 166, combinado com os artigos 104 e 3º, I, todos do CC); "menos-que-perfeitas" *(minus quam perfectae),* as quais não invalidam o ato praticado ao arrepio do que prescrevem, mas estabelecem um castigo para o infrator (o art. 1.523, I, do CC, proíbe o casamento de viúvo ou viúva com filho do casamento anterior, enquanto não fizer o inventário do casal e der partilha aos herdeiros, sob pena de perder o direito ao usufruto dos bens dos filhos e ter de realizar o segundo casamento pelo regime de separação de bens); e "imperfeitas" *(imperfectae),* ou aquelas cuja violação não acarreta nulidade nem pena, importando, porém, numa "exortação ou recomendação no sentido de determinada conduta" (Francisco Ferrara), como se dá, por exemplo, com a proibição do segundo casamento de viúva ou de mulher cujo casamento se desfez por ser nulo ou ter sido anulado, antes de passados dez meses do falecimento do marido. Melhor será aguardar o vencimento desse prazo, porque se presumem concebidos na constância do casamento os filhos nascidos dentro dos 300 dias subseqüentes à dissolução da sociedade conjugal por morte, separação judicial, nulidade e anulação do casamento (CC, art. 1.597, II).

As leis são ainda "supletivas" ou dispositivas, aplicáveis na ausência de uma declaração de vontade em contrário e que se subdividem em "subsidiárias" ou "integrantes" e "hipotéticas" ou "autorizantes". As "subsidiárias" aplicam-se no silêncio do interessado, que se interpreta como conformidade com o preceito legal, e as "hipotéticas" são aplicáveis quando a vontade do indivíduo se manifesta com o propósito de aceitar a autorização legal (Espínola), como as reguladoras do testamento.

De acordo com a sua hierarquia, são "constitucionais, complementares e ordinárias", sobre cujos conceitos falamos noutro capítulo.

39. Formação da lei

O Estado tem o monopólio das leis. Na elaboração destas, as fases primordiais são a *iniciativa*, a *deliberação parlamentar* (discussão e votação) e *a sanção*.

A *iniciativa* da lei é o ato que dá o primeiro impulso ao seu processo formativo. Conforme o regime político, têm-na o Poder Legislativo apenas, o Poder Executivo, ou ambos, e o povo. Na antiga Roma republicana, o povo, nos comícios, propunha e aprovava as leis. Está em Gaius: "A lei *(lex)* é o que o povo *(populus)* ordena e estabelece" *(Institutas,* 3). Na Itália, pelo artigo 71 da Constituição de 1948, além do governo, cada um dos membros das Câmaras e outros órgãos e entes aos quais seja conferida, pela lei constitucional, a iniciativa das leis pode ser exercida por um mínimo de 50 mil eleitores, mediante projeto redigido por artigos. Trata-se, como escrevem comentadores seus, de uma inovação da carta constitucional que, em harmonia com os princípios democráticos, introduziu esse instituto da democracia direta na função legislativa (Cf. Gastone Baschieri, Luigi Bianchi D'Espinosa e Carlo Giannattasio, *La Costituzione Italiana – Commento Analítico*, Firenze, 1949). O projeto redigido por artigos – esclarecem – quer dizer que deve ter o esqueleto e a moldura, também do ponto de vista técnico, de uma *lei*. É a chamada iniciativa *formulada*, por contraste com a iniciativa *não-formulada*. A extensão dada pelo constituinte italiano à iniciativa das leis revela, como diz o Professor Manoel Gonçalves Ferreira Filho, "o reconhecimento de que a proposição de leis não deve ficar restrita aos parlamentares, ou ao governo, pois, embora devam estes representar o povo, a experiência revela que nem sempre todo o povo se sente representado por aqueles que oficialmente são incumbidos de fazê-lo. Destarte, o ideal democrático de autogoverno exige que a iniciativa seja estendida, para que todos possam, na medida de seu interesse e de sua capacidade, colaborar na gestão da coisa pública".

A Constituição austríaca também consagra a iniciativa *popular*, através da manifestação de 200 mil eleitores, no mínimo, ou da metade dos eleitores de três províncias. Mas ao invés de ser o projeto enviado diretamente ao Legislativo, como na Itália, vai antes ao governo e este o encaminha ao órgão legislativo. Noutros regimes, como o norte-americano, só os membros do Poder Legislativo podem propor a criação de uma lei.

No regime constitucional vigente hoje, no Brasil, a iniciativa das leis complementares e ordinárias cabe a qualquer membro ou comissão da Câmara dos Deputados, do Senado Federal ou do Congresso Nacional, ao presidente da República, ao Supremo Tribunal Federal, aos Tribunais Superiores, ao procurador-geral da República e aos cidadãos. Quando a iniciativa for exercida pelos cidadãos, o projeto de lei será apresentado à Câmara dos Deputados, subscrito por, no mínimo, 1% do eleitorado nacional, distribuído pelo menos por cinco Estados, com não menos de três décimos por cento dos eleitores de cada um deles.

As emendas à Constituição podem ser propostas por um terço, no mínimo, dos membros da Câmara dos Deputados ou do Senado Federal, pelo presidente da República, ou por mais da metade das Assembléias Legislativas estaduais, desde que cada uma delas se manifeste pela maioria relativa de seus membros. Não é admissível emendar a Constituição estando em vigor intervenção federal, estado de defesa ou estado de sítio, nem será objeto de deliberação proposta de emenda dirigida à abolição da forma federativa do Estado, do voto direto, secreto, universal e periódico, do regime de separação dos poderes e dos direitos e garantias individuais. Discutida e votada em cada Casa do Congresso Nacional, em dois turnos, considerar-se-á aprovada a emenda que obtiver, em ambos, três quintos dos votos dos respectivos membros, ao que se seguirá sua promulgação pelas Mesas da Câmara dos Deputados e do Senado Federal, com o respectivo número de ordem. Ao contrário do disposto no regime constitucional anterior, a discussão e votação das propostas de emendas não se acham mais sujeitas a prazo. De referência às leis ordinárias, tal como sob a anterior Constituição, numeroso é o elenco das matérias sobre as quais a iniciativa privativa cabe ao presidente da República, que poderá pedir urgência para a apreciação dos seus projetos. Neste caso, se a Câmara e o Senado não se manifestarem, cada qual, sucessivamente, em 45 dias, sobre a proposição, será esta incluída na ordem do dia, sobrestando-se a deliberação quanto aos demais assuntos, para que se ultime a votação.

 O presidente da República poderá, ainda, elaborar leis delegadas, mediante delegação, por ele solicitada, do Congresso Nacional, desde que não se trate de matéria reservada à lei complementar nem de legislação sobre: I) organização do Poder Judiciário e do Ministério Público, a carreira e a garantia de seus membros; II) nacionalidade, cidadania, direitos individuais, políticos e eleitorais; III) planos plurianuais, diretrizes orçamentárias e orçamentos.

 A exemplo de Constituições anteriores, mas com maior precisão, a de 5.10.88 prescreve que, salvo disposição constitucional em contrário, as deliberações de cada casa e de suas comissões serão tomadas por maioria dos votos, presente a maioria absoluta de seus membros (art. 47).

As Constituições de 1891 e 1934 não continham prescrição semelhante. As de 1946 e de 1967 estabeleciam o *quorum* da maioria de votos, presente a maioria de seus membros. A de 1988 explicita: presente a maioria absoluta de seus membros.

O conceito corrente de maioria absoluta é o de *metade mais um*. Ele serve, porém, apenas *quando o total é número par*, conforme exegese do mais alto órgão do Poder Judiciário no Brasil. Em aresto unânime de seu Pleno, o Supremo Tribunal Federal, apoiado no magistério de Scialoja, chegou ao entendimento de que a verdadeira definição deve ser esta, que serve, seja par ou ímpar o total: *maioria absoluta* é o *número imediatamente superior à metade* (Ac. de 26.11.69, no RE 68.419-MA, Rel. Min. Luís Gallotti, in RTJ 53/765).

Uma vez aprovado o projeto, na casa onde teve início, será revisto pela outra, num turno único de discussão e votação. Se a Câmara revisora aprovar o projeto, este subirá à sanção ou à promulgação; se a Câmara revisora o emendar, volverá à casa iniciadora, para que aprecie a emenda; se o rejeitar, será arquivado. A matéria de projeto de lei rejeitado somente poderá, na mesma sessão legislativa, constituir objeto de novo projeto, se este for apresentado pela maioria absoluta dos membros de qualquer das casas do Congresso Nacional (art. 67).

Embora a *iniciativa* das leis caiba também, como visto, a mais de um órgão, a *discussão* e a *votação* pertencem exclusivamente ao Poder Legislativo. A *discussão é* o estudo do projeto oferecido. Precede-a o exame do projeto pelas Comissões técnicas, a começar pela de Constituição e Justiça, que faz a triagem da juridicidade e constitucionalidade de todas as proposições. Em seguida, vem a votação do projeto, que uma vez aprovado sobe *à sanção* do chefe do Poder Executivo, momento integrativo da feitura das leis. É *a sanção* que converte em lei o que as Câmaras decretaram, fundindo as vontades do Poder Legislativo e do Poder Executivo. É sancionando ou vetando os projetos aprovados pelo Congresso Nacional que o Presidente da República participa no processo elaborativo das leis. A *sanção diz-se expressa,* quando o Presidente da República dá a sua aquiescência formal ao projeto enviado, no prazo de 15 dias úteis; se, neste prazo, silencia, o projeto estará sancionado (sanção *tácita).* No mesmo prazo, opondo-se ao projeto, por considerá-lo inconstitucional ou contrário ao interesse público, o presidente da República vetá-lo-á, no todo ou em parte, comunicando, dentro de 48 horas, ao presidente do Senado Federal, os motivos do *veto.* Segue-se a apreciação deste pelo Congresso Nacional, que para isso é convocado pelo presidente do Senado.

Dá-se a apreciação parlamentar do veto, em sessão conjunta das duas Câmaras, dentro de 30 dias a contar de seu recebimento, só podendo ser rejeitado pelo voto da maioria absoluta dos deputados e senadores em escrutínio secreto. Se o veto não for mantido, será o projeto enviado, para promulgação, ao presidente da República. Se não houver deliberação no prazo estabelecido, o veto será colocado na ordem do dia da sessão imediata, sobrestadas as demais proposições, até sua votação final. Se o presidente da República, dentro de 48 horas, não promulgar a lei a que negou sanção ou cujo veto foi rejeitado, o presidente do Senado a promulgará e, se este não o fizer em igual prazo, fá-lo-á o vice-presidente do Senado Federal (art. 66 e parágrafos).

Sancionada e promulgada, segue-se a *sua publicação* no órgão oficial, formalidade necessária para sua eficácia, pois é ela que estabelece a data a partir da qual se reputará a lei de todos conhecida.

Os ordenamentos jurídicos costumam fixar um prazo entre a publicação da lei e o começo de sua vigência, a saber, um prazo dentro do qual, embora a lei esteja publicada, ainda não se aplica. É o chamado prazo de vacância da lei – *vacatio legis.*

Há dois sistemas de vacância legal: o *gradual* e o *simultâneo.* Pelo primeiro, a lei vai se tornando obrigatória por etapas, gradualmente, levando em conta as distâncias e as dificuldades de comunicações. Os autores, em geral, o rejeitam, por oferecer o inconveniente de, num mesmo país, permitir que vigorem ao mesmo tempo diferentes leis, regendo situações idênticas. Pelo sistema uniforme ou *simultâneo*, há um prazo comum de vacância, de modo que a lei entra em vigência, em todo o país, no mesmo dia. Entre nós, salvo disposição contrária, a lei começa a vigorar, em todo o país, 45 dias depois de oficialmente publicada (art. 1º da LICC).

40. Hierarquia das leis

Em nosso sistema jurídico, existe uma *lei fundamental* ou *primária* que o comanda, abaixo da qual se encontram as *leis secundárias*, elaboradas pelo Congresso Nacional, com observância dos atos necessários à elaboração das leis *(processo legislativo)*, e as normas *regulamentares*.

Nessa *pirâmide jurídica*, encimada pela Constituição, que dá a estrutura do Estado e delimita a competência e as atribuições dos "poderes harmônicos e independentes entre si", *o processo legislativo* compreende a elaboração das seguintes normas jurídicas: *emendas à Constituição, leis complementares à Constituição, leis ordinárias, leis delegadas, medidas provisórias, decretos legislativos e resoluções*. Entre elas haveria, porém, apenas três degraus hierárquicos e não tantos quantos os atos legislativos aí indicados. Os escalões seriam: 1) normas constitucionais; 2) normas legais complementares; e 3) normas legais *comuns*, abrangendo estas as leis ordinárias, as leis delegadas, decretos legislativos e resoluções (Cf. Nélson de Sousa Sampaio, *O processo legislativo*, São Paulo, 1968).

A *lei complementar* representa hoje um terceiro gênero das leis. Coloca-se entre a Constituição, a que está subordinada, e os restantes atos legislativos, sobre os quais tem ascendência. As leis complementares são *leis "paraconstitucionais"* limítrofes da Constituição, que não ostentam a rigidez dos preceitos constitucionais, nem tampouco devem comportar *a revogação* (perda da *vigência)* por força de qualquer lei ordinária superveniente", conforme as palavras do professor Miguel Reale *(Parlamentarismo brasileiro,* São Paulo, Saraiva, 1962, pp. 110-1). Elas têm matéria própria, designada no texto constitucional, porquanto este enumera taxativamente as 55 hipóteses de leis complementares. Além da "matéria", que lhes é peculiar, as leis complementares estão sujeitas a um *quorum* qualificado, só podendo ser aprovadas por maioria absoluta.

Outro ato normativo novo, no sistema jurídico brasileiro, é a lei delegada. As Constituições anteriores a 1946 proibiam expressamente a delegação de poderes, e assim, toda a legislação ordinária emanava diretamente do Poder Legislativo. Foi a emenda parlamentarista ou Ato Adicional (Emenda 4, de 2.9.61) que introduziu, formalmente, no regime jurídico nacional, a *legislação complementar* e a *legislação delegada* (art. 22 e parágrafo único do Ato Adicional), esta última regulada na Lei Complementar ou Ato Adicional de 17.7.62, que *complementou a organização do sistema parlamentar de governo.* A Constituição de 15.3.67 já não continha a vedação absoluta da delegação de poderes constante do artigo 36, § 2º, da Constituição de 1946. O parágrafo único do artigo 6º da nova Lei Magna, feita e promulgada depois da vitória da Revolução de março de 1964, admitia as exceções constantes do seu texto e que vinham do artigo 55. A EC 1, de 17.10.69, manteve a delegação de poderes, ampliando-a (art. 52), uma vez que suprimiu a proibição de fazer leis delegadas sobre Direito civil e penal e o sistema de medidas, que antes era expressa.

As leis delegadas, de acordo com a Constituição de 1988, serão elaboradas só pelo presidente da República, e não mais também por comissão do Congresso Nacional ou de qualquer de suas Casas, segundo o regime constitucional anterior.

O decreto-lei foi substituído por um outro tipo de ato normativo, a "medida provisória", "com força de lei", que o presidente da República fica autorizado a adotar "em caso de relevância e urgência", vagos conceitos que na prática deixarão margem, possivelmente, para o exercício abusivo da nova faculdade constitucional do chefe do Executivo. As medidas provisórias terão de ser imediatamente submetidas ao Congresso Nacional e perderão a eficácia *ex tunc*, se não forem convertidas em lei no prazo de 30 dias, a partir de sua publicação, "devendo o Congresso Nacional disciplinar as relações jurídicas delas decorrentes" (art. 62). Trata-se de imitação pouco feliz do artigo 86, § 1º, da Constituição espanhola de 29.12.78, segundo o qual, *em caso de extraordinária e urgente necessidade*, poderá o governo expedir "disposições legislativas provisórias que tomarão a forma de decretos-leis e que não poderão atingir o ordenamento das instituições básicas do Estado, os direitos, deveres e liberdades dos cidadãos, nem o Direito eleitoral geral". O artigo 62 da Constituição brasileira de 1988, ao contrário, não estabelece limitações ao poder de editar "medidas provisórias". O *decreto legislativo* e a *resolução* diferem da lei ordinária, ato *legislativo típico*, porque desprovidos do caráter de normas gerais e abstratas. Um e outro independem de sanção e veto. O decreto legislativo dita normas sobre as matérias da competência exclusiva do Congresso nacional, previstas no artigo 49 da CF. Não sendo a hipótese regida por *lei, nem por decreto legislativo, cabe provê-la mediante resolução.*

A natureza propedêutica deste livro exonera o seu autor do dever de dar tratamento mais dilatado aos temas de *decreto legislativo* e *resolução,* os quais certamente serão desenvolvidos na cadeira de Direito Constitucional.

41. Da irretroatividade das leis

A lei dura – isto é, tem vigência – até que outra a revogue. Em regra, ela é elaborada sem termo prefixo de validez. Enquanto outra não lhe tirar a força obrigatória, total ou parcialmente, pela *abrogação* (revogação do inteiro texto legal sancionado) ou a *derrogação* (revogação parcial da lei), todos lhe devem obediência, ainda que se lhe alegue o *desuso*. Quanto à validez da lei, em regra, ela se dá para o futuro.

A lei nova disciplina todas as situações que prevê, sem interferir nas relações jurídicas consumadas sob o império da lei anterior. Quando os efeitos das relações jurídicas constituídas na vigência da lei anterior continuam a produzir-se sob a lei nova, é que surge o problema da *retroatividade*. Se se admite que tais efeitos ficam submetidos à disciplina da lei nova, esta tem efeito retroativo.

No sistema jurídico brasileiro, o que comanda o assunto em tela é o artigo 5º, XXXVI, da CF, que diz: "A lei não prejudicará o direito adquirido, o ato jurídico perfeito e a coisa julgada". Dificílimo fixar o conceito de *direito adquirido* – escreve Carlos Maximiliano, que, não obstante, assim o define: "Chama-se *adquirido* ao direito que se constituiu regular e definitivamente, e a cujo respeito se completaram os requisitos legais e de fato para se integrar no patrimônio do respectivo titular, quer tenha sido feito valer, quer não, antes de advir norma posterior em contrário" *(Direito intertemporal ou Teoria da retroatividade das leis,* 2ª ed., Rio de Janeiro, Freitas Bastos, 1955, p, 43). A Lei de Introdução ao Código Civil também o define, no artigo 6º, parágrafo 2º: "Consideram-se adquiridos assim os direitos que o seu titular, ou alguém por ele, possa exercer, como aqueles cujo começo de exercício tenha termo prefixo, ou condição preestabelecida inalterável a arbítrio de outrem". E nos parágrafos 1º e 3º do citado artigo, assim define ato jurídico perfeito e a coisa julgada: "§ 1º – Reputa-se ato jurídico perfeito o já consumado segundo a lei vigente ao tempo em que se efetuou (...) § 3º – Chama-se coisa julgada ou caso julgado a decisão judicial de que já não caiba recurso".

A lei nova, assim, não priva a ninguém das vantagens licitamente obtidas ao tempo da lei antiga, isto é, não se aplica a efeitos jurídicos resultantes de fatos ocorridos sob a vigência da lei anterior, de maneira a causar prejuízo a alguém. Do princípio geral de que a lei não se deve aplicar retroativamente em prejuízo de pessoa alguma, infere Eduardo García Maynez que "a aplicação retroativa é lícita nos casos em que a ninguém prejudica" (op. cit., p. 400). Exprimiu pensamento semelhante Rui

Barbosa, em parecer de 1897, com estas palavras: "Nem se argúa que, constitucionalmente, a lei não pode ser retroativa. Seria não saber a significação do princípio da irretroatividade das leis. Há leis que podem ser retroativas e há leis que, necessariamente, o são. Pelo cânon constitucional da irretroatividade o que se veda é a retroação em matéria penal, das leis desfavoráveis ao indivíduo e, em matéria civil, das que se opuserem a direitos adquiridos, ou romperem as obrigações dos contratos. Em qualquer esfera, porém, as leis *que não diminuem ou coatam direitos anteriores*, podem ser retroativas" (op. cit., vol. XXIV, t. III, *Trabalhos jurídicos* – grifos da transcrição).

Os atos e fatos já consumados, cujos efeitos se perpetuam, não são alcançados pela lei nova, a qual regerá os que se produzirem de sua data em diante. A justificação disso, segundo Paul Roubier, está na necessidade da segurança jurídica, é a necessidade da confiança na estabilidade do Direito. Existe interesse social na imediata aplicação da lei a todos os casos, mas também há interesse social de proteger as situações jurídicas definitivamente constituídas. Como princípio fundamental, que deriva imediatamente da essência do mandamento próprio do direito, diz Enneccerus que: "na dúvida é de supor que toda proposição jurídica quer ordenar unicamente para o futuro e não para o passado" (op. cit., vol. I).

Quando a lei nova dispõe que se aplicará a fatos já consumados, modificando aquilo que se fez sob o regime jurídico então vigente, tem o que se denomina *efeito retroativo*. Toda a vez que uma relação jurídica, formada na vigência de uma lei, produz efeitos sob o império de lei posterior, que a revoga, dá-se um *conflito de leis no tempo*. A parte do Direito que regula as relações jurídicas surgidas ou vigorantes no tempo que medeia entre o domínio de uma lei e o da subseqüente chama-se *Direito intertemporal* (Carlos Maximiliano).

Entre nós não se pode sustentar, em termos absolutos, o princípio *da irretroatividade*. O que a norma fundamental do sistema jurídico brasileiro proíbe é a retroatividade malfazeja, a retroatividade que atinge a coisa julgada, o ato jurídico perfeito e as situações jurídicas definitivamente constituídas, sem, contudo, impedir que a lei nova retroaja *para beneficiar.* A este respeito, doutrinou Rui Barbosa: "O que a nossa Constituição quis, pois, foi vedar a retroatividade maligna, a retroatividade condenada, queremos dizer a que ataca a eqüidade e a justiça, a que destrói ou ameaça as situações legalmente adquiridas. Porque há, de outro lado, uma retroatividade benfazeja, eqüitativa, justa, que o direito não se limita a autorizar: exige, impõe e necessita. Essa, não a exclui a Constituição brasileira, pois seria insensato excluí-la, e, para cometer essa insensatez, precisaria romper com o uso geral do direito..." (op. cit., vol. XXV, t. IV, *Trabalhos jurídicos).*

De acordo com a lição de Paul Roubier, as leis devem ser divididas em: 1) leis *retroativas,* 2) leis de *aplicação imediata* e, 3) leis de *aplicação diferida.*

As *propriamente retroativas* são as que se voltam sobre os efeitos já consumados sob o império da lei anterior (termos em que o regime constitucional brasileiro as proíbe). De *aplicação imediata* são as que regem os efeitos produzidos depois de sua sanção, embora derivados de uma relação jurídica anteriormente constituída. E as de *aplicação diferida* regem as relações jurídicas constituídas depois de sua sanção, deixando que os efeitos das relações jurídicas anteriores sejam regulados pela lei anterior.

Esclarece Aftalion essa tripartição com o exemplo de uma lei proibitiva de empréstimo a juros. Diz ele: "A nova lei pode especificar: a) que se aplicará unicamente aos empréstimos posteriores a sua sanção, admitindo como válidos os anteriores a ela, os quais deverão, do mesmo modo, continuar vencendo juros (lei de *aplicação diferida, efeitos diferidos ou futuros);* b) que se aplicará, não só aos empréstimos posteriores à lei, senão também aos anteriores, no sentido de que estes últimos já não vencerão juros no futuro (lei de *aplicação imediata, efeitos imediatos);* c) que não só terá os efeitos previstos precedentemente, mas além disso considerará como mal havidos os juros cobrados sob o império da lei anterior, impondo ao mutuante a obrigação de devolvê-los (lei *retroativa efeitos propriamente retroativos)"* (Enrique Aftalion, Fernando Garcia Olano e José Vilanova, op. cit.).

No Direito moderno, o *efeito imediato* é o que prevalece. No Brasil, está ele consagrado, com a expressa ressalva de respeitar o ato jurídico perfeito, o direito adquirido e a coisa julgada (LICC, art. 6º; Constituição Federal, art. 5º, XXXVI), o que importa em admitir a *retroatividade* que a ninguém cause dano injusto. Por outro lado, e coerente com essa concepção da *irretroatividade relativa,* o Direito brasileiro acolheu a *retroatividade da lei penal benigna* (CF, art. 5º, XL). Em virtude do *princípio da legalidade,* que desde sempre o nosso regime constitucional adotou, nenhuma lei incide sobre crimes passados (proibição da *lex ex post facto,* ou lei que atua sobre fatos e circunstâncias anteriores, já consumados), e "ninguém pode ser punido por fato que a lei posterior deixa de considerar crime, cessando em virtude dela a execução e os efeitos penais da sentença condenatória" (CP, art. 2º).

Em matéria civil, a lei nova aplica-se às situações cuja formação *se ache em curso.* O efeito imediato da lei constitui a *regra,* diz Carlos Maximiliano; a norma positiva aplica-se às situações em curso, a partir do dia da sua entrada em vigor; não atinge as fases anteriores da situação que encontrou em funcionamento (Carlos Maximiliano, *Direito intertemporal, ou Teoria da retroatividade das leis,* 2ª ed., 1955, Rio, Freitas Bastos, p. 20). Pelo que, pode atingir a *expectativa de direito,* que consiste, segundo o pensamento doutrinário, no Direito que apenas desponta, mas ao qual falta algum requisito para ficar completo (por exemplo, a situação do fideicomissário, em vida do fiduciário, no fideicomisso instituído pelo testador, art. 1.733 do CC; ou o caso da sucessão testamentária, antes da morte do testador).

Capítulo XIII

42. Interpretação do Direito. Espécies, métodos. 43. Processos de integração do Direito. 44. Regras de aplicação do Direito.

42. Interpretação do Direito: espécies, métodos

Relevante é o papel do intérprete do Direito, cujo conhecimento correto ele nos dá. Carlos Maximiliano diz ser o renovador inteligente e cauto o sociólogo do Direito; cujo trabalho rejuvenesce e fecunda a fórmula prematuramente decrépita e atua como elemento integrador e complementar da própria lei escrita. Esta é a estática, e a função interpretativa, a dinâmica do Direito. Não podendo prever tudo, escreve o mestre de "Hermenêutica e aplicação do Direito", fica o legislador nos preceitos gerais, de amplo alcance, e deixa ao aplicador do Direito a missão de ajustar a norma jurídica ao fato humano, para o que cumpre conhecê-la perfeitamente e determinar-lhe, com precisão, o conteúdo. Maximiliano compara o legislador ao generalíssimo de um grande exército, a um experimentado chefe militar: ele não ordena menores apreciações de tática, abstém-se de prescrever uma conduta para cada eventualidade, mas antes dá instruções amplas, diretivas gerais, delineia um plano de larga estratégia, e deixa as minúcias de ocasião à iniciativa individual ou aos subcomandos. O legislador, por sua vez, formula preceitos abstratos, traça os lineamentos externos da ordem jurídica, dentro dos quais cabe ao intérprete ajustar o caso concreto isolado. O intérprete afasta as contradições aparentes, dissipa as obscuridades, põe em relevo todo o conteúdo do preceito legal.

Estudando não menos elegantemente a compreensão atual do problema hermenêutico, observa Miguel Reale, fundado em lições de Emilio Betti, que a interpretação jurídica se distingue da interpretação histórica, literária ou musical. O intérprete do direito, segundo o seu pensamento, não fica preso ao texto, como o historiador aos fatos do passado, e tem mais liberdade que o pianista diante da partitura. Se o executor de Beethoven pode dar-lhe uma interpretação própria, através dos valores de sua subjetividade, a música não pode deixar de ser a de Beethoven. Mas, no Direito, o intérprete pode avançar mais, dando à lei uma significação imprevista, completamente diversa da esperada ou querida pelo legislador, em virtude de sua correlação com outros dispositivos, ou então, pela sua compreensão à luz de novas valorações emergentes no processo histórico.

Interpretar significa averiguar, tornar patente o sentido de alguma coisa. Tudo que tem um sentido é suscetível de interpretação. A interpretação da norma jurídica, portanto, é a descoberta do sentido que esta encerra. É o procedimento de pesquisa do sentido da norma de conduta, na lição de Hans Nawiasky, segundo quem a interpretação determina: 1) a significação das palavras de que se serve a norma (o que muito importa, visto como as palavras podem ter sido usadas no sentido habitual ou no etimológico, no vulgar ou no técnico-jurídico, etc., ou haver ordenamentos jurídicos escritos em várias línguas, como o da Suíça); 2) o sentido da norma, com base nas palavras (interpretação lógica; *ratio legis, intentio legis e occasio legis);* 3) segue-se a interpretação sistemática. Esta não isola o preceito jurídico, nem o explica em si e por si, mas indaga o sentido da norma jurídica dentro do corpo total do Direito.

Em voto vencedor no Supremo Tribunal Federal, o ministro Antonio Neder, relator de feito em julgamento, citando Nawiasky (op. cit.), disse que a doutrina moderna recomenda fazer a interpretação *gramatical* como preparatória da interpretação lógica e depois a *sistemática*, sendo esta última a que mais autorizadamente revela o Direito. A este respeito, a opinião de Reale é que, embora certo que a interpretação gramatical, a lógica e a sistemática não possam, cada uma de *per si*, dizer-nos o que o Direito significa, nada impede apreciar um texto à luz de seus valores gramaticais: o essencial é que se tenha presente a correlação daquelas interpretações particulares como *simples momentos* do processo global interpretativo, em si uno e concreto.

Em verdade, os autores concordam em que todos os métodos interpretativos servem, e nenhum deles, isoladamente considerado, resolve o problema da descoberta do sentido da norma. O intérprete não fica subordinado a métodos. Pode servir-se de um ou de todos, na procura do sentido e alcance da norma. "Todos os métodos de interpretação até o presente elaborados" – escreve Kelsen – "conduzem sempre a um resultado apenas possível, nunca a um resultado que seja o único correto" (*Teoria Pura do Direito*, cit., vol. II, p. 290). O imperador Justiniano proibiu a interpretação do *Digesto*, sob pena de se tornar, quem ousasse fazê-lo, réu de falsidade, e serem os seus livros destruídos. Em caso de ambigüidade de um texto, este deveria ser pelos juízes levado à autoridade imperial, a única a quem se permitia fazer as leis e interpretá-las (*Digesto*, I, Const. Tanta, 21).

Napoleão teria temido pela sorte de seu Código, quando soube que o estavam interpretando. Tal a convicção de que suas normas continham todo o direito e resposta para todas as controvérsias possíveis e imagináveis. Sem embargo, a opinião jurídica veio a formar-se noutro sentido, o da imprescindibilidade da interpretação, inclusive das chamadas normas *claras*. Não pode existir nenhuma ordem jurídica sem função interpretativa, porque as normas estão destinadas a ser cumpridas e, em seu caso, aplicadas – como afirma Recaséns Siches, que assim completa o seu pensamento: "Nestas condições, as normas gerais – constituição, leis, regulamentos

– falam do único modo que podem falar: em termos relativamente gerais e abstratos. Ao contrário, a vida humana, as realidades sociais, nas quais se deve cumprir e aplicar as leis, são sempre particulares e concretas. Por conseguinte, para cumprir ou aplicar uma lei ou um regulamento, é inevitavelmente necessário converter a regra geral numa norma individualizada; transformar os termos abstratos em preceitos concretos" (Luís Recaséns Siches, op. cit.).

Dentre os métodos de interpretação das normas, estão o *gramatical* ou *filológico*, o *exegético* ou histórico e o *dogmático*. O primeiro baseia-se na explicação do sentido das palavras, frases, etc., utilizadas pelo legislador. Seu defeito capital é considerar os elementos gramaticais da norma, *isoladamente*, com prejuízo da unidade global do Direito. É o mais antigo dos métodos, tendo-o usado largamente os *glosadores*. Criticável pela razão acima dada, mas nem por isso desprezível. Ante um texto obscuro ou duvidoso, em regra, o intérprete, ou o aplicador do Direito, em primeiro lugar faz cuidadosa análise de suas palavras, do sentido provável em que terão sido empregadas, para, de imediato, formar um juízo do texto.

No magistério de Legaz y Lacambra, temos de partir do texto literal da norma, o qual será clarificado mediante as regras gramaticais vigentes e o uso corrente da linguagem. Sob os glosadores e comentaristas esse método alcançou um esplendor clássico, como informa Cossio, segundo quem se compunha de duas partes. "A primeira delas", explica, "é a estritamente gramatical; e desse ponto de vista, para tratar da interpretação de um texto, recorria-se a distintas operações. Recorria-se, por exemplo, a *sinônimos*, de maneira que, ante um texto legal que oferecia dúvidas, se substituía uma palavra por um sinônimo, para ver como ficava o sentido. Além desta técnica, utilizava-se em grande escala a *etimologia*, isto é, recorria-se à interpretação por meio da origem idiomática da palavra. Também se recorria a *exemplos* fraseológicos, para demonstrar a persistência da significação na pluralidade dos casos; e, por último, recorria-se aos chamados *textos paralelos*, operação que consistia em tomar frases de livros célebres, em primeiro lugar, a Bíblia, para fazer ver que nesses textos, de grande autoridade no mundo da cultura, a palavra era empregada como queria o intérprete que a interpretassem na lei".

A segunda parte, na exposição de Cossio, é a revelação de que nas escolas dos comentaristas e glosadores surgiram indícios do que seriam muito mais tarde, no século XIX, os métodos jurídicos. Representantes dessas escolas interpretavam, não já por palavras isoladas, mas extraindo o nexo entre os diferentes títulos de uma coleção para ver o sistema por esta seguido, ou engendraram a técnica dos *brocardos,* das *súmulas* ("resumos claros e concisos das leis para melhor penetrar no seu espírito") e do *apparats* ("Visão geral de alguma instituição com um comentário quase continuado de todo um título" – Cf. Carlos Cossio, *El Derecho en el Derecho Judicial,* 3ª ed., Buenos Aires, Abeledo Perrot, 1967).

O método *exegético* ou histórico indaga a vontade e intenção do legislador que editou a lei. Esta é a intenção do seu autor, de maneira que, na dúvida, cumpre primordialmente clarificar qual tenha sido a intenção do legislador que elaborou a lei – tarefa tanto mais difícil de realizar, quanto mais distante vai ficando o tempo dessa elaboração. O intérprete terá, para isso, de averiguar todo o processo legislativo da norma interpretanda (projeto, pareceres técnicos, debates parlamentares, etc.), bem como a atmosfera política e social e as concepções dominantes à época, a fim de tentar apoderar-se do pensamento que terá inspirado o legislador. A propósito dos trabalhos preparatórios da lei, diz Geny, como *indicação geral,* que eles "não devem ser tomados, como ilustração autorizada do texto, para os fins de sua interpretação intrínseca, senão nos casos em que as idéias que deles se possam extrair tenham sido expressadas sem contradição notável, em condições que permitam atribuí-las à vontade, o mais das vezes coletiva, que criou a lei, contanto que o texto desta não se oponha a tais explicações complementares" (François Geny, *Methode D'Interprétation et Sources en Droit Privé Positif,* Paul, West

Pub. Co., 1954, vol. 1). Surgiu esse método depois do Código Napoleão, como reflexo do racionalismo jurídico do século XVIII, e o seu grande expoente é François Geny. O método *lógico sistemático* ajuda o intérprete ou aplicador da norma a descobrir-lhe o sentido dentro do sistema total do direito vigente. Afinal, como afirma Cossio, "o ordenamento jurídico é uma totalidade, e um caso nunca se resolve isoladamente por urna de suas partes ou disposições isoladas, mas sempre se resolve pela totalidade do ordenamento jurídico" (ibidem, p. 119).

De acordo com o método *lógico-sistemático,* a lei desprende-se do órgão que a ditou, tanto que termina sua elaboração e passa a ter vida própria, independente daquele que a fez. O intérprete terá, assim, de encontrar no texto mesmo dela a solução procurada, mediante um procedimento lógico, analisar os distintos aspectos da norma para descobrir- lhe o sentido e, quando necessário, fazer o seu enquadramento sistemático no direito positivo, para ver se, pelo conjunto, pode compreender uma de suas partes. Conforme Miguel Reale, é um esforço de compreensão de um preceito, em sua correlação com todos os que com ele se articulam logicamente.

A Escola de Direito Livre, por sua vez, é a negação do método. Sua figura exponencial é Hermann Kantorowicz, que, com o pseudônimo de Gnaeus Flavio, em 1906, a expôs no livro intitulado *A luta pela Ciência do Direito.* Para essa escola, preocupada com a justiça do caso, o juiz é livre de sentenciar segundo o seu critério de justiça, o seu sentimento do Direito, sem nenhuma sujeição às leis vigentes. O juiz deve procurar o ideal jurídico, o direito justo, dentro ou fora da lei, *praeter* ou *contra legem,* "tornando como guias os ditames imediatos do seu sentimento, do seu tato profissional, da sua consciência jurídica" (Carlos Maximiliano). Criticando os excessos da Escola de Direito Livre, escrevem os egologistas argentinos Vicente Cutolo e Pedro Benvenuto: "*Como reparos críticos es de observar que no puede concebirse un Derecho totalmente libre como tampoco un Derecho para cada caso. Con su acendrado subjetivismo predica la libertad anarquica del juez, ya que justifica su capricho a nombre del libre Derecho, quitando al Derecho Positivo el mérito de la certeza, que es, a su vez, la garantía de la libertad. Hace desaparecer el principio de la uniformidad de los fallos, por actuar el juez de legibus salutus, ya que respeta el dogma constitucional de la separación de poderes, lo cual es, especialmente, peligroso en matéria penal, pues del Derecho libre a la arbitrariedad judicial hay un solo paso, mediante el cual se llega a la injusticia libre y a la anarquía del Derecho como lo manifestara Ihering"* (Introducción al Estudio del Derecho, 4ª ed. ampliada, Buenos Aires, Elche, 1962, p. 226).

A propósito de direito livre (Freie Recht), vale a pena recordar estas palavras de Santo Tomás de Aquino *(Suma teológica,* cit., vol. IX): "Como diz o Filósofo, *é melhor que tudo seja regulado por lei, do que entregue ao arbítrio de juízes.* E isto por três razões. Primeiro, por ser mais fácil encontrar uns poucos homens prudentes, suficientes para fazer leis retas, do que muitos que seriam necessários, para julgar bem de caso particular. Segundo, porque os legisladores, com muita precedência, consideram sobre o que é preciso legislar; ao contrário, os juízes sobre fatos particulares procedem de casos nascidos subitamente. Ora, mais facilmente pode o homem ver o que é reto, depois de ter refletido muito, do que apoiado só num único fato. Terceiro, porque os legisladores julgam em geral e para o futuro; ao passo que os homens, que presidem ao juízo, julgam do presente, apaixonados pelo amor ou pelo ódio, ou por qualquer cobiça; o que lhes deprava o juízo. Portanto, como a justiça animada do juiz não se encontra em muitos, e é flexível, é necessário, sempre que for possível, seja determinado por lei como se deva julgar, deixando pouquíssima margem ao arbítrio humano" (Quest. XCV, art. 1º, 3, resposta à segunda).

Para Kelsen, mesmo uma ordem, o mais pormenorizada possível, tem de deixar àquele que a cumpre ou executa uma pluralidade de determinações a fazer. Se o órgão A emite um comando para que o órgão B prenda o súdito C, o órgão B tem de decidir, segundo o seu próprio critério, quando, onde e como realizará a ordem de prisão, decisões essas que dependem de circunstâncias externas que o órgão emissor do comando não previu e, em grande parte, nem sequer podia prever. Entende Cossio que a interpretação segundo Kelsen é a metódica, ou extrametódica, por consistir "em escolher, dentro de um marco de possibilidades que a lei assinala, alguma delas, por um ato de vontade do juiz". Kelsen afirma *a necessidade de uma interpretação,* acrescentando que ela resulta precisamente "do fato de a norma a aplicar ou o sistema de norma deixarem várias possibilidades em aberto, ou seja, não conterem ainda qualquer decisão sobre a questão de saber qual dos interesses em jogo é o de maior valor, mas deixarem antes esta decisão, a determinação da posição relativa dos interesses, a um ato de produção normativa que ainda vai ser posto, à sentença judicial, por exemplo" (Op. cit., p. 291). Cossio critica, um por um, os vários métodos interpretativos, revelando o que considera as insuficiências de todos, partindo, no entanto, do argumento de que o problema da interpretação não é um problema de método. O método, diz ele, quer ensinar-nos como interpretar a lei; porém, como saber a maneira de interpretar a lei sem esclarecer antes que é interpretar a lei? O método, portanto, "pressupõe um conceito predeterminado do que quer dizer interpretar a lei". Esta é, a seu ver, não o Direito, mas *um conceito,* e *"lo que mientan las leyes en tanto conceptos jurídicos, es conduta humana en su interferência intersubjetiva".* Sendo assim, não cabe perguntar "como se interpreta a lei". O problema é outro, para a teoria egológica do Direito. *"No se interpreta la ley; aquí se trata de interpretar la conducta humana por medio de o mediante la ley. Esto es lo que está realmente en juego cuando se habla de la interpretación de la ley. Desde nuestro punto de vista, si el objeto de conocimiento es la conducta humana en su interferencia intersubjetiva, no puede sorprender lo que acabamos de enunciar, a saber: que no se interpreta la ley, sino la conducta humana mediante la ley"* (Carlos Cossio, *El Derecho en el Derecho Judicial,* cit., Capítulo III).

Espécies de interpretação – Segundo a fonte de onde emana, a interpretação é *autêntica, doutrinária* e *judicial*. Esta última é a que realizam os juízes e tribunais, em sua atividade normal de aplicadores do Direito. Mas não são estes os únicos intérpretes da norma de conduta. Na feliz reflexão de Kelsen, os próprios indivíduos que têm, não de aplicar, mas de observar o Direito, observando ou praticando a conduta que evita a sanção, precisam de compreender e, portanto, de determinar o sentido das normas jurídicas que por eles hão de ser observadas. Não obstante, interpretar a norma é o que sempre fazem os órgãos jurisdicionais, quando a aplicam ao caso concreto. Essa é a sua função específica. A interpretação judicial, diz Eduardo García Maynez, serve de base a uma norma individualizada: a sentença que no caso o juiz profere. Toda vez, portanto, que o juiz resolve, pela sentença, um conflito de interesses, ele dá ao Direito objetivo, à norma aplicável à lide, a inteligência que lhe pareceu correta, e assim a terá interpretado.

A interpretação *judicial ou jurisprudencial* não dispõe de *obrigatoriedade geral*, a não ser no regime jurídico anglo-americano, onde prevalece a força do *precedente,* ao lado da regra do *stare decisis et quieta non movere*. Diz Julio Cueto Rua: "*La validez de tas sentencias precedentes como fuentes de las que se extraen normas generales, resulta del stare decisis. Esta es, estrictamente, una cuestión de fundamentación lógica y de subsunción normativa. Las sentencias precedentes valen como fuentes normativas sólo porque una norma jurídica, de mayor jerarquía normativa, les confiere tal validez*" (*El cammon law – Su estructura normativa – Su enseñanza*, cit., pp. 137-8). Em regra, nos sistemas de tradição romanista, a interpretação judicial segue a sorte da própria jurisprudência, que se impõe apenas pela *persuasão* e pela autoridade do tribunal julgador.

A interpretação *doutrinária,* que se segue em importância à dos juízes e tribunais, procede do labor constante dos cientistas do Direito e, como a anterior, é também de natureza não-obrigatória. Sua utilidade dispensa maiores demonstrações. Os juristas, em geral, que se dedicam ao estudo teórico do Direito, elaborando *soluções,* conceitos e normas, estão permanentemente procurando tudo interpretar, no vasto mundo da ciência jurídica. De modo particular, os comentadores de códigos e leis consagram-se a esse mister, de manifesta utilidade geral. Os tribunais freqüentemente estão a invocar a opinião dos jurisconsultos, tratadistas e comentadores, a saber, a interpretação por eles dada a institutos, casos, normas, jurídicas, etc., como fundamento de suas decisões.

Em certos países, em virtude das origens do seu sistema jurídico, a doutrina e, portanto, a interpretação doutrinária, é de escassa relevância, como nos Estados Unidos e Inglaterra, onde prepondera o direito feito pelos juízes, sistema cujo *fundamento básico,* como dizem os seus expositores, é a *obrigatoriedade jurídica dos precedentes.* Lá, conforme escreve Oscar Rabasa, "a doutrina formada pelas opiniões dos tratadistas propriamente não existe, pois o trabalho dos escritores do Direito se limita à mera exposição, em forma ordenada e científica, dos princípios jurídicos sustentados pelas sentenças ou decisões dadas pela autoridade judicial" (op. cit., p. 545). O que consagra o jurista, nesse sistema, é o exercício da função judicial. Uma vez que o fundamento e a validez do Direito anglo-americano residem antes de tudo na jurisprudência, esclarece Rabasa que "a opinião do jurisconsulto, por sábia que seja, carece de autoridade, a menos que seja emitida com a investidura do juiz e por meio de uma sentença".

Entre nós, mal aparecem as grandes leis, ou os códigos, as editoras lançam edições, não raro em muitos volumes, de comentários elaborados por especialistas na respectiva matéria, como contribuição decisiva para a compreensão das novas normas a serem aplicadas. Assim, para citar alguns exemplos, a grande lei anterior de Sociedades Anônimas, Dec.-lei 2.627, de 26.9.1940, pouco mais de um ano depois era comentada pelo autor do seu anteprojeto, o comercialista Trajano de Miranda Valverde, em dois volumes (*Sociedade por ações*, Rio de Janeiro, Forense, 1941); as leis do inquilinato, a partir de 1942, tiveram comentários, entre outros, de Eduardo Espínola Filho; o Código de 1916 foi comentado por Clóvis Bevilaqua, João Luís Alves, Carvalho Santos, além dos integrantes da coleção Paulo Lacerda (*Manual do Código Civil brasileiro*, em dezenas de volumes de diferentes autores). As Constituições de 1891, 1934, 1937, 1946 e 1967 foram extensamente comentadas por Carlos Maximiliano, Pontes de Miranda, Temístocles Cavalcanti, Eduardo Espínola e Manoel G. Ferreira Filho. A Constituição de 1988 já tem quase igual número de comentadores.

A interpretação *autêntica* das normas é dada pelo próprio Poder Legislativo, através de uma outra norma, denominada *norma interpretativa*. Apesar de ser a única *obrigatória*, trata-se de uma interpretação hoje muito rara, por motivos óbvios, uma vez que ao Poder Judiciário foi deixada precisamente a função de interpretar as leis, quando de sua aplicação aos casos pendentes de julgamento. Se temos juízes com o poder de interpretar, conclusivamente, as normas jurídicas, parece supérflua a atividade legislativa nesse mesmo sentido.

Kelsen entende ser *autêntica* também a interpretação *judicial,* porque criadora de uma norma jurídica, embora *individualizada*. Para ele, *interpretação autêntica* é toda aquela que *cria* Direito. "Na verdade", diz, "só se fala de interpretação autêntica quando esta interpretação assuma a forma de uma lei e de um tratado de Direito internacional e tenha caráter geral, quer dizer, crie Direito não apenas para um caso concreto mas para todos os casos iguais, ou seja, quando o ato designado como interpretação autêntica represente a produção de uma norma geral, Mas autêntica, isto é, criadora de Direito, é a interpretação feita através de um órgão aplicador do Direito, ainda quando crie Direito apenas para um caso concreto, quer dizer, quando esse órgão apenas crie uma norma individual ou execute uma sanção" (*Teoria pura do Direito,* cit., vol. II, Cap. 46).

43. Processos de integração do Direito

Interpretar não se confunde com *integrar* a norma. Integrar o Direito é suprir o silêncio ou a ausência da norma, completando a zona vazia de normatividade, através da elaboração de preceito novo para o caso. Na *integração*, o juiz defronta uma hipótese não-enquadrável em nenhuma norma existente; no momento de sentenciar, ele se vê diante de uma espécie não prevista pelas leis em vigor – uma *lacuna* na legislação. E, contudo, tem de sentenciar, pois para isso foi instituído em órgão da jurisdição. Como então proceder?

O juiz deve preencher o espaço vazio, elaborando o preceito normativo para o caso omisso. Há, portanto, *integração* do Direito toda a vez que o órgão jurisdicional (juiz singular ou tribunal) prolata uma sentença, isto é, realiza um julgamento de caso não previsto na legislação em vigor, sabido que a lacuna da lei resulta da impossibilidade reconhecida à mente humana de prever e disciplinar a infinita variedade dos casos futuros. A ordem jurídica, que antes se mostrara incompleta, depois da *integração* feita pelo juiz tornou-se uma *plenitude hermética*. E como chegar à *integração*? Quais os meios de suprir o silêncio das normas? Atuará o juiz de acordo com suas convicções pessoais? Subroga-se na função do legislador, elaborando livremente a norma que este faria se tivesse previsto o caso? Não.

A exemplo do que acontece nos sistemas jurídicos, em geral, o nosso indica as fontes supletivas do direito objetivo. Assim, a Lei de Introdução ao Código Civil (LICC) prescreve:

> "Art. 4º Quando a lei for omissa, o juiz decidirá o caso de acordo com a analogia, os costumes e os princípios gerais do direito".

Por sua vez, o Código de Processo Civil dispõe:

> Art. 126. O juiz não se exime de sentenciar ou despachar alegando lacuna ou obscuridade da lei. No julgamento da lide caber-lhe-á aplicar as normas legais; não as havendo, recorrerá à analogia, aos costumes e aos princípios gerais do direito.

Esgotados, portanto, todos os recursos hermenêuticos de investigação do sentido das normas, seja no seu *espírito*, seja na sua expressão literal, sem encontrar em qualquer delas, absolutamente, enquadramento para o caso particular submetido à sua apreciação, o juiz parte para integrar o ordenamento, através dos meios apontados pela própria ordem jurídica.

Embora contenha o artigo 4º da LICC regra dita de aplicação de todas as normas do Direito interno, e não apenas as de Direito privado, "verdadeiramente o diploma de aplicação, no tempo e no espaço, de todas as leis brasileiras" (Eduardo Espínola e Eduardo Espínola Filho), é inaplicável em matéria penal e tributária, pois não há crime nem pena sem lei, assim como também inexiste tributo que não seja instituído legalmente. Uma vez que somente a lei – e não outra fonte formal do Direito – pode definir crimes ou cominar penas e criar obrigação tributária, segue-se não caber nunca, para esse fim, a *integração* na esfera desses dois ramos do Direito público.

Fora daí o julgamento é feito com o recurso a outras fontes reveladoras do Direito positivo, em obediência à norma geral reguladora da aplicação de todas as normas jurídicas (art. 4º da Lei de Introdução, citada).

Antes do mais, cumpre observar que não se estabeleceu, nesse dispositivo, em qualquer delas, uma ordem impreterível de fontes subsidiárias. Obrigado é o juiz a aplicar a lei, mas se esta for lacunosa ou omissa, isto é, se nela o juiz não encontrar solução para o caso que tem de decidir, poderá preencher o espaço vazio deixado no ordenamento jurídico por essa omissão, servindo-se de uma qualquer das fontes supletivas indicadas pela Lei de Introdução ao Código Civil, independentemente da ordem em que se acham ali. Uma delas, a *analogia*, que se fundamenta "no entendimento de que de uma norma legal ou do conjunto delas podem extrair-se princípios que são aplicáveis a casos que não estão previstos na lei, nem sequer implicitamente, mas que, por apresentarem uma semelhança substancial com os contemplados nos textos legais, devem ter as mesmas soluções" (Angel Latorre). Em face de uma hipótese não contemplada na previsão da norma jurídica, o magistrado faz a *integração* aplicando ao caso não previsto a norma jurídica reguladora de caso semelhante. Segundo o pensamento de Clóvis Bevilaqua, a esse respeito, "se, na interpretação, propriamente dita, o juiz aplica e desenvolve qualidades de argúcia, perspicácia e reflexão, com a analogia remonta mais alto, aprecia a lei ou o sistema jurídico, em seus fundamentos racionais, na sua energia funcional, na sua teleologia, e dessa vista de conjunto extrai o princípio jurídico aplicável".

Por analogia integram-se até normas *constitucionais*, como fez o Supremo Tribunal Federal (Pleno) em acórdão unânime de 15.8.80, relator o ministro Moreira Alves (RDA-143/98).

As outras fontes subsidiárias são os *costumes* e os *princípios gerais de Direito*. Uma vez que nem a *letra* nem o *espírito* da lei forneçam ao juiz, apesar de todo o seu esforço interpretativo, resposta para o caso concreto, vai ele construir a norma para o caso, através da livre investigação nos domínios das demais fontes jurídicas.

Os *costumes* foram já explicados, quando tratamos das fontes do Direito. Quanto aos *princípios gerais do Direito*, não se trata, como diz Clóvis Bevilaqua, dos princípios gerais do Direito nacional, mas, sim, dos elementos fundamentais da cultura jurídica humana em nossos dias, das idéias e princípios sobre os quais assenta a concepção jurídica dominante, das induções e generalizações da ciência do Direito e dos preceitos da técnica. Este é um pensamento com o qual se harmoniza o de Giorgio Del Vecchio, enunciado mais ou menos na mesma época. Para o jurisfilósofo italiano, os "princípios gerais do Direito" nenhuma relação têm com um sistema de Direito nacional, mas se referem "às verdades supremas do Direito *in genere*, ou seja, àqueles elementos lógicos e éticos do Direito, que por serem racionais e humanos, são virtualmente comuns a todos os povos" (Giorgio Del Vecchio, *Los Princípios Generales del Derecho*, trad. de Juan Osório Morales, 3ª ed., Barcelona, Bosch, 1971, p. 49).

Com os recursos postos à sua disposição pelo ordenamento jurídico, terá inescusavelmente o juiz de decidir qualquer caso submetido a seu julgamento. Outros códigos modernos resolvem o problema da *integração* de modo semelhante ao do brasileiro. O artigo 1º do Código Civil suíço diz: "A lei rege todas as matérias às quais se referem a letra e o espírito de algumas de suas disposições. Na falta de uma disposição legal aplicável, o juiz pronuncia-se segundo o Direito consuetudinário, e, na falta de costume, segundo as regras que estabeleceria se tivesse de atuar como legislador, inspirando-se nas soluções consagradas pela doutrina e a jurisprudência". Como se vê, o legislador suíço adotou como fontes supletivas os costumes, a doutrina e a jurisprudência. Dentro desses limites é que o juiz tem liberdade de agir.

Sempre, por conseguinte, em todos os ordenamentos jurídicos civilizados e democráticos, o Direito oferece solução para quaisquer conflitos de interesses, porque as leis podem ter lacunas, mas o Direito não as tem. O Direito consiste essencialmente em poder *coordenar de certo modo* a atuação própria de cada pessoa com a das outras – conforme a lição de Del Vecchio, "e um Direito que, resolvendo alguns casos da vida, se mostrasse incapaz de resolver os demais, se anularia *ipso facto* a si mesmo, pois que se tomaria inferior à sua função, que consiste precisamente em estabelecer uma ordem entre os seres que vivem juntos *(hominis ad hominum proportio)*" (ibidem, p. 41, nota 1).

Não existe, porém, lacuna na lei, para os teóricos do egologismo. Segundo Cossio, a lei não é só uma fórmula abstrata e genérica de indefinidos casos, mas ainda *uma estrutura "y, encuanto tal, excede a la pluralidad de casos que representa puesto que toda estrutura, en tanto concepto, es una totalidad lógica que se cierra en si misma"*. A chave da solução do problema, de acordo com o seu ponto de vista, está na concepção do "princípio estrutural fundamental" de que *tudo o que não está proibido, está juridicamente permitido*. Não é possível afirmá-lo e ao mesmo tempo sustentar a existência de lacunas no Direito, porque com o segundo se nega o primeiro: se algo está juridicamente permitido, isso mesmo já não está carente de regulação, por mais inconveniente que se considere o modo como foi regulado (Cf. Carlos Cossio, *La Plenitud del Ordenamiento Jurídico*, 2ª ed., Buenos Aires, 1947, Cap. I). O ponto de vista de Cossio é que toda conduta não proibida está juridicamente permitida, visto que, como objeto que é do Direito, a conduta humana contém essencialmente a liberdade de ser realizada. Assim, pois, quando o Direito não estabelece restrições a essa liberdade, vedando determinadas ações, sobrevive a permissão da conduta que dela é uma componente ontológica.

Kelsen, antes dele, não admitia *lacunas* normativas, dada a existência, em todo sistema jurídico, do princípio segundo o qual *tudo o que não está proibido, está permitido*.

No livro *Normative Systems*, de Carlos E. Alchourron e Eugenio Bulygin, que o professor argentino Carlos Santiago Niño reputa *"un trabajo dificilmente superable sobre los sistemas normativos"*, criticam ambos essas concepções, conforme revela o citado Carlos Santiago Niño, em dois de seus livros sobre a disciplina que leciona na Faculdade de Direito de Buenos Aires.

A expressão "permitido" – escreve ele – que aparece no princípio "tudo o que não está proibido, está permitido", pode ter significados diferentes. Um é equivalente a "não-proibido", ou seja, implica que não existe no sistema uma norma que proíba a conduta em questão. O outro faz referência a uma autorização positiva, ou, o que dá na mesma, requer a *existência* de uma norma que permite a ação de que se trata (Carlos Santiago Niño, *Notas de Introducción al Derecho*, vol. 4, Buenos Aires, Editorial Astrea, 1975).

44. Regras de aplicação do Direito

Embora ordinariamente se focalize a aplicação do Direito como uma atividade específica dos órgãos jurisdicionais – como efetivamente o é – isso não quer dizer que essa aplicação não se faça por outros canais oficiais. As autoridades administrativas freqüentemente atendem a pretensões quer de funcionários seus, quer de administrados, mediante a aplicação de normas jurídicas várias (leis, regulamentos, portarias, etc.), ainda que suas decisões, no caso de com elas não se conformarem os interessados, possam ser revistas pelo Judiciário. Também quando observam espontaneamente as regras de conduta, em inúmeras situações da vida (quando pagam em dia seus débitos, atendem aos sinais de trânsito, não fumam nos veículos coletivos, etc.), não deixam de estar os particulares aplicando o direito. O que distingue a aplicação judicial ou compulsória do direito ao caso concreto é que os juízes e tribunais decidem, em caráter último e definitivo, os litígios levados à sua apreciação. Foram eles instituídos para esse fim e por isso são obrigados a dar a prestação jurisdicional pedida. Eles é que resolvem os conflitos de interesses, aplicando-lhes as normas legais com efeito de *coisa julgada*. E se não houver norma escrita para o caso, nem por isso ficam desonerados de dar sentença, pois terão de preencher, como vimos anteriormente, as lacunas da lei, mediante o apelo a qualquer das fontes supletivas do direito. "*Si en la ley hay lagunas, en el derecho no puede haberlas*" (García Maynez).

O direito é formulado (no caso das leis) ou reconhecido (no caso dos costumes jurídicos) para ser efetivamente aplicado, como regra da conduta social dos homens, tendo em vista a realização da justiça. Toda norma envolve, como diz Kelsen, *várias possibilidades*, por uma das quais tem de se definir o juiz ou tribunal, no ato de aplicação do Direito, que por outro lado importa na solução de múltiplos problemas, como, por exemplo, os da *interpretação e integração*, antes explicados.

Aplicar o Direito é, pois, sujeitar um caso ao preceito coativo contido na norma jurídica, função esta principalmente exercida pelos órgãos do Poder Judiciário. Muitas regras condicionam essa atividade dos juízes e tribunais, como, entre outras, as seguintes:

1. *O juiz deve sempre julgar segundo a lei, e não segundo suas idéias pessoais* – Com isso o que se quer significar é que o

juiz não julga o valor intrínseco da lei, mas litígios conforme o Direito vigente, qualquer que seja sua opinião particular sobre a justiça ou conveniência desse Direito. O crítico da norma, aquele que resolve se ela é justa ou injusta, se deve ou não continuar em vigor, é o político da lei, o *legislador*. O juiz tem de se cingir a aplicá-la, individualizando-a na sentença que lhe foi requerida, sob pena de *prevaricação*.

2. *O juiz não se exime de despachar e julgar, sob o pretexto de lacuna ou obscuridade da lei* – Só os juízes julgam conflitos de interesse como órgãos da jurisdição que o Estado exerce, mas também não podem deixar de o fazer, quando provocados. Cabe-lhes, ao mesmo tempo, o *poder* e o *dever* irrecusável de dar aos interessados a prestação jurisdicional requerida. Não será, pois, o silêncio ou a obscuridade da lei que autoriza a sua inação. Na hipótese, que a própria ordem jurídica prevê, de lacuna ou silêncio da lei, ficam à disposição do juiz as fontes subsidiárias ou complementares do Direito positivo, para que, recorrendo a qualquer delas, despache ou profira sentença *in casu*, conforme vimos na parte relativa à *integração* do direito. O artigo 126, do CPC, regula o assunto.

Manda a lei que o juiz date e assine seus despachos, decisões, sentenças e acórdãos. E se estes forem proferidos verbalmente, serão taquigrafados ou datilografados, para sua revisão e assinatura (CPC, art. 164).

Sentença é o ato pelo qual o juiz põe termo ao processo, julgando ou não o mérito da causa. Decisão interlocutória: ato pelo qual é resolvida pelo juiz uma questão incidente no processo. *Despachos*: os demais atos do juiz praticados de ofício ou a requerimento dos interessados. *Acórdão* é o julgamento que os tribunais proferem.

3. *Não pode o juiz decidir além do pedido formulado pelo autor da ação, nem considerar questões não suscitadas pelas partes, para as quais a lei exige a iniciativa dos litigantes* – O juiz decide segundo o pedido das partes, do contrário a sentença será *ultra* ou *extra petita*, não podendo pronunciar-se sobre o que não constitua objeto do pedido, conforme resulta das regras postas pelos artigos 128 e 460 do Código de Processo Civil.

4. *As decisões judiciais devem ser fundamentadas* – Com isso se quer estabelecer a necessidade impostergável de fundamentar o juiz os seus atos, quaisquer que eles sejam, conforme a enumeração constante do item 2, *supra*. Reconhece-se que a fundamentação dos julgados põe à prova a imparcialidade e espírito de justiça do magistrado, além de atender a uma imposição da segurança jurídica. Os *despachos e decisões interlocutórias* quer a lei que também sejam fundamentados, ainda que de modo conciso (art. 165 do CPC, parte final). As sentenças deverão indicar os motivos formadores do convencimento do juiz, embora este tenha ampla liberdade na apreciação da prova, atendendo aos fatos e circunstâncias constantes dos autos, mesmo que as partes não os aleguem (CPC, art. 131). Em relação às sentenças e acórdãos, a lei processual exige ainda que obedeçam aos requisitos do artigo 458 do CPC, a saber, contenham: o *relatório*, com os nomes dos litigantes, o resumo do pedido e da defesa do réu, e o registro das principais ocorrências verificadas no curso do processo; *os fundamentos*, em que o juiz analisa a matéria de fato e de direito, e, finalmente, a decisão propriamente dita das questões apresentadas pelas partes.

5. *O juiz não pode agir por iniciativa própria* – O que aí se traduz é o chamado "princípio da demanda", que o Código de Processo Civil assim expressa: "Art. 2º Nenhum juiz prestará a tutela jurisdicional senão quando a parte ou o interessado a requerer, nos casos e forma legais."

Segundo Liebman e outros, esse princípio quer significar que a invocação da tutela judicial é direito estritamente individual e que a defesa dos interesses próprios é deixada à livre determinação de seu titular. O juiz não tem a iniciativa do pleito, mas, uma vez este iniciado, ele passa a ter a responsabilidade da *direção do processo*, conforme as normas legais prescritas.

6. *Na aplicação da lei, o juiz atenderá aos fins sociais a que ela se dirige e às exigências do bem-comum* – Isso precisamente é o que diz o artigo 5º, da LICC, a saber, a lei

reguladora da aplicação de todas as leis do sistema brasileiro. Ela não deu os conceitos de *fim social da lei* nem de *bem-comum*, os quais serão encontrados pelo intérprete, com o auxilio da doutrina jurídica.

7. *A justiça deve ser pública e em todos os atos judiciais o uso do vernáculo é obrigatório* – Em regra, os atos judiciais devem praticar-se à vista de todos, ou publicamente. A divulgação ou publicidade dos atos não só do Judiciário, mas de todos os três poderes, é da essência mesma do regime republicano, ressalvadas, no entanto, as exceções previstas em lei. Nestas condições, o Código de Processo Civil determina que sejam sigilosos os processos: 1) em que o exigir o interesse público; 2) que dizem respeito a casamento, filiação, desquite, separação de corpos alimentos e guarda de menores (art. 155).

Por outro lado, exige também a lei processual que o idioma nacional seja usado em todos os atos e termos do processo (art. 156). Documentos em língua estrangeira, portanto, só poderão figurar nos autos acompanhados da competente tradução feita por tradutor público (oficial).

8. *As sentenças são irrevogáveis, uma vez esgotados os recursos cabíveis* – A sentença do juiz faz *coisa julgada* entre as partes litigantes. A Lei de Introdução ao Código Civil define a coisa julgada como "a decisão judicial de que já não caiba recurso". E o Código de Processo Civil diz que se denomina *coisa julgada material* "a eficácia que torna imutável e indiscutível a sentença, não mais sujeita a recurso ordinário ou extraordinário" (art. 467).

Depois de prolatar a sua sentença, o juiz não pode mais alterá-la. Só mediante recurso para o juiz hierarquicamente superior (tribunal) caberá modificá-la. Com a sentença, a jurisdição do juiz no processo acaba. Por isto, já não pode ele alterá-la.

9. *Não há jurisdição sem lei* – Jurisdição, como já dito, é o poder-dever, que ao juiz incumbe, de processar e julgar lides segundo o direito vigente. O limite posto a essa potestade

pública chama-se *competência,* uma das palavras do vocabulário comum que passou ao do Direito com uma acepção especial. Hugo Alsina a denominou como a aptidão do juiz para exercer sua jurisdição num caso concreto. A *jurisdição* e a *competência* resultam imediata e diretamente da lei. Ninguém pode exercer as funções próprias do juiz sem o ser, nem tampouco é legítima a atuação do juiz que exceda os limites de sua competência.

10. *A lei não poderá excluir da apreciação do Poder Judiciário qualquer lesão de direito individual* – Antes que se consagrasse constitucionalmente esse princípio, houve, no Brasil, casos de denegação de justiça, quando o Judiciário, em face de casos concretos de direitos individuais lesados por atos governamentais, invocou a natureza política de tais atos como razão de sua *incompetência para revê-los*. A Constituição de 1946 veio a incluir no seu texto esse princípio, que mereceu de Pontes de Miranda o seguinte comentário: "A regra jurídica constitucional do art. 153, § 4º, em que o legislador constituinte formulou o princípio da ubiqüidade da justiça, foi a mais típica e a mais prestante criação de 1946". Aí ficou instituído, em suma, como corretamente se exprime José Frederico Marques, *o monopólio judiciário do controle jurisdicional*. Nesse dispositivo, a tutela judicial "toma contornos especiais, visto que coloca os direitos subjetivos em face da jurisdição, para tornar imperativa a atuação desta, através de seus órgãos, sempre que o indivíduo afirme ter havido lesão a qualquer interesse que lhe garante a ordem jurídica".

Eliminando as restrições ditadas pela Emenda n. 7, de 13.4.77, à Constituição de 1967, o constituinte de 1988 restabeleceu a plenitude do Princípio, quando estatuiu, no artigo 5º, XXXV: "A lei não excluirá da apreciação do Poder Judiciário lesão ou ameaça a direito".

Capítulo XIV

45. Direito público e Direito privado.

45. Direito público e Direito privado

O Direito positivo, já o dissemos, é o Direito efetivamente aplicado, ou o sistema de normas jurídicas obrigatórias que cada país adota. Sua divisão em Direito público e Direito privado, pouco sensível no sistema jurídico anglo-americano *(common law)*, mas quase universalmente consagrada, tem sido objeto de muitas disputas através dos tempos. Vários os critérios diferenciadores apontados, mas nenhum deles considerado plenamente satisfatório por muitos autores. Há quem entenda ser a distinção de índole política e quem negue a existência de qualquer critério diferencial válido. Para Kelsen, todo direito é público, como emanação da vontade do Estado. Enneccerus acha que, embora se tenha de distinguir, no Direito moderno, entre Direito público e Direito privado, essa distinção *é historicamente condicionada, mas não logicamente necessária,* acreditando ainda não haver razão alguma para se reconhecer, como alguns pretendem, um terceiro gênero de normas jurídicas, que seria formado pelo direito social.

Na controvérsia, parece que a opinião dominante é a que distingue a natureza da norma de Direito público e a de Direito privado pelo *sujeito da relação*. Assim, uma norma é de Direito público quando pelo menos um dos sujeitos por ela visados é *o Estado atuando como poder público* (ex.: as normas reguladoras da cobrança de tributos e das desapropriações). Considera-se relação jurídica de Direito público aquela em que intervém pelo menos uma entidade pública como tal (como personalidade dotada de poder soberano) (Theodor Sternberg, op. cit., p. 225). De Direito privado será quando os sujeitos nela envolvidos são particulares, inclusive o Estado, "que não atue como poder público". O verdadeiramente decisivo, conforme Enneccerus, da natureza pública da norma jurídica é que o Estado intervenha na relação jurídica na qualidade de ente público, ou seja, desempenhando, em sua relação com os cidadãos, uma função de tutela e vigilância, e não como sujeito coordenado.

São, enfim, ramos distintos, mas conservando entre si nexos estreitos. A *Filosofia* e a *Teoria geral do Direito contemporâneas* – como elegantemente escreve Miguel Reale, mantêm a distinção entre Direito público e Direito privado como duas perspectivas ordenadoras da experiência jurídica, considerando-as distintas, mas substancialmente complementares e até dinamicamente reversíveis, e não duas categorias absolutas e estanques. Essa distinção, como adverte Vicente Ráo, constitui um dos mais árduos problemas da ciência jurídica dos nossos dias e isto porque estamos numa fase de tumultuosa transição do Direito, a qual se processa através de desordenada multiplicidade de normas reveladoras de crescente intervenção do Estado na ordem privada e, em conseqüência de progressiva intromissão do Direito público na esfera do Direito privado. De um modo geral, entende-se que a maior ou menor ascendência exercida pelo interesse público sobre o interesse particular não elimina a autonomia existente entre os dois ramos jurídicos, e também não autoriza nem legitima a colocação, na esfera do Direito público, de preceitos próprios do Direito privado. A missão do Direito público, disse Pio XII, é servir ao Direito privado e não absorvê-lo.

Desde os mais remotos tempos de sua existência histórica, tiveram os romanos noção da diferença entre Direito público e Direito privado. No período dos Tribunos, foi um deles – Caio

Terencio Arsa – que concebeu a chamada *Lex Terentilla,* pela qual dez homens experientes e probos deveriam organizar leis abrangentes do Direito público e do Direito privado, a serem afixadas no Fórum para conhecimento geral (Cf. Silvio A. B. Meira, A *Lei das XII Tábuas,* 3ª ed., Rio de Janeiro, Forense, 1972).

Num fragmento de Ulpiano (*Digesto*, I, 1, 1, 2) está dito: "É Direito público o que versa sobre o modo de ser da república; privado, o que se refere à utilidade dos particulares, *pois há coisas de interesse público e outras de interesse particular*".

O critério do "interesse" aí previsto quer que a norma seja: 1) de Direito público, quando protege ou se refere ao interesse geral; 2) de Direito privado, quando protege o interesse particular. Critério por muitos tido como inaceitável, visto ser de apreciação extremamente subjetiva. Dernburg, para corrigir a falha, inclui o advérbio "principalmente".

Outro critério, o do "fim", quer que a norma seja de Direito público, quando a finalidade visada é o Estado, e o indivíduo fica em posição secundária; e de Direito privado, sempre que a finalidade procurada seja o indivíduo, aparecendo o Estado como meio. Esse critério também foi muito combatido, pois não raro o Estado pratica atos visando os seus fins próprios e, no entanto, fica sujeito às normas do Direito comum (assim, quando ele compra um imóvel para o serviço de um de seus órgãos, entra numa relação de Direito privado, visto como aí não exerce o seu *ius imperii).*

É o caso de lembrar as palavras de Fleiner: "O Direito público e o Direito privado não estão separados por um abismo, mas se interpenetram na vida jurídica e mutuamente se completam". Ou o ensinamento de Duguit, segundo o qual a divisão Direito público-Direito privado é a condição indispensável para estudar ordenada e metodicamente as inúmeras regras do Direito moderno. Por fim, não podemos esquecer, como observa Legaz y Lacambra, que nem tudo é "coordenação", pois impossibilitaria a "autoridade", fator ineliminável da coexistência; nem é "subordinação", pois isso destruiria a liberdade, que é a própria raiz da vida.

Divisão do Direito público – Dominante que é, na doutrina, o pensamento de não haver lugar para *tertium genus*, nos dois grandes ramos tradicionais do Direito situam-se todas as disciplinas jurídicas conhecidas.

Assim, no Direito público interno colocam-se o Direito constitucional, o Direito administrativo, o Direito financeiro e tributário, o Direito penal, o Direito processual, o Direito eleitoral; e no Direito público externo, o Direito internacional público.

No ramo do Direito privado estão, por enquanto e principalmente, o Direito civil, o Direito comercial, o Direito do trabalho, o Direito agrário, o Direito previdenciário.

Quanto à colocação do Direito internacional privado, não há concordância entre os autores, entendendo uns que pela sua natureza deve estar entre os ramos do Direito público, ao passo que outros não menos doutos querem que figure no Direito privado.

Capítulo XV

46. *Direito constitucional.* 47. *Tipos de Constituições.*
48. *Breve notícia da evolução constitucional brasileira.*
49. *Controle de constitucionalidade das leis.* 50. *Papel do Supremo Tribunal Federal no controle de constitucionalidade das leis.* 51. *Garantias da ordem jurídica. "Habeas corpus" e mandado de segurança.*

46. Direito constitucional

No estudo do Direito interno, devemos começar pelo ramo ou disciplina que fixa as linhas básicas de organização dos poderes em que, segundo a teoria clássica, se divide o Estado, e estabelece as regras fundamentais das outras disciplinas jurídicas. Esse ramo é o Direito constitucional, por isso mesmo considerado o principal do Direito público interno, cujo cerne representa. Dele vem o *limite* para o governo e a lei fundamental de *garantias* para os súditos ou governados. Ramo jurídico primordial, que regula "a estrutura e as funções dos órgãos do Estado", a forma de governo, as atribuições dos poderes constituídos, as relações destes entre si e com os indivíduos, os direitos econômicos, políticos e culturais, bem como as *garantias* desses direitos. O Direito constitucional, por alguns também chamado Direito político, é, segundo E. García Maynez, o conjunto de normas relativas à estrutura fundamental do Estado, às funções de seus órgãos e às relações destes entre si e os particulares.

Tanto mais avulta o papel do Direito constitucional, quanto mais cresce a dominadora atividade estatal. Como já observava Duguit, "não há um momento de sua existência, em que o homem moderno não se encontre em contato com os governantes e seus agentes, e nesse contato do indivíduo com o Estado é que principalmente apareceu o perigo do arbitrário e se sentiu a necessidade de o evitar, na medida do possível" (Léon Duguit, *Manuel de Droit Constitutionnel*, 4ª ed., Raris, Boccard, 1923).

Apontam-se antecedentes remotos desse ramo jurídico entre gregos e romanos, embora sem a denominação atual, do mesmo modo que monumentos legislativos dos séculos XIII e XVII entre os britânicos (Magna Carta, de 1215, firmada pelo rei João Sem-Terra, sob pressão dos barões, a petição de direitos e a declaração de direitos, de 1628 e 1688, respectivamente). Mas foi com a Constituição americana de 1787, e a declaração dos Direitos do Homem, de 26.8.1789, colocada depois no frontispício da Constituição de 1791, que a Revolução Francesa gerou, que teve começo propriamente o que hoje se denomina Direito constitucional.

Papel decisivo desempenhou, na formação desse Direito, o abade Sieyès (Emanuel Joseph, vigário-geral de Chartres), com o seu famoso opúsculo *Qu'est-ce que le Tiers état?*, editado em janeiro de 1789. Segundo Francisco Ayala, no prefácio escrito para a edição espanhola de 1973, Sieyès desfrutava, por essa época, de uma popularidade e de uma autoridade enormes, ao ponto de Mirabeau o chamar seu mestre.

Nesse pequeno livro, ao qual ainda voltaremos adiante, sustentava ele que o Terceiro Estado (toda a nação menos clero e nobreza, que orçavam em 200 e poucos mil indivíduos) com os seus 25 milhões de homens, é que verdadeiramente representava o povo francês e devia formar uma assembléia dos *Estados Gerais* ou compor uma *Assembléia Nacional*. A vontade geral, a vontade *comum* do povo só podia reconhecer-se na opinião da maioria. Portanto, os verdadeiros depositários da vontade nacional eram, na França, os componentes do Terceiro Estado. Eles é que podiam deliberar e votar pela nação inteira, sem exceção nenhuma.

O povo daria uma *deputação extraordinária* com um *poder especial para regular o grande assunto da constituição*. O direito de curar desse assunto cabia unicamente à *nação, independente de todas as formas e de todas as condições possíveis*. Em cada parte, dizia Sieyès, a constituição não é obra do poder constituído, senão do poder constituinte. Nenhuma espécie de poder delegado pode mudar nada nas condições de sua delegação (op. cit., Cap. V). Daí porque esse trabalho é hoje considerado "o manifesto da revolução francesa". Ele "está como manifesto para ela assim como está o de Marx para a Revolução Russa", conforme as palavras do Professor Manoel Gonçalves Ferreira Filho (*Direito constitucional comparado – O Poder constituinte*, São Paulo, 1974).

As principais idéias revolucionárias defendidas por Sieyès triunfaram no seio da Assembléia Nacional, onde ele tinha assento e desempenhou as mais produtivas atividades.

O aparecimento do Direito constitucional como ciência autônoma, e a sua metodologia, para Afonso Arinos, são fatos relativamente recentes, pois datam da adoção das constituições escritas no fim do século XVIII (Cf. Afonso Arinos de Melo Franco, *Direito constitucional – Teoria da Constituição – As constituições do Brasil*, Rio de Janeiro, Forense, 1976, p. 19). Os patriarcas do Direito constitucional, diz ele, são o abade Sieyès, a mais alta expressão do pensamento jurídico no seio da Revolução Francesa, de um lado, e do outro, Alexander Hamilton, James Madison e John Jay, representantes do Estado de New York na Convenção de Filadélfia e autores, em colaboração, de *O federalista*, o primeiro livro em que a ciência do Direito constitucional apresenta-se com suas características definidas e o seu método de análise fundado em um texto positivo.

Com essas duas grandes Constituições escritas é que se difundiu pelo mundo o *constitucionalismo*. A Revolução Francesa, escreveu Carlos Sánchez Viamonte, "foi uma caixa de ressonância universal para os princípios proclamados pela emancipação norte-americana. Difundiu-os e vulgarizou-os, ao mesmo tempo que lhes comunicou seu fervor revolucionário, heróico e contagioso. Além disso, não eram nela a consagração, a continuação e o aperfeiçoamento lógico de tradições e costumes, como nos Estados Unidos, senão um corte violento com o qual se punha fim a um estado anterior e se iniciava uma nova direção construtiva. Desde então a democracia adquire o conteúdo moral e humano que lhe havia faltado na Antigüidade. Agora tem um significado social, além de político, e se filtra, ao longo do século XIX, em todas as formas da vida social e em todas as instituições políticas" (citado por Vicente Cutolo, *Introducción al Derecho*).

O Direito constitucional sujeita todos os ramos do direito. Determina os rumos do Direito judiciário, quando lhe estabelece os órgãos e os princípios fundamentais. Haja vista o disposto no Título IV, Capítulo III, da CF, onde se acham a estrutura do Poder Judiciário, seus tribunais e juízes, os limites de seu poder jurisdicional e alguns princípios processuais básicos, como, por exemplo, o de que "a lei não poderá excluir da apreciação do Poder Judiciário qualquer lesão de direito individual"; o de não haver prisão senão em flagrante delito ou por ordem escrita da autoridade competente; o da ampla defesa assegurada a todos os acusados; o da contraditoriedade da instrução criminal; o da inexistência de prisão civil por dívida, multa ou custas, salvo nos dois casos previstos (o do depositário infiel e o de inadimplemento de obrigação alimentar); o da manutenção do júri popular para o julgamento dos crimes dolosos contra a vida; o da concessão da assistência judiciária aos necessitados, na forma da lei.

Ao Direito administrativo dá rumos, quando estabelece as atribuições do presidente da República e sua responsabilidade, bem como as de seus ministros; quando fixa as regras primordiais do regime jurídico do funcionalismo público e o princípio da responsabilidade civil das pessoas jurídicas de direito público interno pelos danos que os seus funcionários, nessa qualidade, causem a terceiros; quando regula o confisco e o perdimento de bens por danos causados ao Erário; quando regula a desapropriação por necessidade ou utilidade pública ou por interesse social; quando prescreve as normas a que ficam sujeitas as empresas concessionárias de serviços públicos federais estaduais e municipais; quando discrimina os bens da União e dos Estados e fixa o regime jurídico das jazidas, minas e demais recursos minerais e os potenciais de energia hidráulica, etc.

Submete o Direito penal, quando, por exemplo, eleva à categoria de princípio constitucional a anterioridade da lei penal relativa ao crime e às penas, bem como a incontagiabilidade destas e sua *individualização;* o Direito tributário, quando consagra o princípio da *reserva legal,* prescreve as limitações constitucionais ao poder de tributar, discrimina os tributos e os distribui entre os diferentes níveis de governo; o Direito internacional público, quando estabelece a negociação direta, a arbitragem e outros meios pacíficos para resolver os conflitos internacionais; o Direito internacional privado, quando determina que a sucessão de bens de estrangeiros, situados no Brasil, será regulada pela lei brasileira em benefício do cônjuge ou dos filhos brasileiros, sempre que lhes não seja mais favorável a lei pessoal do *de cujus;* o Direito civil, ao estabelecer, entre outras, regras para o casamento e sua dissolução, e definir a função social da propriedade. Ao Direito comercial, quando regula o regime de bancos e empresas de seguros, reprime o abuso do poder econômico, caracterizado pelo domínio dos mercados, a eliminação da concorrência e o aumento arbitrário dos lucros; quando torna privativa dos navios nacionais a navegação de cabotagem para o transporte de mercadorias e impõe a condição de brasileiro nato para ser proprietário, armador e comandante de navio nacional, bem como a dois terços, pelo menos, de seus tripulantes; quando proíbe a propriedade e administração de empresas jornalísticas, de qualquer espécie, inclusive de televisão e de radiodifusão, a estrangeiros, a sociedade por ações ao portador e a sociedades que tenham, como acionistas ou sócios, estrangeiros ou pessoas jurídicas, exceto partidos políticos; o Direito do trabalho, quando fixa os seus preceitos fundamentais, tendo em vista a justiça social, e assegura aos trabalhadores determinados direitos, sem prejuízo de outros que a lei venha a criar, bem como quando eleva a Justiça do Trabalho a órgão do Poder judiciário.

Tanto em *Princípios gerais do Direito constitucional moderno* como depois no seu *Curso de Direito Constitucional*, Pinto Ferreira entende que este é *a ciência positiva das constituições*. Manoel Gonçalves Ferreira Filho define-o como "o conhecimento sistemático da organização fundamental do Estado, isto é, conhecimento sistematizado das regras jurídicas relativas à forma do governo, ao modo de aquisição e exercício do poder, ao estabelecimento de seus órgãos e aos limites de sua ação". Alguns o apelidam um direito *superlegal,* dado que se lhe subordinam, como vimos, todos os restantes ramos do Direito positivo.

Além da Constituição, o Direito constitucional inclui entre os seus temas a *doutrina da separação dos poderes* e *os direitos fundamentais da pessoa*. Onde estes têm efetiva vigência, diz-se que há *Estado de Direito,* Entre as instituições características do Estado de Direito enumeram-se, ao lado da Constituição legislada e codificada, a separação entre o poder constituinte e os poderes constituídos, entre os poderes constituídos e as garantias constitucionais dos direitos. Para que exista autêntico Direito constitucional, diz o escritor argentino Abelardo Torre, os direitos fundamentais devem ter vigência na realidade social, para cujo efeito, sem prejuízo de que tais direitos sejam violados muitas vezes, deve existir estrutura institucional que permita sua imediata defesa e reparação, enumerando, entre os direitos fundamentais que estão fora de toda discussão, a esta altura do progresso humano, os seguintes: o direito à vida, à integridade física, à legítima defesa, à liberdade pessoal e à proteção da saúde; o direito de trânsito, o de reunião, o de associação, o de constituir família, o de ensinar e o de aprender; o direito de trabalhar e o de propriedade (com certas limitações, como todos os direitos); o direito à inviolabilidade do domicílio e da correspondência; o direito eleitoral, o de ter qualquer convicção política, o de petição e o de defesa em juízo. A separação entre o Poder constituinte e os poderes constituídos aponta-a ele como "uma dupla manifestação da soberania do povo", tendente "à defesa mais eficaz dos direitos fundamentais do homem, mediante a maior estabilidade que adquirem assim as normas constitucionais".

A fonte primordial do Direito constitucional é a Constituição. Na Inglaterra, a Constituição é costumeira, e, nos Estados Unidos, que no particular não seguiu o *common law*, pois sua Constituição foi toda discutida e votada num congresso de representantes do povo, outra fonte importantíssima é a jurisprudência da Suprema Corte. Já se disse desta que é *uma constituinte permanente*. Nos Estados Unidos, segundo expõe um estudioso do seu sistema jurídico, a Constituição não é senão o esqueleto do Direito constitucional, e a jurisprudência da Suprema Corte, a verdadeira fonte donde nascem os princípios gerais desse Direito (Cf. Oscar Rabasa, op. cit.).

47. Tipos de constituições

Como Direito positivo, o Direito constitucional deriva do *Poder constituinte*, que dá origem a toda a ordem jurídica e, como vimos, domina os vários ramos jurídicos, donde o seu apelido de *Superdireito*.

O constitucionalismo, movimento que tomou corpo a partir da Constituição norte-americana de 1787, objetiva estabelecer *regimes constitucionais*, isto é, governos moderados, de poderes definidos, limitados e sujeitos à *lei fundamental* ou Constituição – documento, em regra escrito e codificado, dificilmente alterável, fundado na vontade do povo e que organiza racionalmente o poder político.

A fonte criadora da Constituição, exceto em relação às que se originam nos costumes, *é o Poder constituinte*. Este, como modernamente se concebe, não é um poder *de fato*, mas "poder de direito, fundado num poder natural de organizar a vida social de que disporia o homem por ser livre" (Manoel

Gonçalves Ferreira Filho). Outros o designam como o "poder originário, supremo, dotado de soberania com capacidade de decisão em última instância" ou, ainda, "a manifestação mais poderosa e fundamental da soberania da Nação".

A essência do Poder constituinte reside, portanto, no duplo poder de criar a constituição e modificar-lhe a substância, ou revê-la. Ele não está sujeito a nenhuma regra jurídica positiva anterior, mas, tão-só, às exigências do bem-comum, aos princípios universais, superiores e anteriores ao Estado e dos quais não pode o homem ser despojado. Seria um poder *de fato*, se só existisse o direito estatalmente elaborado ou reconhecido, mas desde que se admite a existência de um direito anterior ao do Estado, o Poder constituinte passa a ser considerado um *Poder de direito*. O poder constituinte, diz Manoel Gonçalves Ferreira Filho, apóia-se num fato: o fato de que a coletividade organizada tem certa idéia de direito, cuja origem pode estar numa lei eterna ou divina, ou nos costumes, produto inconsciente da evolução.

Deve-se a Sieyès a primeira distinção entre *poder constituinte e poderes constituídos*. O sujeito do poder constituinte, ou seu titular, pode ser individual (rei, ditador) ou coletivo (o povo, através de seus representantes ou delegados, em assembléias, congressos ou convenções constituintes). O poder constituinte é *originário ou derivado*, conforme edita uma constituição, onde ela inexistia, ou apenas modifica, emenda, reforma o texto de uma Constituição em vigor. O poder constituinte derivado chama-se também "de segundo grau", "poder reformador" ou "poder revisor". O poder constituinte *originário*, que em regra triunfa pela revolução, não se apóia em nenhum outro, mas dele derivam os demais poderes do Estado. Além disso, não está sujeito a nenhuma condição ou forma, donde se dizer que é "inicial", "autônomo" e "incondicionado". O poder constituinte *derivado* emana do *originário*, abaixo do qual se acha, e atua somente nas condições e formas preestabelecidas, sendo, portanto, "subordinado" e "condicionado".

A Constituição, diz Pinto Ferreira, é a lei fundamental do Estado ou, por outras palavras, a ordem jurídica fundamental do Estado. Esta ordem jurídica fundamental se baseia no ambiente histórico-social, econômico e cultural, onde a Constituição mergulha suas raízes.

Acima do *Poder constituinte*, que há? Pontes de Miranda e outros afirmam que há os direitos fundamentais do homem, direitos anteriores e superiores ao Estado – direitos, enfim, de categoria *universal*, inscritos na *Declaração de Direitos* da Carta das Nações Unidas. Para Manoel Gonçalves Ferreira Filho, o limite do poder constituinte é o conteúdo da idéia de direito que o inspirou, ao passo que para Pinto Ferreira são os valores jurídicos ideais ou a opinião pública que o gerou.

O Poder de reforma, ou constituinte de segundo grau, é restrito e limitado, não podendo, entre nós, abolir a forma federativa de Estado; o voto direto, secreto, universal e periódico; a separação dos poderes; os direitos e garantias individuais.

Classificam-se as constituições, segundo a forma, o processo de reforma, a natureza do poder constituinte e o conteúdo. Quanto à *forma*, são *costumeiras* e *escritas*. Estas últimas predominam, apresentando-se em textos elaborados quase sempre por assembléias constituintes. As escritas, ou legisladas, podem constar de um texto único (codificadas), como a maioria, ou estar consubstanciadas em *leis constitucionais* avulsas, como a Constituição francesa de 1875, e as atuais da Finlândia e Suécia (não-codificadas). Quanto ao *processo de reforma, são rígidas, semi-rígidas e flexíveis. As rígidas* são aquelas, cuja reforma está sujeita a um processo complexo. A competência para revê-las reside num poder distinto do legislativo ordinário e do Poder constituinte originário. Nos sistemas federativos, a rigidez protege a esfera de competência dos Estados-membros. Quase todas as constituições modernas são desse tipo. As *semi-rígidas* estão parcialmente sujeitas a regras dificultosas de reforma ou emenda. As constituições *flexíveis ou plásticas* caracterizam-se pela simplicidade do seu processo de reforma ou emenda, que é o mesmo das leis ordinárias.

Quanto à *natureza do Poder constituinte,* são *populares* (ou que decorrem do Poder constituinte exercido pelo povo, através de seus delegados ou representantes eleitos), *outorgadas* (ou que derivam de *um* ato de vontade do chefe de Estado), *pactuadas* (forma obsoleta, em que o Poder constituinte reside em mais de um titular, como a Carta Magna de 1215) e *históricas* (de origem costumeira).

As populares, de acordo com Nelson Sampaio, admitem três variedades, segundo o modo de exercício do Poder constituinte seja *delegado* (constituições votadas por assembléias constituintes), *semi-direto* (constituições referendadas, isto é, depois de votadas pela constituinte devem ser aprovadas em *referendum popular,* para entrar em vigor) e *direto* (constituição plebiscitária), cujo valor jurídico é dado pelo só voto popular, sem decisão de qualquer órgão representativo, como, atualmente, as constituições cantonais da Suíça, votadas pelas *Landsgemeinden,* ou assembléias populares dos eleitores de cantão (Cf. Nelson de Sousa Sampaio, *O poder de Reforma Constitucional,* 2ª ed. atualizada, Salvador, Livraria Progresso, 1961, Cap. II).

Quanto ao *conteúdo,* podem ser monárquicas ou republicanas, federativas ou unitárias, democráticas ou aristocráticas, socialistas ou capitalistas, parlamentaristas ou presidencialistas.

O Professor Paulino Jacques ainda as classifica *quanto à dogmática,* podendo assim ser *ortodoxas* (informada por uma ideologia, como a russa de 1936 e a da China Comunista de 1954) e *ecléticas,* ou informadas por ideologias conciliatórias, como a brasileira de 1946.

48. Breve notícia da evolução constitucional brasileira

Manifestou-se, pela primeira vez, no Brasil, o propósito de organizar constitucionalmente o país, com o movimento republicano de 1817, em Pernambuco. Ele teve uma chamada *lei orgânica,* que era já de natureza constitucional, dividindo o

Estado em três poderes, consagrando a inamovibilidade dos juízes, a liberdade de imprensa, etc. Essa lei foi elaborada por Antonio Carlos Ribeiro de Andrada Machado e Silva, então juiz na Capitania, futuro autor também do primeiro projeto de Constituição oferecido à Assembléia Geral Constituinte e Legislativa de 1823, e que, como diz Afonso Arinos de Meio Franco, "a justo título deve ser considerado o fundador do nosso Direito constitucional".

As influências liberais advindas da Constituição de Cádiz e dos movimentos revolucionários do Porto e de Lisboa (1820 e 1821) continuaram a atuar fortemente sobre o espírito das novas gerações brasileiras, que já não aceitavam o domínio português e aspiravam a um regime de independência política. Esta veio sem demora e o sentimento autonômico aqui reinante já era tão forte que, afinal, produziu um resultado extraordinário: a convocação de uma *assembléia constituinte*, quando ainda não havíamos rompido os laços de submissão a Portugal.

Tínhamos então uma *regência* exercida pelo príncipe D. Pedro com o auxílio de seus ministros, mas apesar das medidas de natureza Constitucional por ele, nessa condição, adotadas (como, por exemplo, a de não se executar lei alguma vinda de Portugal sem a sua prévia aprovação), as quais revelavam a inevitabilidade da separação (Cf. Afonso Arinos de Meio Franco, *Curso de Direito constitucional brasileiro*, vol. 2º, Capítulos 1º e 2º), verdade é que a independência, formalmente, não estava ainda declarada.

Em fevereiro de 1822, constituiu-se, por eleição, o Conselho de procuradores-gerais das províncias, para assessorar o Regente em matéria política e administrativa, bem como para defender os interesses provinciais, e já a 3 de junho esse Conselho pedia ao príncipe a convocação de *Assembléia Geral Constituinte e Legislativa*, o que ele, na mesma data, deferiu. Os cem deputados foram eleitos pelas províncias, na proporção das populações destas, por eleição indireta, em dois graus (no primeiro grau, os votantes das freguesias – um para cada cem casas ou fração acima de 50, escolhiam os eleitores paroquiais, e, em segundo grau, estes elegiam os deputados).

Convocada por Decreto de 3. 6.1822 (três meses antes da proclamação da Independência), reuniu-se, solenemente, a Assembléia Geral Constituinte e Legislativa do Império a 3.5.1823, perante quem Sua Majestade, o imperador D. Pedro I, do trono que lhe fora preparado, leu um longo discurso que assim terminava: "Uma Assembléia tão ilustrada e tão patriótica, olhará só a fazer prosperar o Império, e cobri-lo de felicidades; quererá que seu Imperador seja respeitado, não só pela Sua mas pelas mais Nações; e que Seu Defensor Perpétuo cumpra exatamente a promessa feita no 1º de dezembro do ano passado, e ratificada hoje solenissimamente perante a Nação legalmente representada" – *Imperador constitucional e defensor perpétuo do Brasil.*

Mas durou muito pouco a primeira constituinte brasileira. Fechou-a D. Pedro, pela força, no dia 12.11.1823. Tropas cercaram o edifício onde funcionava, quando se achava em sessão, e levaram, presos, vários deputados, inclusive os três irmãos Andrada (José Bonifácio, Antônio Carlos e Martim Francisco), que em seguida eram deportados para o Havre.

O Conselho de Estado, em sessão de 15.11.1823, propôs e D. Pedro aprovou, a deportação imediata dos três Andradas, de Montezuma e José Joaquim da Rocha Belchior, com ou sem suas famílias, abonando-lhes, porém, a *pensão anual* de *3 mil cruzados* aos casados e de *600 mil-réis* aos solteiros. Enquanto deputados percebiam o subsídio anual de *6 mil cruzados* (Cf. José Honório Rodrigues, *A Assembléia Consti-tuinte de 1823*, Petrópolis, Vozes, 1974, p. 313).

Contudo, àquela altura a Assembléia Constituinte quase já tinha concluído o trabalho de aprovação do projeto de Constituição elaborado por Antônio Carlos. No Decreto de Dissolução, Dom Pedro prometia dar ao país uma Constituição "duplicadamente mais liberal" que a do malogrado projeto da constituinte. E, de fato, imediatamente constituiu um Conselho de Estado de dez membros, confiando-lhe a tarefa de elaborar novo projeto de Constituição. As reuniões do Conselho eram presididas pelo imperador e 30 dias depois ficava pronto o projeto encomendado. A princípio, D. Pedro pensou em submetê-lo à apreciação das Câmaras Municipais das províncias, mas acabou não o fazendo e outorgou a Constituição a 25 de março de 1824, uma das melhores que já tivemos, e que mais longamente viveu, sem se verificar, durante os 65 anos de sua prática, nenhuma suspensão de garantias, nem decretação de estado de sítio ou outra qualquer medida de exceção, nem mesmo nos cinco anos da guerra com o Paraguai. A ela deve o povo brasileiro o mais duradouro período de estabilidade política e tranqüilidade social de toda a sua história.

Como afirma Afonso Arinos, foi o império brasileiro oásis de ordem, equilíbrio e relativa civilização, em comparação com o drama circundante da anarquia sul-americana. "Com todos os seus defeitos e insuficiências, o Império é uma página de glória na vida do Brasil e a sua Constituição, flexível, moderada, liberal e prudente, praticada por uma série de verdadeiros estadistas, se inscreve, repetimos, entre os mais felizes documentos políticos do século passado" (Afonso Arinos de Melo Franco, *Curso de Direito constitucional brasileiro*, Rio de Janeiro, cit., vol. II) .

A Constituição jurada pelo imperador a 25.3.1824, seguindo inspiração doutrinária francesa, instituía quatro poderes: Legislativo, Executivo, Judiciário e Moderador. Este último, que o projeto elaborado na Constituinte dissolvida não adotava, era uma novidade. Exercia-o, privativamente, o imperador, que também era o chefe do Poder Executivo, o qual ele exercia por intermédio de seus ministros de Estado.

O Poder Moderador, na forma da Constituição, era a chave de toda a organização política, e delegado ao imperador "para que, incessantemente, vele sobre a manutenção da independência, equilíbrio e harmonia dos mais poderes políticos". Era nessa condição que o imperador nomeava os senadores, convocava a Assembléia Geral extraordinária nos intervalos das sessões, quando assim o pedia o bem do império, sancionava os decretos e resoluções da Assembléia Geral, nomeava e demitia livremente os ministros de Estado e concedia anistia em caso urgente, etc.

Combatida por muitos como fonte do *poder pessoal* do monarca, por outros foi tido como o fator decisivo da estabilidade política longamente mantida no país.

A seu respeito escreve um dos historiadores do primeiro império: "O pressuposto de estar a Coroa inacessível aos interesses das facções, protegida pelas regalias e vantagens excepcionais outorgadas à dinastia do soberano, contra quaisquer tentações perturbadoras da sua alta missão nacional, era o fundamento para conferir-lhe um poder, que a tornasse o medianeiro entre os demais, lhe moderasse os excessos e temperasse as ambições" (Tobias Monteiro, *História do império – O primeiro reinado*, Rio de Janeiro, Briguiet, 1939).

O Poder Judiciário, que a Constituição denominava *Poder Judicial*, era independente e único em todo o país, composto de juízes e jurados, tribunais de relação nas províncias e de um Supremo Tribunal de Justiça. Este, pelo recurso de *revista*, fazia a defesa das leis e unificava a jurisprudência, mas não tinha a função política mais importante do Judiciário, que só com a república este veio a conquistar, de fazer o controle de constitucionalidade das leis. Curiosidade do sistema judiciário de então: não se podia iniciar processo algum sem tentar a conciliação (o que o Código de Processo Civil de 1973 reintroduziu – arts. 447-449).

O Poder Legislativo era delegado à Assembléia Geral com a sanção do imperador. A Assembléia Geral compunha-se de uma Câmara temporária e eletiva com mandato de quatro anos, e um Senado vitalício, sendo os senadores eleitos, para cada vaga, em lista tríplice, da qual o imperador escolhia um. Cada província tinha tantos senadores quantos constituíam a metade de seus respectivos deputados e, quando o número destes era ímpar, o dos seus senadores era a metade do número imediatamente menor, de maneira que uma província que tivesse 15 deputados daria sete senadores. O Senado era um intermediário entre a nação e a Coroa (Tobias Monteiro). Outra novidade: o *Conselho de Estado*, composto de 12 membros vitalícios e mais doze extraordinários. Era um órgão de assessoramento do monarca, nos negócios graves e medidas gerais da administração pública. Para ser membro do Conselho de Estado se exigiam as mesmas qualidades exigidas dos candidatos a senador ("que seja pessoa de saber, capacidade e virtudes, com preferência os que tiverem feito serviços à pátria"), e os conselheiros eram responsáveis pelos conselhos dados ao imperador.

As províncias eram administradas por um presidente nomeado pelo imperador e tinham Assembléias Legislativas. As cidades e vilas o eram por uma Câmara de Vereadores eletiva e presidida pelo mais votado. A religião católica era a religião oficial, sendo permitidas as demais religiões com o seu culto doméstico ou particular, em casas para isso destinadas, sem forma alguma exterior de templo.

A emenda única que a Constituição de 25.3.1824 sofreu foi a de 12.8.1834, denominada Ato Adicional, que atenuou a centralização monárquica, conferindo alguma autonomia às províncias, às quais foram dadas fontes de receitas próprias e Assembléias Legislativas. Os efeitos autonômicos do Ato Adicional foram restringidos pela Lei de Interpretação (Lei 105, de 12.5.1840). O Brasil atravessou 65 anos de sua existência sob essa Constituição, sem estado de sítio, nem golpes de estado.

Com a queda do império, a instauração do Estado Federativo e o regime republicano, veio a convocação de outra *Constituinte*, para elaborar a Lei Magna do novo sistema político. Os fundadores deste eram homens, na sua maioria, de formação cultural anglo-americana, de maneira que o projeto de Constituição enviado pelo Governo Provisório ao Congresso Constituinte e que veio, afinal, a ser convertido na Constituição de 24.2.1891, tinha tido como modelo a Constituição dos Estados Unidos.

Retornava-se à divisão clássica dos poderes (três), instituía-se a temporariedade de todos os cargos eletivos; dava-se autonomia política às antigas províncias, elevadas, agora, à condição de Estados; os municípios eram também autônomos em tudo quanto respeitasse ao seu peculiar interesse; criava-se o *habeas corpus* para proteger o indivíduo sempre que ele sofresse ou se achasse na iminência de sofrer *violência ou coação por ilegalidade ou abuso de poder,* fórmula ampla, capaz de abranger a tutela de todos os direitos; e dotava-se o Poder Judiciário da atribuição, até então desconhecida em nosso continente, de empreender o controle de constitucionalidade dos atos dos demais poderes.

Também só uma emenda recebeu a Constituição de 1891, promulgada em setembro de 1926, alterando substancialmente várias partes do texto de 1891. Assim foi reduzido o *habeas corpus* a medida protetiva exclusivamente da *liberdade de locomoção*; instituiu-se o *veto parcial;* proibiu-se a inclusão na lei orçamentária de qualquer dispositivo estranho à previsão da receita e à despesa fixada para os serviços anteriormente criados, extinguindo-se, com isso, o vício das chamadas "caudas orçamentárias", a saber, disposições que, nos orçamentos, aumentavam vencimentos, criavam empregos, etc.; proibiu-se a reeleição de governadores dos Estados-membros, enumeraram-se e definiram-se os *princípios constitucionais,* cuja violação sujeitava os Estados-membros ao temido regime das intervenções federais (a falta de uma definição precisa de quais os princípios constitucionais que os Estados deviam observar, gerou, no passado, intervenções federais infelizes, como a de janeiro de 1912, que degenerou no bombardeio da capital baiana, e a de 1920, decretada por Epitácio Pessoa e que levou Rui Barbosa a escrever um livro de protesto).

Sobreviveu pouco a Constituição de 24.2.1891 à Emenda de 1926, pois quatro anos depois triunfava o movimento revolucionário que depôs o presidente da República, dissolveu o Congresso Nacional, as Câmaras e Senados estaduais e as Câmaras de Vereadores dos Municípios, entregando a chefia do Governo Provisório a Getúlio Vargas, com poderes discricionários. O ditador, pressionado pela opinião dominante em variados círculos sociais, políticos e militares, marcou para maio de 1933 a eleição de uma Assembléia Constituinte, à qual enviou um projeto de Constituição elaborado por uma comissão de juristas, cujas reuniões se davam no Palácio do Itamarati, sede do Ministério das Relações Exteriores, e que por isso ficou conhecida como a *Comissão do Itamarati*. Nomeada pelo Governo, compunham-na: Afrânio de Melo Franco (presidente), Carlos Maximiliano (relator-geral), Assis Brasil, Antônio Carlos, Prudente de Morais Filho, João Mangabeira, Agenor de Roure, Artur Ribeiro, José Américo, Osvaldo Aranha, Oliveira Viana, Góes Monteiro e Temístocles Cavalcanti.

A 16.7.34 a Assembléia Constituinte promulgou a segunda Constituição federativa republicana, que teria a mais breve duração dentre as muitas constituições já postas em vigor no Brasil. Suas características mais salientes eram as seguintes: unificou o Direito processual (que antes cabia aos Estados-membros), fixou em 11 o número de ministros do Supremo Tribunal Federal, que chamou Suprema Corte; instituiu a Justiça do Trabalho e a representação profissional, sendo cinco as profissões: lavoura e pecuária, indústria, comércio e transportes, profissões liberais e funcionários públicos; introduziu todo um capítulo sobre a *Ordem Econômica e Social;* instituiu o *mandado de segurança* para a defesa de direito certo e incontestável, ameaçado ou violado por ato manifestamente inconstitucional ou ilegal de qualquer autoridade, com o mesmo processo do *habeas corpus;* deu ao Senado Federal a atribuição de suspender a execução, no todo ou em parte, de qualquer lei ou ato, deliberação ou regulamento, quando houvessem sido declarados inconstitucionais pelo Poder Judiciário; instituiu a Justiça Eleitoral, como órgão integrante do Poder Judiciário, o voto secreto e o voto feminino; criou o regime da propriedade das minas e demais riquezas do subsolo como propriedade distinta da do solo para o efeito de exploração ou aproveitamento industrial; estabeleceu normas para a legislação do trabalho, enumerando uma série de direitos dos trabalhadores; deu preceitos protetores da família e da educação, regulou o regime jurídico dos funcionários públicos; e introduziu a novidade de serem os pagamentos devidos pela Fazenda Pública, em virtude de sentença judiciária, feitos na ordem de apresentação dos precatórios e à conta dos créditos respectivos, proibida a designação de caso ou pessoas nas verbas legais (a omissão disso, no regime anterior, deu margem a muitos e graves incidentes, gerados por desrespeito do Executivo a decisões dos Tribunais sobre dívidas da União e dos Estados).

A única Emenda à Constituição de 16.7.34 foi promulgada em 18.12.35, dividida em três partes, dispondo: 1) que a Câmara dos Deputados, com a colaboração de Senado Federal, poderia autorizar o presidente da República a declarar a comoção intestina grave, com finalidades subversivas das instituições políticas e sociais, equiparada ao estado de guerra em qualquer parte do território nacional; 2) cominando a perda de patente e posto, por decreto do Poder Executivo, ao oficial da ativa, da reserva ou reformado que praticasse ato ou participasse de movimento subversivo das instituições políticas e sociais; 3) demissão do funcionário civil, ativo ou inativo, em situação idêntica.

Mas, já em 10.11.37, era o Congresso Nacional dissolvido, bem como fechadas as Assembléias Legislativas dos Estados e Câmaras Municipais, e outorgada nova Constituição pelo então presidente da República que passou a exercer, pela segunda vez, uma ditadura.

A nova Constituição elevou o presidente da República ao nível de *autoridade suprema do Estado,* deu-lhe a prerrogativa de dissolver a Câmara dos Deputados, de decretar o estado de guerra e o estado de emergência e lhe assegurava imunidade processual durante o exercício de suas funções, por atos a estas estranhos; não incluiu o *mandado de segurança* entre as garantias constitucionais e dispunha que deveria ser submetida a *plebiscito nacional,* pela forma que o presidente da República regulasse, mas sem fixar prazo para a realização desse plebiscito. Por outro lado, dispunha ainda que, enquanto não se reunisse o Parlamento Nacional (para o que também não ficou prevista data alguma), o presidente da República teria o poder de expedir decretos-leis sobre todas as matérias da competência legislativa da União.

Assim, portanto, a Constituição, que ficou pendente de aprovação plebiscitária, não chegou a ser aplicada, salvo para concentrar nas mãos do presidente da República, por tempo indefinido e a seu exclusivo arbítrio, os Poderes Legislativo e Executivo. Curioso preceito dava ainda ao presidente da República a faculdade de submeter ao exame do Parlamento a lei declarada inconstitucional pela maioria absoluta de votos da totalidade dos juízes dos tribunais, que ele considerasse necessária ao bem-estar do povo, à promoção ou defesa do interesse nacional. Se o Parlamento confirmasse a lei, ficaria sem efeito a decisão do Tribunal, com o que reduzia a quase nada o controle judicial de constitucionalidade das leis.

Foi necessário depor o chamado chefe do "Estado Novo", entregar o poder, provisoriamente, ao presidente do Supremo Tribunal Federal e convocar nova *constituinte,* para que o país retomasse o regime democrático. Com ela os Estados-membros voltaram a gozar da autonomia política que vinha da Lei Magna de 24.2.1891 e os municípios tiveram também assegurada a sua autonomia, pela eleição de seus prefeitos e vereadores e pela administração própria, em tudo quanto respeitasse a seu peculiar interesse, especialmente à decretação e arrecadação dos tributos de sua competência e à aplicação de suas rendas, bem como à organização dos serviços públicos locais; incluiu-se a justiça do Trabalho entre os órgãos do Poder Judiciário; restabeleceu-se a garantia do mandado de segurança; deu-se ao Supremo Tribunal Federal o poder de declarar a inconstitucionalidade da lei *em tese,* nos casos de representação do procurador-geral da República contra ato ofensivo de qualquer dos princípios enumerados no artigo 7º, VII; criou o Tribunal Federal de Recursos; deu ao Senado Federal a atribuição de suspender a execução, no todo ou em parte, de lei ou ato declarados inconstitucionais por decisão definitiva do Supremo Tribunal Federal; ampliou o elenco de preceitos reguladores da legislação trabalhista e previdenciária, reconheceu o direito de greve e a liberdade sindical, fixou as regras básicas do regime jurídico do funcionário público e a revisão dos proventos da inatividade sempre que, por motivo de alteração do poder aquisitivo da moeda, se modificassem os vencimentos dos funcionários em atividade; estabeleceu a norma de que os tributos teriam caráter pessoal, sempre que possível, e seriam graduados conforme a capacidade econômica do contribuinte.

A Constituição de 1946 recebeu 18 emendas, algumas promulgadas já depois de vitorioso o movimento revolucionário de 31.3.64. Este veio depois a elaborar um novo projeto constitucional, que, enviado ao Congresso para isso especialmente convocado, se converteu na Constituição de 15.3.67, que recebeu muitas emendas, a principal das quais, sob n. 1, promulgada pela Junta Militar (ministros da Marinha de Guerra, do Exército e da Aeronáutica Militar) a 17.10.69, teve início de vigência em 30 de outubro do dito ano.

Antes dela, o Comando Supremo da Revolução editou o AI-1, de 9.4.64, que manteve a Constituição de 1946 com as modificações por ele introduzidas. Assim é que: 1) estabeleceu a eleição indireta pelo Congresso Nacional, do presidente da República que completaria o mandato em curso; 2) ampliou a competência do presidente da República, permitindo-lhe propor emendas à Constituição e enviar projetos de leis sobre qualquer matéria, os quais deveriam ser apreciados em 30 dias para cada uma das Casas do Congresso Nacional, sob pena de aprovação pelo decurso do prazo; 3) concedeu aos comandantes-em-chefe até a posse do novo presidente e a este durante 60 dias o poder de cassar mandatos eletivos e suspender direitos políticos; excluía a apreciação judicial de tais atos; 4) suspendeu por seis meses as garantias constitucionais de vitaliciedade e estabilidade, podendo haver aposentadorias e reformas com base em investigações sumárias.

Já no governo revolucionário do presidente Castelo Branco, este editou mais três *Atos Institucionais*. O de número 2 (AI-2), de 27.10.65, entre outras coisas, aumentou para 16 o número de juízes do Supremo Tribunal Federal e de nove para 13 o de juízes do Tribunal Federal de Recursos; restabeleceu a justiça federal de primeira instância, criada pela Constituição de 1891 e que a de 1937 suprimira; estabeleceu a eleição indireta do presidente e do vice-presidente da República, por maioria absoluta do Congresso Nacional; deu ao presidente da República o poder de cassar mandatos eletivos e suspender direitos políticos por dez anos; e extinguiu os partidos políticos. O AI-3, de 5.2.1966, tornou indiretas as eleições de governadores e vice-governadores dos Estados e nomeáveis pelos governadores os prefeitos das capitais dos Estados. O AI-4, de 7.12.66, convocou o Congresso Nacional para discutir, votar e promulgar, entre 12.12.66 e 24.1.67, o projeto de Constituição apresentado pelo presidente da República, de acordo com as normas ali prescritas.

A Constituição de 1967, na sua forma primitiva, fortaleceu o Poder Executivo, dando ao presidente da República, como admite Temístocles Cavalcanti, o comando da estrutura política, administrativa e até legislativa do poder federal. Fortaleceu igualmente a União, que passou a ter ampla ingerência também nas finanças estaduais, através do sistema de *fundos*, cuja aplicação ela planejava e fiscalizava.

A EC-1, de 17.10.69, ampliou a força do Executivo, suprimiu a atribuição de o vice-presidente da República presidir o Congresso Nacional, reduziu as prerrogativas dos parlamentares, deu vigência simultânea e transitória ao AI-5 com a Constituição, além de outras inovações. A 5.10.1988 entrou em vigor a nova Constituição da República Federativa do Brasil.

49. O Controle de constitucionalidade das leis

O controle de constitucionalidade, ou poder de revisão judicial, ou ainda controle jurisdicional, consiste no poder dado aos juízes e tribunais de apreciar a conformidade das leis ou dos atos normativos, federais ou estaduais, com a Constituição do país e de negar-lhes aplicação aos casos concretos, quando inexistir essa conformidade. Esse poder decorre, segundo muitas opiniões, do princípio, que é fundamental em nosso ordenamento jurídico, da supremacia da Constituição sobre todos os demais atos legislativos. A Constituição está acima de quaisquer regras jurídicas, porque procede do Poder

Constituinte, a manifestação mais poderosa e fundamental da soberania da nação, segundo Francisco Campos, ou o poder que dá começo à ordem jurídica, ou destrói uma ordem jurídica vigente e funda uma nova. Abaixo ficam o Poder de Reforma ou de Revisão, por ele regulado, e os Poderes Constituídos.

A inconstitucionalidade pode *ser formal* e *material:* a verificação abrange os requisitos formais e substanciais da lei ou do ato. Noutras palavras, o juiz pode examinar se o órgão elaborador da lei era competente ou se na elaboração da lei ou do ato normativo foram cumpridas as formalidades constitucionais, bem como se há ofensa a direito ou garantia constitucional. A Constituição funciona como o metro, a medida suprema da regularidade jurídica.

O controle de constitucionalidade caberá aos juízes, por disposição explícita da Constituição, ou pode derivar de seu sistema, isto é, achar-se subentendido.

Sendo a Constituição a base do Direito positivo, imodificável por lei de qualquer categoria, toda lei que esteja em desacordo com ela deixa de ser verdadeiramente uma lei e, assim, não obriga. O Judiciário é que faz esse exame e decide se aplica a lei violadora da Constituição ou se fica com esta, negando execução, *in casu,* à lei com ela incompatível.

Isso foi dito pela primeira vez em 1803, por John Marshall, juiz da Suprema Corte norte-americana, no famoso litígio entre o cidadão William Marbury (nomeado juiz de paz no fim do governo de John Adams, mas não empossado pelo governo seguinte, de Thomas Jefferson) e Madison (secretário do Estado). Marbury pediu um *writ of mandamus,* para compelir Madison a dar-lhe o título de nomeação e mantê-lo no cargo. Este episódio judicial sem maior importância foi o pretexto para Marshall, pouco antes investido na presidência da Suprema Corte, ventilar uma tese inédita nos anais forenses norte-americanos: a de poder a Suprema Corte, guarda da Constituição, declarar inválida uma lei federal a ela contrária. No caso, a lei federal era a de organização judiciária, de 1789, que dispunha também sobre a competência originária da

Suprema Corte, ao passo que, segundo o juiz, a fonte única daquela competência era a Constituição, que não previa a hipótese. "Certamente", disse ele, no curso de seu voto, "todos os que têm fundado Constituições escritas contemplam-nas como formadoras de Direito fundamental e supremo da nação, e, conseqüentemente, abraçam a teoria de que cada governo deve aceitar que uma lei ordinária em conflito com a Constituição é inoperante. Esta teoria é essencialmente una à Constituição escrita e deve, portanto, ser considerada por esta Corte, como um dos princípios fundamentais de nossa sociedade. Não devemos, portanto, perdê-lo de vista em posteriores considerações desse assunto" (Cf. Carl Brent Swisher, *Decisões históricas da Corte Suprema*, trad. de Arlete P. Centurion)[2], Rio de Janeiro, Forense, 1964.

A lei, nessa parte, era nenhuma, não obrigava à Suprema Corte, com o que Marshall dava começo à *supremacia judicial* no sistema político do país. Nunca se refutou – disse anos

---

2. Se Marshall e a Corte apoiassem Marbury – observa um escritor americano sobre o episódio – condenassem a entrega do título de nomeação, a ordem seria seguramente ignorada por Madison, a corte se mostraria como impotente para fazer cumprir seus mandados, o abalo do prestígio judicial ficaria dramaticamente evidenciado (*the shakiness of judicial prestige would be dramatically emphasized*). Se, pelo contrário, não apoiassem Marbury, dariam ajuda e alento a Jefferson e poderia parecer que favoreciam sua denúncia das "nomeações da meia-noite". Mas, Marshall estava preparado para a ocasião e afirmou que o título de Marbury estava sendo ilegalmente recusado pela administração jeffersoniana e que um mandado podia ser expedido contra um funcionário do governo que faltasse ao seu dever. Contudo, a Suprema Corte não era o tribunal indicado para socorrer Marbury com um remédio no caso, porque não tinha o poder de expedir mandados em emergências daquela espécie. Certo é que a Secção 13 da Lei Judiciária de 1789 parece conferir à Corte tal poder, mas essa cláusula é de si mesma inválida. Porque a jurisdição original da Corte está definida na Constituição e um ato legislativo como esse, que amplia a jurisdição original é, por conseguinte, inconstitucional. E uma lei inconstitucional é nula e deve ser assim declarada pela Suprema Corte. Marbury, portanto, devia procurar alhures proteção para sua justa queixa – com os melhores votos da Corte (Cf. Robert G. Mc Closkey, *The American Supreme Court*, The University of Chicago Press, Chicago & London, 1967, p. 41),

depois outro juiz da Suprema Corte – *o raciocínio exposto pelo magistrado presidente Marshall ao formular a sentença da Corte:* "Os poderes do Legislativo são definidos e limitados; e para que esses limites não possam confundir-se e esquecer-se, a Constituição é uma constituição escrita. Com que finalidade se limitariam os poderes e com que propósito se teriam posto essas limitações por escrito, se esses limites pudessem, em qualquer ocasião, ser ultrapassados pelas pessoas mesmas a quem a Constituição quer obrigar?... É demasiado claro para que se possa discutir que ou a Constituição está acima de qualquer norma legislativa em desacordo com ela ou o legislativo pode modificar a Constituição por uma lei ordinária. Entre estas duas alternativas não há meio termo. Ou a Constituição é uma norma superior e suprema e não pode ser alterada pelos meios ordinários, ou está no mesmo nível das disposições legislativas ordinárias e, como elas, pode ser alterada, quando isso aprouver ao legislativo... Se uma lei aprovada pelo legislativo, contrária à constituição, é nula, poderá, não obstante sua invalidez, obrigar os tribunais, forçando-os a pô-la em prática?... A obrigação e o dever do judiciário é, sem nenhuma dúvida, declarar o direito... Assim, pois, se uma lei entra em conflito com a Constituição, se tanto essa lei como a Constituição são aplicáveis a um caso particular, de tal modo que a Corte deva decidir o caso segundo a lei, afastando-se da Constituição, ou segundo a Constituição, – afastando-se da lei, a Corte deve determinar qual destas duas normas contraditórias em conflito é aplicável ao caso. Isto é da própria essência do dever dos juízes" (Charles Evans Hughes, *La Suprema Corte de Estados Unidos,* versão espanhola de Roberto Molina Pasquel, México, Fondo de Cultura Económica, 1946).

Efeito da declaração de inconstitucionalidade – Para muitos autores, a lei (ou o ato normativo) declarada inconstitucional é nula. Nos autos das ações cíveis dos reformados e demitidos pelos decretos florianistas de 7 a 12.4.1892, em que sustentou pela primeira vez, no foro brasileiro, o poder dado ao Judiciário de recusar a aplicação a leis inconstitucionais, disse Rui Barbosa que três eram "os dogmas fundamentais de nosso direito político: o de que os atos inconstitucionais do Congresso, ou do Poder Executivo, são nulos; o de que sua nulidade se autentica pelos tribunais; o de que, pronunciada pelos tribunais, a nulidade abrange toda a existência do ato, retroagindo até sua decretação, e obliterando-lhe todos os efeitos".

Também aí, ao contrário do que mais tarde afirmaria Kelsen, disse que o papel do tribunal é apenas *declaratório*. Segundo Kelsen, *"uma* norma pertencente a uma ordem jurídica não pode ser nula, mas, apenas, pode ser anulável", tendo a anulabilidade diferentes graus. Uma norma jurídica – diz ainda ele – em regra, somente é anulada com efeitos para o futuro, por forma que os efeitos já produzidos, que deixa para trás, permanecem intocados. Mas também pode ser anulada com efeito retroativo, por forma tal que os efeitos jurídicos que ela deixou atrás de si sejam destruídos. Não é, portanto, correto o que se afirma quando a decisão anulatória da lei é designada como "declaração de nulidade", quando o órgão que anula a lei declara na sua decisão essa lei como "nula desde o início" *(ex tunc)*. A sua decisão não tem caráter simplesmente declarativo, mas constitutivo (Hans Kelsen, *Teoria Pura do Direito*, cit., vol. II). Mais tarde, em *Judicial Review of legislation* (citado por Cossio em *La Teoría Egológica del Derecho y el Concepto Jurídico de Libertad*, cit.), Kelsen voltou a dizer: "Dentro de um sistema de Direito positivo não há nulidade absoluta. Não é possível caracterizar um ato, que se apresenta a si mesmo como um ato jurídico, como nulo *a priori* (inválido *ab initio*). Só é possível uma anulação de tal ato; o ato não é inválido, só é invalidável. Pois a afirmação de que um ato é nulo não é possível sem outra afirmação que responda à questão sobre quem é competente para estabelecer a nulidade do ato. Desde que a ordem jurídica – para evitar a anarquia – faculta a certas autoridades estabelecer se um ato é ou não nulo, essa decisão tem sempre um caráter constitutivo, não-declaratório. O ato é "nulo" somente se a autoridade competente o declara nulo. Essa declaração é um anulamento, uma invalidação. Antes dessa declaração o ato não é nulo, pois ser "nulo" significa juridicamente não-existente. E o ato tem que existir juridicamente, se ele pode ser objeto de um julgamento por uma autoridade. A anulação pode ser de efeito retroativo, isto é, anular o ato com vigência retroativa...". Na opinião do constitucionalista Manoel Gonçalves Ferreira Filho, a solução dada por Kelsen é mais aceitável, à luz do disposto no artigo 42, VII, da Constituição de 1969 (V. o seu *Curso de Direito constitucional*, São Paulo, 1967, p. 32). No seu modo de entender a distinção kelseniana, esta "não impede de corroborar a lição da doutrina tradicional, desde que se entenda que ato nulo é o anulável *ex tunc*, que, portanto, não produz efeitos válidos, e é insuscetível de convalidação (Manoel Gonçalves Ferreira Filho, *Do processo legislativo*. Em acórdão unânime de 31.5.77 (Cf. RTJ-82, p. 179), ao julgar o RE 79.343, da Bahia, a segunda turma do STF acolheu a doutrina do voto do relator, Ministro Leitão de Abreu, relativamente à natureza *constitutiva e não declaratória* de decisão que proclama a inconstitucionalidade de lei: "(...) a lei inconstitucional", diz ele, "é um fato eficaz, ao menos antes da determinação da inconstitucionalidade, podendo ter conseqüências que não é lícito ignorar". Mas a nulidade da lei inconstitucional é hoje afirmada pelo Supremo Tribunal Federal.

Espécies de controle – O controle de constitucionalidade pode ser *preventivo* ou *repressivo*. O primeiro se efetiva antes de ser promulgada a lei, como na França. Pela Constituição gaulista, de 4.10.58, artigo 61, "as leis orgânicas, antes de sua promulgação, e os regulamentos das assembléias parlamentares, antes de sua aplicação, devem ser submetidas ao Conselho constitucional que se pronuncia sobre sua conformidade com a Constituição". Prescreve, ainda, que "uma disposição declarada inconstitucional não pode ser promulgada nem posta em execução", sendo irrecorríveis as decisões do Conselho constitucional que se impõem a todas as autoridades administrativas e jurisdicionais (art. 62).

Esse Conselho constitucional, porém, é um órgão político, composto de nove membros com mandato temporário, sem a necessária independência, talvez, para declarar o mais grave vício de um ato governamental. No Brasil, equivale ao controle prévio ou preventivo o veto do presidente da República ao projeto aprovado pelo Congresso Nacional que lhe pareça inconstitucional ou contrário ao interesse público (Constituição de 1988, art. 66, § 1º).

Em alguns ordenamentos, admite-se o controle judicial dos projetos de lei ou de propostas de emenda constitucional, além do das leis, como na Irlanda, Baviera, em Baden, no Panamá, etc. (Cf. Nélson Sampaio, *O Poder de Reforma constitucional*, cit., p. 69).

O *controle repressivo* ou *a posteriori* é o que se faz depois de publicada a lei, podendo ser *político* ou *judicial*. Este último é feito por qualquer juiz ou por órgãos integrantes do Poder Judiciário, ou, apenas, pelo mais alto destes, como se dá no Japão, Chile e Alemanha Ocidental, onde se não admite possa um órgão subordinado do Poder Judiciário recusar aplicação a uma lei. Na Alemanha Ocidental, isso incumbe a um *Tribunal Constitucional*, cuja sentença declaratória de inconstitucionalidade tem força de lei. Na Itália, quem o faz é também uma *Corte Constitucional*, e não qualquer juiz ou tribunal. Pelo artigo 136 da Constituição italiana de 1948, quando a Corte declara a ilegitimidade constitucional de uma norma legal ou de ato com força de lei, a norma deixa de ter eficácia a partir do dia seguinte à publicação do julgado.

Se alguém, no curso de um processo ante um Tribunal italiano comum, argúi a questão da inconstitucionalidade, o juiz deve suspender o processo em curso e enviar a questão à Corte Constitucional, de acordo com uma lei constitucional de 9.2.48, n. 1. Referindo-se ao regime italiano de declaração de inconstitucionalidade das leis, tem dúvida Del Vecchio sobre se não teria sido mais conveniente atribuir a cada cidadão a faculdade de promover o processo de legitimidade constitucional e se a competência para semelhante processo não poderia ser deferida, em vez de a um Tribunal especial, à magistratura ordinária ou ao seu órgão supremo, a "Corte di Cassazione", ou ao Conselho de Estado (Giorgio Del Vecchio, *Lições de Filosofia do Direito*, cit., vol. II).

No Brasil, tal como no sistema norte-americano que, inicialmente, tomou como modelo, qualquer juiz ou tribunal pode (e deve), ao decidir um litígio (decisão *incidenter tantum*), recusar aplicação a uma lei incompatível com a Constituição. Não só os juízes em geral, também a própria Administração é livre de recusar obediência a uma lei a seu juízo manifestamente contrária ao texto constitucional. Assim é hoje o ponto de vista da Consultoria Geral da República, apoiado em jurisprudência do Supremo Tribunal Federal. Os tribunais, contudo, só pelo voto da maioria absoluta de seus membros poderão declarar a inconstitucionalidade de lei ou ato normativo do Poder Público (art. 97, da Constituição de 1988).

Meios de obter a declaração de inconstitucionalidade da lei – O vício de inconstitucionalidade da lei pode ser argüído por *via de exceção ou por ação*. O nosso sistema consagra, de certo tempo a esta parte, os dois meios, como resumidamente mostraremos no capítulo seguinte. A princípio, não havia ação para obter *diretamente* a declaração de inconstitucionalidade de uma lei. Declarar nula uma lei inconstitucional não podia ser, em hipótese nenhuma, *conclusão da sentença e objeto do julgado, mas consideração fundamental da sentença*, conforme explicava Rui Barbosa, o pioneiro da matéria no foro brasileiro e seu introdutor no texto constitucional (são do punho de Rui os textos das emendas ao Projeto do Governo Provisório, que se converteram nos artigos 59, 2, e § 1º, *a* e *b*, 60, *a*, ambos da Constituição de 24.2.1891 – sede da competência do Supremo Tribunal Federal e dos juízes e tribunais para a declaração de inconstitucionalidade das leis – conforme se verifica em *Obras Completas de Rui Barbosa*, vol. XVII, 1890, t. I, *A Constituição de 1891*, Rio de Janeiro, MEC, 1948). A argüição se dava, no curso de um litígio, como defesa do titular do direito lesado ou ameaçado de lesão, e continua sendo assim. A declaração de inconstitucionalidade se fazia, e ainda se faz, quando dela depende o julgamento do caso: é uma questão *prejudicial*. O judiciário limita-se a negar aplicação à lei considerada inconciliável com a Constituição. Julga *in casu*, sua decisão tem efeito apenas, entre as partes e a lei continua em vigor.

Regulando o disposto na Constituição de 1891, dispunha a Lei 221, de 20.11.1894, no artigo 13, parágrafo 10: "Os juízes e tribunais apreciarão a validade das leis e regulamentos e deixarão de aplicar aos casos ocorrentes as leis manifestamente inconstitucionais e os regulamentos manifestamente incompatíveis com as leis e com a Constituição". Só muito mais tarde, a partir do regime constitucional de 1946, adotamos a *ação direta* de declaração de inconstitucionalidade.

Origem do controle de constitucionalidade – Variam as opiniões a respeito de saber de onde deriva o controle de constitucionalidade das leis. Num arrazoado forense de 1910, onde amplamente voltou a discutir esse tema que pela primeira vez tinha exposto, quando das ações cíveis dos reformados e demitidos pelos decretos florianistas de 7 a 12.4.1892, disse Rui Barbosa que "a verificação da constitucionalidade das leis pelos tribunais de justiça não é da substância das constituições *escritas*. Provam-no, com uma exceção apenas, e esta assaz limitada, todas as constituições do outro continente, desde a França até ao Japão, e algumas do nosso. Mas é da essência das *constituições federativas* que, neste regime, alheia à zona da ação política, a imparcialidade judiciária fiscalize a linha constitucional de respeito entre a soberania da União e a autonomia dos Estados" (O *Direito do Amazonas ao Acre setentrional*, I vol., Rio de Janeiro, Tipografia do Jornal do Comércio de Rodrigues & Cia., 1910).

Uns autores entendem que a Federação e o presidencialismo são atributos que facilitam a adoção do controle jurisdicional. Para Afonso Arinos de Meio Franco *(Curso de Direito constitucional brasileiro*, cit., vol. I, p. 79) o controle jurisdicional é conseqüência lógica da Constituição *escrita* e da independência do Poder Judiciário, embora sem aplicação uniforme nos países que adotam esses dois princípios constitucionais, como, por exemplo, a França.

Outros acham que resulta da distinção entre Constituição rígida e Constituição flexível, entre Poder Constituinte originário e Poder Constituinte derivado. C. A. Lucio Bittencourt nega-o, invocando exemplos de países de Constituição *escrita e rígida,* onde não há esse controle.

50. Papel do Supremo Tribunal Federal no controle de constitucionalidade das leis

A Constituição monárquica desconheceu totalmente a função judicial de controle de constitucionalidade das leis. Ela dava ao Poder Legislativo a atribuição de *velar na guarda da Constituição* (art. 15, n. 9), e *interpretar as leis* – duas atribuições que com o sistema federativo se transferiram para o Poder Judiciário. Conta-se que indo Salvador de Mendonça e Lafaiete Pereira, em julho de 1889, cumprir missão oficial nos Estados Unidos, Dom Pedro II lhes recomendou: "Estudem com todo o cuidado a organização do Supremo Tribunal de Justiça, de Washington. Creio que nas funções da Corte Suprema está o segredo do bom funcionamento da Constituição norte-americana. Quando voltarem, haveremos de ter uma conferência a este respeito. Entre nós, as coisas não vão bem, e parece-me que se pudéssemos criar aqui um tribunal igual ao norte-americano, e transferir para ele as atribuições do Poder Moderador da nossa Constituição, ficaria esta melhor. Dêem toda atenção a este ponto."

Em entrevista que escreveu para *O imparcial*, do Rio, em 25.2.14, Rui Barbosa atribuiu ao obscurecimento da inteligência do imperador pela enfermidade de que então padecia, *a esdruxularia de transferir a um tribunal judiciário a missão confiada pela Carta de 1824 ao Poder Moderador (Cf. Obras Completas de Rui Barbosa*, cit., vol. XL, t. V). Contudo, até certo ponto, ele entendia a Justiça Federal como um *"terceiro poder harmonizador, moderador,* sem outra autoridade, nenhuma, senão aquela que nos baixa da origem divina, a autoridade da razão, da justiça e do Direito, que se impõe sem armas, sem funcionários, sem força armada, que atua pela energia congênita de sua autoridade moral", como disse em discurso ao Senado, de 6.6.02. O regime político, de que foi um dos principais artífices, criou o STF por Decreto de 26.2.1891, e instalou-o dois dias depois, sob a presidência do ministro Visconde de Sabará, um dos que vinham do antigo Supremo Tribunal de Justiça monárquico. O Supremo Tribunal Federal foi instituído com o poder de, mediante recurso extraordinário, declarar inválido um ato do Legislativo ou do Executivo quando incompatível com a Constituição, cuja guarda assim lhe cabia.

O mecanismo do controle de constitucionalidade funciona hoje como, simplificadamente, a seguir, explicamos.

Os feitos, em que se argúi, como fundamento da defesa de um direito individual reconhecido, o conflito entre a lei ou o ato normativo e a Constituição, são julgados pelos juízes e tribunais, e estes, verificando o conflito, negam aplicação à lei ou ato inconstitucional, pondo assim a salvo o direito individual lesado ou ameaçado de lesão. A lei, entretanto, não deixa de existir, podendo continuar a ser aplicada por outros juízes. Chegando o caso ao Supremo Tribunal Federal e decidindo este, em sentença definitiva (irrecorrível), comunica a sua decisão ao Senado Federal, que, através de *resolução*, suspende a execução da lei ou ato normativo (no todo ou em parte, conforme tenha sido a sentença definitiva do Supremo Tribunal Federal). Só então a lei perde a sua eficácia, não mais podendo ser aplicada por juiz ou tribunal algum, inclusive o próprio Supremo Tribunal Federal. Esse é o controle de constitucionalidade por via de exceção, *incidenter tantum,* ou difuso.

A partir do regime constitucional de 1946 começou a existir também o controle *por via de ação direta.* A princípio, dava-se apenas em relação às leis *estaduais ofensivas* de algum dos princípios constitucionais enumerados no artigo 7º/VII, da Constituição, caso em que caberia ao procurador-geral da República submeter o ato argüido de inconstitucionalidade ao exame do STF, mediante o que se denominou de *representação* (art. 8º, parágrafo único). Esta é a hoje chamada *representação interventiva,* que possibilita ao presidente da República suspender a execução do ato impugnado.

Mais tarde, a EC-16, de 26.11.65, estendeu esse controle também às leis federais, matéria hoje regulada no artigo 102, I, *a,* da Constituição de 1988. Como relator do RE 72.810-PE, julgado pelo STF (Pleno), por unanimidade, aos 14.3.73 (Cf. RTJ 66/174), incorreu o Ministro Bilac Pinto em equívoco, quando disse que "a partir da Constituição de 1967, foi incorporada ao nosso Direito constitucional modalidade específica e limitada de controle de constitucionalidade por via de ação direta". Disse mais S. Exa.: "Com efeito, aquela Constituição (art. 114, 1, *l*) estabeleceu a competência originária do Supremo Tribunal Federal para julgar representação do procurador-geral da República sobre a inconstitucionalidade de lei ou ato normativo federal ou estadual, o que significa a adoção de controle de constitucionalidade *por via de ação direta*" (grifos da transcrição).

Não se lembrou S. Exa. de que a EC-16, de 26.11.65, modificara o artigo 101, 1, da Constituição de 1946, dando a seguinte redação à letra *k:* "a representação contra inconstitucionalidade de lei ou ato de natureza normativa, federal ou estadual, encaminhada pelo Procurador-Geral da República".

Na *via de ação direta*, o controle de constitucionalidade é feito *in abstracto* (exame da lei *em tese)*, não tendo como pressuposto um litígio entre partes, ou conflito de interesses a ser resolvido pela sentença. Noutras palavras, independe de um direito individual lesado, de relação jurídica litigiosa. Além disso, só o procurador-geral da República tem legitimidade ativa para submeter à apreciação do STF a lei ou ato normativo inconciliável com a Constituição, e, por fim, cabe privativamente ao STF processar e julgar a representação do procurador-geral da República, tendo a sua sentença efeito *erga omnes*. No regime da Constituição de 1967, existia ainda a denominada *ação direta interventiva,* reguladora da intervenção dos Estados nos municípios, de que era titular o chefe do Ministério Público local, para assegurar a observância dos princípios indicados nas Constituições estaduais, bem como para prover a execução de lei ou de ordem, ou decisão judiciária, nos termos do artigo 15, parágrafo 3º, *d*, da CF. A representação do procurador-geral da Justiça, em tais casos, é condicionante da intervenção no município e o seu objeto é a declaração de inconstitucionalidade da *lei municipal* por contrária a princípio indicado na *Constituição do Estado*. O órgão competente para processá-la e julgá-la é o TJ do respectivo Estado. Nessa representação, não se cogita de declaração de inconstitucionalidade, *em tese*, de lei municipal por infringente da Constituição Federal, pois para tanto o MP estadual carece de ação e o TJ, de competência, em face da inextensibilidade do artigo 119, 1, *l*, da CF, como decidiu o STF no RE 92.287-PR, em 1980. Inconstitucionalidade de lei em tese, por infringência da Constituição Federal, só o STF pode declarar, precedendo representação do procurador-geral da República.

Nos termos do artigo 103 da Constituição de 5.10.88, podem propor ante o STF a ação de inconstitucionalidade (cujo titular único era anteriormente o procurador-geral da República) o presidente da República, a Mesa do Senado Federal, a Mesa da Câmara dos Deputados, a Mesa da Assembléia Legislativa, o governador de Estado, o procurador-geral da República, o Conselho Federal da Ordem dos Advogados do Brasil, partido político com representação no Congresso Nacional e confederação sindical ou entidade de classe de âmbito nacional.

A defesa da norma legal ou do ato normativo, na ação de inconstitucionalidade, passou, em tese, a caber ao advogado-geral da União, cuja citação previamente se fará e o procurador-geral da República terá de ser ouvido aí e em todos os processos de competência do Supremo Tribunal Federal. A Constituição vigente criou também a figura da inconstitucio-nalidade por omissão (§ 2º do art. 103) e a ação declaratória de constitucionalidade (Emenda Constitucional n. 3/1993).

Quanto à inconstitucionalidade de leis ou atos normativos estaduais ou municipais, *em face da Constituição estadual*, a respectiva representação ao Tribunal de Justiça, que, anteriormente, era da competência exclusiva do Chefe do Ministério Público, agora terá de caber a mais de um órgão. É o que prescreve o artigo 125, parágrafo 2º, da Constituição de 1988, *in verbis:* "Cabe aos Estados a instituição de representação de inconstitucionalidade de leis ou atos normativos estaduais ou municipais em face da Constituição estadual, vedada a atribuição da legitimação para agir a um único órgão".

Uma vez declarada a inconstitucionalidade de uma lei ou ato normativo por decisão definitiva do STF, e depois de passar em julgado, segue-se o envio de uma cópia autêntica do acórdão respectivo, pelo presidente do Supremo Tribunal, ao presidente do Senado Federal, para o efeito do artigo 42, VII, da Constituição, a saber, para que seja suspenso no todo ou em parte (conforme a sentença), a execução da lei ou decreto em causa (art. 180 do Regimento interno do STF)[3].

A suspensão da execução da lei ou ato normativo, que o Senado determina por meio de *resolução*, não revoga a lei, mas é como se o fizesse, pois nenhuma autoridade judicial ou administrativa, daí por diante, pode aplicá-la; a lei não mais incide, perde para sempre a eficácia. "Suspender a execução de uma lei ou decreto, no todo ou em parte, é cassar-lhe definitivamente a eficácia. A lei não mais obriga" (Alfredo Buzaid, *Da ação direta de declaração de inconstitucionalidade no Direito brasileiro*, São Paulo, Saraiva, 1958, p. 88). Já no regime anterior dizia Rui que a lei declarada inconstitucional continuava a figurar no quadro geral das leis, mas *ferida de morte*. Examinando o tema à luz do papel desempenhado pela jurisprudência norte-americana, cujas lições, no particular, tinham toda aplicação ao sistema brasileiro, indagava e respondia ele: "Que é, de feito, o que sucede, quando um julgado supremo declara a inconstitucionalidade de uma lei? Essa lei deixou virtualmente *de existir* (Rui Barbosa, *O Direito do Amazonas ao Acre setentrional*, vol. I, p. 19).

---

3. Assim era quando foi escrito o presente livro mas, pouco depois, o artigo 178 do novo Regimento Interno do STF, resultante de emenda promulgada a 15.10.80, passou a regular, diferentemente, a matéria. A partir de então a comunicação ao Senado Federal, para os efeitos do artigo 52, X, da Constituição, só é feita quando a inconstitucionalidade é declarada *incidentalmente*. Nos casos de ação direta (declara inconstitucionalidade de lei *em tese*, violadora de princípio constitucional), o efeito *erga omnes* da sentença do STF opera-se com o simples trânsito em julgado independentemente da atuação de outro poder (ver, a tal propósito, RTJ 102/749).

51. Garantias da ordem jurídica. *Habeas corpus* e mandado de segurança

A aplicação do Direito positivo cabe, contenciosamente, aos órgãos do Poder Judiciário. O particular que toma a iniciativa de tornar efetivo o direito contido na relação jurídica de que é parte, comete um *ilícito*: faz justiça pelas próprias mãos – o que a ninguém é permitido, salvo nos casos legalmente previstos – ou incide no delito chamado *exercício arbitrário das próprias razões*.

O reconhecimento e a defesa dos direitos se faz, pois, judicialmente. Para tanto a ordem jurídica oferece os meios adequados, previstos no sistema de *ações e recursos*, regulado pela Constituição e pelos Códigos de Processo (civil e penal). É aí que assenta a tutela judicial de todos os Direitos públicos ou privados, das pessoas em geral. Os órgãos do Poder Judiciário dizem o que é de direito (*quid sit juris*), dando a cada um a *prestação jurisdicional* que pedir e que não podem recusar-lhe, segundo as formas instrumentais estabelecidas.

As pessoas estão protegidas, indistintamente, pelas garantias constitucionais da *igualdade perante a lei; de que ninguém será obrigado a fazer ou deixar de fazer alguma coisa senão em virtude de lei; de que a lei não prejudicará o direito adquirido, o ato jurídico perfeito e a coisa julgada;* da plenitude da *tutela judicial dos direitos;* da plenitude da *defesa,* em matéria penal e administrativa; da *legalidade da prisão;* da *contraditoriedade da instrução criminal; do respeito à integridade física e moral do detento e do presidiário;* da *afiançabilidade do delito;* da *inexistência de foro privilegiado e de juízes e tribunais de exceção.*

Tais garantias ou meios, pelos quais os direitos declarados na Constituição podem tornar-se efetivos, são completadas pelo sistema de *ações, recursos e medidas cautelares,* em funcionamento regular. Dentre as lações, uma é criação do poder constituinte, desde 25.3.1824: a *ação popular.* Já o artigo 157 da Constituição monárquica dispunha: "Por suborno, peita, peculato e concussão, haverá contra os juízes a *ação popular*, que poderá ser intentada dentro de um ano e dia pelo próprio queixoso ou por qualquer do povo, guardada a ordem do processo estabelecida na lei".

Hoje, continua a *ação popular* a ter o seu lugar no corpo da Constituição e está regulamentada pela Lei 4.717, de 29.5.65. Esse diploma é um valioso complemento da ordem jurídica, atenta a sua natureza a um tempo cautelar e restauradora de direitos da coletividade.

Como observa um dos seus analistas, ela é *preventiva* da lesão ao patrimônio público e *meio repressivo*, podendo ser proposta depois da lesão, para reparação do dano (Hely Lopes Meirelles). O artigo 5º, LXXIII, da Constituição Federal, regula mais abrangentemente a ação popular.

Por seu turno, a ação de que era titular único o procurador-geral da República é outro meio específico de nosso ordenamento jurídico, com a alta finalidade de submeter diretamente à apreciação do STF lei ou ato normativo federal ou estadual, para que este declare a sua inconstitucionalidade (exame da lei *em tese*). O procurador-geral da República pode ser provocado por autoridade ou terceiro para exercer a iniciativa da *representação*. As alterações, que a tal respeito resultaram da Constituição de 1988, foram antes apontadas.

Dentre as demais ações, duas avultam, pelo papel que desempenham na tutela dos direitos: o *habeas corpus* e o *mandado de segurança*.

No regime monárquico, o *habeas corpus* foi uma criação da lei ordinária (Código de Processo Criminal, promulgado em 1832), como remédio protetor da liberdade pessoal, tendo sido a Constituição omissa a seu respeito. No artigo 340, dizia o Código de Processo Criminal: "Todo cidadão que entender, que ele ou outrem sofre uma prisão ou constrangimento ilegal em sua liberdade, tem direito de pedir uma ordem de *habeas corpus* em seu favor." Era o *habeas corpus* simplesmente repressivo. O preventivo só veio cerca de 40 anos depois, com a Lei 2.033, de 20.9.1871.

Com a República, o *habeas corpus* ganhou feição nova, graças ao artigo 72, parágrafo 22, da Constituição de 24.2.1891, que dispunha: "Dar-se-á o *habeas corpus* sempre que o indivíduo sofrer ou se achar em iminente perigo de sofrer violência, ou coação, por ilegalidade, ou abuso de poder". De acordo com essa ampla fórmula, o instituto passava a tutelar juridicamente não só a liberdade pessoal contra prisões ou ameaça de prisões ilegais, mas ainda, outros direitos igualmente líquidos e certos, adquirindo *aquela flexibilidade dionisíaca* que foi sua característica nos primeiros tempos do novo regime, segundo o modo de ver do sociólogo Gilberto Freyre.

Antes do advento da Constituição de 1891, o decreto (lei) do governo provisório n. 848, de 11.10.1890, que organizou a Justiça Federal, dava o *habeas corpus* para proteger as pessoas contra prisão ou constrangimento ilegal em sua liberdade. A fórmula constitucional não cogitava de prisão ou de constrangimento ilegal, nem do direito de ir e vir. Ampliava a tutela do *habeas corpus,* estendendo-a a quaisquer vítimas de coação ou violência decorrentes de ilegalidade, ou abuso de poder. Que direitos, então, protegia? *Todo e qualquer direito,* segundo o autor do dispositivo do projeto do governo provisório que se converteu no artigo 72, parágrafo 22, da Constituição de 1891. Depois de elaborar uma definição de coação como "a pressão empregada em condições de eficácia contra a liberdade no exercício de um direito, qualquer que ele seja", e o de *violência* como "o uso da força material ou oficial, debaixo de qualquer das duas formas, em grau eficiente para evitar contrariar ou dominar o exercício de um direito", concluía Rui Barbosa: "Logo, o *habeas corpus* não está circunscrito aos casos de constrangimento corporal: o *habeas corpus* hoje se estende a todos os casos em que um direito nosso, qualquer direito, estiver ameaçado, manietado, impossibilitado no seu exercício pela intervenção de um abuso de poder ou de uma ilegalidade".

Durante algum tempo, essa doutrina vingou, tendo sido inúmeras as ordens de *habeas corpus* deferidas pelo STF e outros órgãos judiciários, para proteger direitos individuais incontestáveis, não relacionados com o simples direito de locomoção, direitos líquidos e certos que mais tarde vieram a ficar amparados por mandado de segurança. Uma variação do ponto de vista ampliativo de Rui foi elaborada por Pedro Lessa, juiz do Supremo Tribunal Federal. Conforme este sustentou em vários votos, sempre que a liberdade de locomoção constituísse *pressuposto* do exercício do direito lesado ou ameaçado, caberia o *habeas corpus*. A combinação dos pensamentos de Rui e Pedro Lessa acerca desse instrumento da tutela jurídica imediata dos direitos pessoais compôs a denominada "teoria brasileira *do habeas corpus*".

Pontes de Miranda *(Comentários à Constituição de 1967 com a emenda n. 1, de 1969*, vol. V, p. 289) pretende que o sentido de *personal freedom* se opunha à extrapolação que Rui sustentava, a fim de dilatar o campo de aplicação do *habeas corpus* e que a sua tese sobre a liberdade pessoal não podia apoiar-se nos elementos da história inglesa a que recorria.

Cumpre, no entanto, não esquecer que essa "extrapolação" era ditada pela lei da necessidade: necessidade de amparar, com um *remedium iuris* simples e de resultado rápido, direitos individuais indiscutíveis e que não tinham então, fora do quadro tradicional das ações comuns, outro meio de defesa, tão enérgico e eficaz. O próprio Rui Barbosa pediu e obteve *habeas corpus* para publicar, na imprensa diária, em 1914, discurso feito no Senado, anulando assim, instantaneamente, a proibição de publicá-lo, posta pela censura policial (Cf. *RSTF* 1/260-85, de 1914). Sem o *habeas corpus* entendido com essa extensão ter-lhe-ia sido impossível invalidar, prontamente, a violência de que fora vítima.

Mas a reforma constitucional de 1926, sem dar em troca nenhuma outra garantia adequada de tais direitos, alterou substancialmente a redação original do artigo 72, parágrafo 22, de maneira que o *habeas corpus* voltou a proteger unicamente a liberdade pessoal, o direito de ir e vir e ficar. Os demais direitos indisputáveis, no caso de lesão efetiva ou potencial, teriam de haver-se com os meios ordinários de defesa, o que importava em se lhes desconhecer defesa eficaz.

A fórmula de 1926 prevalece até hoje, com pequenas variações redacionais. O artigo 153, parágrafo 20, da Constituição de 1967, dizia: "Dar-se-á o *habeas corpus* sempre que alguém sofrer ou se achar ameaçado de sofrer violência ou coação em sua liberdade de locomoção, por ilegalidade ou abuso de poder. Nas transgressões disciplinares não caberá *habeas corpus*". O AI-5, de 13.12.68, enquanto vigente, suspendeu-o nos casos de crimes políticos, contra a segurança nacional, a ordem econômica e a economia popular.

O artigo 5º, LXVIII, da Constituição de 1988, suprimiu a segunda parte do dispositivo *supra*, e, inicialmente, diz *conceder-se-á*, em lugar de *dar-se-á*.

Enquadram-se, portanto, na previsão constitucional, as prisões ilegais, como as decretadas, por exemplo: 1) por juiz incompetente, 2) com base em auto de flagrante lavrado sem ouvida do condutor e das testemunhas; 3) sem flagrante; 4) em decorrência de pronúncia sem *justa causa* (por fato não-descrito como penalmente típico, isto é, por fato inócuo, indiferente à ordem jurídico-penal); 5) em virtude de crime afiançável que o juiz considere inafiançável.

Entre os casos de *constrangimento ilegal*, que o *habeas corpus* ampara, está o desarquivamento de inquérito policial e conseqüente, oferecimento e recebimento de denúncia, *sem novas provas*, segundo já decidiu o Supremo Tribunal Federal (Cf. RTJ- 63/620).

Podem-se atacar também, mediante *habeas corpus*, nulidades processuais, tais como a falta de exame de corpo de delito nos crimes de lesões corporais graves, ou o exame feito por um clínico particular, não-compromissado.

Notam-se, ainda, as seguintes características do *habeas corpus*, na sua feição contemporânea: 1) Pode ser renovado indefinidamente o pedido (não faz *coisa julgada);* 2) Das decisões denegatórias proferidas pelos tribunais federais e Tribunais de Justiça dos Estados, cabe recurso *ordinário* para o STF; 3) Se alguém comete delito sujeito a processo e julgamento perante o STF, a este compete também, processar e julgar, originariamente, o *habeas corpus* requerido (Constituição, art. 102, 1, *d*); 4) Dispensa mandato a quem o requer para outrem; 5) Não está sujeito a custas; 6) O juiz pode concedê-lo *ex officio,* uma vez apurados os seus pressupostos constitucionais; 7) Obedece a um procedimento de extrema celeridade, podendo ser pedido mesmo nos domingos e feriados. O *mandado de segurança* – Depois da reforma constitucional de 1926, o legislador sentiu a necessidade de apressar a elaboração de outra medida capaz de atender, com a mesma prontidão do *habeas corpus,* às situações jurídicas por este, na sua primeira fase, resolvidas, isto é, uma garantia que restaurasse rapidamente o direito ameaçado ou lesado, nas hipóteses não-tuteladas por *habeas corpus.* E surgiu na Constituição de 16.7.34 o *mandado de segurança,* que a Lei 191, de 16.1.36, regulamentou. Mas a Carta outorgada em 1937 o suprimiu, tendo-o contemplado, dois anos depois, o Código de Processo Civil, com algumas graves limitações (não cabia contra atos do presidente da República e seus ministros, dos governadores e interventores). A partir da Constituição de 18.9.46, voltou a ser consignado no capítulo dos direitos e garantias individuais. Hoje, o artigo 5º, LXIX, dispõe: "Conceder-se-á mandado de segurança para proteger direito líquido e certo, não amparado por *habeas corpus* ou *habeas data,* quando o responsável pela ilegalidade ou abuso de poder for autoridade pública ou agente de pessoa jurídica no exercício de atribuições do Poder Público".

Os pressupostos do *mandado de segurança* são: um direito líqüido e certo e um ato (comissivo ou omissivo) de autoridade, praticado ilegalmente ou com abuso de poder.

A *autoridade* a que se refere o texto constitucional é qualquer órgão dos Poderes Executivo, Legislativo e Judiciário, bem como os administradores ou representantes das entidades autárquicas e das pessoas naturais ou jurídicas com funções delegadas do poder público, no que entende com essas funções.

Direito *líquido e certo,* segundo o entendimento doutrinário e jurisprudencial, é o que se demonstra, de plano, por meio de documento, no instante mesmo em que é invocado, sem comportar contestação fundada e séria, e que se revela extreme de dúvidas, ambigüidades ou incertezas. Se assim não for, deixará de caber a garantia constitucional do *mandado de segurança*. Em acórdão de 9. 9.77, relatado pelo Ministro Soares Muñoz (RE 79.257-BA, in RTJ 83/130), a 1ª Turma do STF decidiu: "Direito líquido e certo é o que resulta de fato certo e fato certo é aquele capaz de ser comprovado, de plano, por documento inequívoco".

Além do *habeas corpus*, como antecedente histórico do *mandado de segurança*, pode-se apontar o interdito clássico de *manutenção de posse*. Ambos foram utilizados, em período memorável da experiência jurídica brasileira, para a proteção e defesa do que hoje se denomina *direito líqüido e certo* não amparado por *habeas corpus*. Falando ao Congresso Nacional (discurso de 5.6.02), disse Rui Barbosa, precursor do chamado *remédio heróico* de hoje: "E pergunto eu, Senhores, que remédio me dais, que remédio me dará o Congresso contra certos atos inconstitucionais do Governo, contra certos atos inconstitucionais do Poder Legislativo, se me não der o mandado de manutenção?".

Segundo a Constituição de 1988, conceder-se-á também o mandado de segurança coletivo, que pode ser impetrado por partido político com representação no Congresso Nacional, por organização sindical, entidade de classe ou associação legalmente constituída e em funcionamento há pelo menos um ano, em defesa dos interesses de seus membros ou associados (art. 5º, LXX).

O Constituinte de 88 instituiu ainda o mandado de injunção e o *habeas data*.

A primeira garantia impetrar-se-á "sempre que a falta de norma regulamentadora torne inviável o exercício dos direitos e liberdades constitucionais e das prerrogativas inerentes à nacionalidade, à soberania e à cidadania".

O *habeas data* assegura o conhecimento de informações relativas à pessoa do impetrante, constantes de registros ou bancos de dados de entidades governamentais ou de caráter público, e serve, ainda, "para a retificação de dados, quando não se prefira fazê-lo por processo sigiloso, judicial ou administrativo".

Capítulo XVI

52. *Direito administrativo: conceito e conteúdo.*

52. Direito administrativo: conceito e conteúdo

Nas duas faculdades de Direito criadas, no Brasil, em agosto de 1827, só quase 30 anos mais tarde se começou a lecionar a cadeira de Direito administrativo. Durante todo o período monárquico, a atividade administrativa da Coroa foi regulada por normas de Direito privado, em grande parte aplicadas pelo Conselho de Estado.

Esse ramo autônomo da ciência jurídica, por sua vez, era também de recente elaboração, pois são conhecidas as suas vinculações com a Constituição de cada país ou Estado de Direito. Mas este evoluiu consideravelmente, do Estado liberal ao Estado intervencionista de hoje, que desenvolve complexas ações administrativas outrora desconhecidas, objetivando garantir bem-estar, progresso e cultura à coletividade. Estado cada dia mais prestador de *serviços* aos particulares, e cuja interferência nos mais variados setores da vida social é um dos fenômenos impressionantes dos tempos atuais. Essa multiforme atividade que o Estado exerce com um fim determinado, bem como os órgãos para isso necessários, compõem a *administração pública,* sendo o Direito administrativo o sistema de normas que regula essa atividade e a criação de tais órgãos.

Embora progressista e de evolução célere, é um ramo jurídico que ainda está se formando. Como observa Aftalion, num Estado que já não se satisfaz com a função de manter a paz interna e garantir a segurança externa, mas cuida de realizar as aspirações de progresso espiritual e material da comunidade, é óbvio que o Direito administrativo se há de manifestar como um *ius novum* de avassaladora pujança.

No âmbito da *administração,* o Estado, normalmente, exerce prerrogativas de autoridade, ficando num plano de superioridade em relação aos particulares. Sempre que o Estado atua, usando as suas prerrogativas de poder público, como, por exemplo, nos casos de desapropriação por necessidade ou utilidade pública, fica sujeito às normas do Direito administrativo. O poder administrador atua mediante atos de soberania, que são decisões tomadas pelo Poder Executivo como órgão político, estando sujeito apenas ao controle legislativo e responsabilidade política (como, entre outros, a decretação do estado de sítio) e *atos administrativos.* Estes se acham sujeitos a controle jurisdicional e, ao praticá-los, o Poder Executivo tem de ajustar-se a um conjunto de normas legais.

A atividade administrativa caracteriza-se pela *discricionariedade* na aplicação de muitas prescrições jurídicas, a saber, na sua esfera de atuação, a administração atua com certa margem de liberdade, atendendo a motivos de *conveniência e oportunidade.* O problema tradicional do Direito administrativo, no dizer de um jurista espanhol dos nossos dias, é harmonizar a liberdade de ação, de que a administração necessita para cumprir, com eficácia e rapidez, os seus fins, com a segurança do cidadão e o controle jurídico da atividade administrativa que evite o risco da arbitrariedade (Angel Latorre). A administração pública, enfim, é o objeto do Direito administrativo.

A regulamentação jurídica da *administração pública* abrange esta em sentido *material e formal,* como quer Enrique Aftalion. Em sentido *material,* ou objetivo, a *administração* coincide com *a função* administrativa, e designa todo ato de atividade administrativa, *seja qual for o poder estatal que a exerça* (donde a administração pública desempenhada também pelo Legislativo e o Judiciário). A administração em sentido *formal* ou subjetivo, coincide com o Poder Executivo ou administrador, ao qual cabe a maior porção da atividade administrativa e indica todo e qualquer ato emanado desse poder, seja ou não de função administrativa.

A condição essencial da existência do Direito administrativo é, no dizer de Marcelo Caetano, a *legalidade*, ou submissão da administração às leis.[4] Todo ele assenta nos postulados do regime político em vigor. Assim, num regime de poderes ilimitados, deixa de haver base para um verdadeiro Direito administrativo.

Constituídos os poderes do Estado, organizadas as suas instituições (objeto do Direito Constitucional), a administração pública entra em ação, condicionada pelas normas reguladoras que o Direito administrativo dita. Acentuando a origem jurisprudencial desse direito e as implicações disso, em virtude do sistema federativo, o ministro Bilac Pinto disse ser o Direito administrativo essencialmente pretoriano, por isso que os casos por ele regulados surgem, quase sempre, no comércio jurídico, sem que as leis os tenham previsto. "Aos juízes", lê-se no seu voto, "tem cabido, em toda parte, formular as normas e os princípios que, ordenados pelos doutrinadores, contribuem para formar os diversos sistemas de direito administrativo. No regime federativo brasileiro, quando esse direito pretoriano se constitui através de decisões desta Corte ou do egrégio Tribunal Federal de Recursos, tem ele o caráter de direito

---

4. A tal propósito, vale aqui lembrada lição do STF. Em acórdão de 18.9.81, no HC 59.137-RJ, decidiu a sua 2ª Turma: "O Estado, posto se ponha no comando da ordem jurídica e social, não é ou não deve ser titular de direitos absolutos. Age e reage, somente, se os poderes de agir ou reagir são, nas leis, e às expressas, previstos autorizativamente. Só o indivíduo pode fazer ou não fazer algo, se, em alguma norma jurídica, não estiver prevista proibição".

federal, por isso que o princípio assim consagrado deve viger para todo o sistema administrativo brasileiro, nos três níveis de governo – o municipal, o estadual e o federal. O direito administrativo pretoriano, consagrado por esta Corte ou por aquele Tribunal, tem eficácia coextensiva da lei federal formal. Quando, na interpretação de lei estadual ou municipal, os juízes e tribunais inferiores violam a norma pretoriana de Direito administrativo fixada pelo STF ou pelo TFR, estamos em face de uma questão federal que justifica o conhecimento do recurso (extraordinário) pela letra *d* (Cf. RTJ, 66/467-8, voto do Ministro Bilac Pinto no RE 71.528-PR, acórdão de 11.12.72).

Conceito – Muito vário, ainda, o conceito de Direito administrativo. Para uma corrente de doutrinadores, é o regime jurídico da administração pública, conceito a que não têm faltado críticas, por conter noção difícil de fixar, qual a de administração pública. No juízo de Jèze, Hauriou, Bielsa, Gascon y Marin, é o complexo de princípios e normas jurídicas que presidem à formação e ao funcionamento dos serviços públicos. Aí está também incluída uma noção equívoca – a de *serviço público*, razão porque essa definição tem sido igualmente considerada insuficiente. Orlando (Vittorio Emanuelle) quer que seja a "atividade do Estado dirigida para a realização de seus fins".

A matéria de que cuida o Direito administrativo, ou seu conteúdo, abrange os atos e contratos administrativos, os serviços públicos, o regime jurídico dos agentes públicos, o domínio público, a organização administrativa, o contencioso administrativo, a responsabilidade civil de administração pública, o poder de polícia.

Ato administrativo – A conduta da administração manifesta-se externamente através de atos expressivos de sua vontade, os *atos da administração*, um dos quais é o *ato administrativo*, espécie do gênero ato jurídico. Conforme explica Marcello Caetano, em seu último livro sobre o tema, a administração pode praticar e efetivamente pratica muitos atos não regulados pelo Direito administrativo que, portanto, não são atos administrativos, e que também não pertencem a essa categoria, embora emanados da administração, mas contendo normas de caráter genérico e para execução permanente, tais como os *regulamentos*. Também não o são as *sentenças* proferidas, em alguns países, por órgãos da Administração que julgam, com independência e precedendo audiência contraditória das partes, litígios que lhes são submetidos a requerimento dos interessados. Por fim, segundo ainda a lição do mestre português, constituem uma categoria distinta do ato administrativo os *contratos administrativos* (Cf. Marcello Caetano, op. cit., n. 46). O conceito que ele nos dá de ato administrativo, depois de analisá-lo sob todos os seus ângulos, é este: "*ato administrativo é* a conduta voluntária de um órgão da Administração que, no exercício de um poder público e para prossecução de interesses postos por lei a seu cargo, produza efeitos jurídicos num caso concreto" (ibidem, n. 53).

Recaredo de Velasco reputa completa a definição que dá de ato administrativo, o qual para ele é "toda declaração jurídica, unilateral e executiva, em virtude da qual a Administração tende a criar, reconhecer, modificar ou extinguir situações jurídicas subjetivas" (Recaredo F. de Velasco, *El Acto Administrativo*, Madrid, 1929).

Da substância dos atos administrativos é sua *unilateralidade*. Além disso, tem de proceder de *autoridade* que esteja no exercício de funções legais e enquadrar-se na esfera de atribuições da autoridade que os executa, além de serem conforme o direito, porque a legalidade é o seu requisito fundamental.

Assumem as mais variadas formas: decretos, portarias, avisos, circulares, instruções, despachos, etc. São *simples,* quando emanados da vontade de um só titular, como, por exemplo um decreto; *complexos,* quando resultam do concurso de várias vontades numa declaração única *(v.g.:* a nomeação de um Ministro do STF, que depende da aprovação prévia, pelo Senado Federal, do nome que o presidente da República indica). Conforme a menor ou maior liberdade do agente público para realizá-los, são *vinculados*, a saber: os que só se podem realizar segundo as condições e requisitos predeterminados na lei (esses atos chamam-se também *regrados*), e *discricionários*, os quais são realizáveis com liberdade relativa à conveniência, oportunidade e forma. Há os que admitem não haver, hoje em dia, uma rígida classificação de atos administrativos em *vinculados* e *discricionários*. Para esses, inexiste um ato integralmente vinculado, em face da faculdade que o administrador tem de examinar a conveniência e oportunidade de praticar o ato; nem um ato totalmente discricionário, visto como sempre fica aberto o exame da legalidade e moralidade do ato administrativo. O que há, segundo Onofre Mendes Júnior, são atos administrativos que se processam num ambiente de menor discricionariedade da administração pública, e a esses se aplica a denominação mais ou menos imprópria de atos *vinculados*, e outros que se desenvolvem dentro de mais ampla apreciação, portanto, de maior dose de discricionariedade (tais serão os *discricionários*). O que distingue a competência discricionária da competência vinculada, para Seabra Fagundes, é a maior mobilidade que a lei enseja ao executor no exercê-la, e não a liberação da lei. Vitor Nunes Leal, por sua vez, é de opinião que, inexistindo discricionariedade relativamente à competência, à forma e à finalidade, não existe, por via de conseqüência, uma entidade jurídica a que, rigorosamente, se possa dar o nome de ato discricionário. Pelo poder discricionário que lhe outorgou o legislador – diz Fleiner –, a autoridade administrativa há de determinar como pertinente, entre as várias possibilidades de solução, aquela que melhor atenda, no caso concreto, à intenção da lei (Fritz Fleiner, op. cit.).

Já o *contrato administrativo* tem como pressuposto um acordo de vontades, de que participa a administração. Ele é, na definição concisa de Hely Lopes Meirelles, o ajuste que a administração pública, agindo nessa qualidade, firma com particular ou outra entidade administrativa, para a consecução de objetivos de interesse público, nas condições estabelecidas pela própria administração (Hely Lopes Meirelles, *Direito administrativo brasileiro*, 3ª ed., São Paulo, Revista dos Tribunais, 1975, p. 178), como, entre outros, os de obras públicas, de fornecimentos, de concessão de serviço público.

Embora seja *consensual, oneroso, comutativo e formal*, e sujeito ao regime de prévia licitação, ressalvadas as exceções indicadas legalmente, a sua característica substancial, aquela que verdadeiramente o tipifica e distingue do contrato particular, segundo Hely Lopes Meirelles, "é a parte que a Administração pública tem na relação jurídica com *supremacia de poder* para fixar as condições iniciais do ajuste, *privilégio administrativo* do qual decorre para a Administração a faculdade de impor as chamadas *cláusulas exorbitantes do direito comum*" (ibidem).

Qualquer que seja o ato administrativo, a saber, vinculado ou discricionário, os seus requisitos são os mesmos: *competência, finalidade, objeto, motivo e forma*. Quem pratica o ato administrativo deve ter poder funcional, ou autorização legal para tanto; noutras palavras, o agente público deve ter recebido da lei competência para o desempenho de suas atribuições próprias. Sem isso, a vontade da administração não estará corretamente manifestada e o ato se torna inválido. Da mesma maneira, de nenhum valor será o ato administrativo realizado sem ter em vista o interesse coletivo, sem um fim *público*, em vez do qual o agente coloca conveniências subalternas ou faz prevalecer ponto de vista subjetivo. A finalidade pública que a lei indica, expressa ou virtualmente, é elemento essencial do ato administrativo. A consignação do elemento fim como integrante do ato administrativo representa uma das mais notáveis conquistas do Direito público moderno, porque contribuiu de maneira eficaz para eliminar o conceito autoritário do governo (Sayagués Laso, Cretella Júnior).

Desvio de poder é o vício de que padece o ato administrativo praticado sem um fim de utilidade pública que, necessariamente, entra na sua formação, tornando-se essa anomalia motivo suficiente para o ato ser judicialmente declarado inválido.

O *objeto* é outro elemento fundamental do ato administrativo e consiste no efeito que deste resulta direta e imediatamente. Por objeto do ato administrativo entende-se, segundo Recaredo de Velasco, o condicionamento jurídico que se atribui a um sujeito, ou então, o efeito jurídico do ato emitido, isto é, a declaração, o reconhecimento, a modificação ou a extinção de uma situação jurídica.

O *motivo* ou *causa* é a situação antecedente que determina a emissão do ato administrativo. Um ato administrativo estará legalmente motivado, diz Gabino Fraga, quando se comprovou a existência objetiva dos antecedentes previstos pela lei e são eles suficientes para provocar o ato realizado (Gabino Fraga, *Derecho Administrativo*, 4ª ed., 1948, p. 179). Finalmente, o requisito da *forma*, que na esfera do Direito público, de natureza mais formalista que o Direito privado, ou fica a critério do agente público competente para emitir o ato administrativo, ou vem predeterminada na lei. Todo ato administrativo deve assumir uma forma, a qual em regra está preestabelecida, constituindo exceção a liberdade formal deixada ao órgão administrativo. A forma é o revestimento exteriorizador do ato administrativo e constitui requisito vinculado e imprescindível de sua perfeição (Hely Lopes Meirelles).

Nos *contratos administrativos,* embora a obrigação só venha a nascer depois de regularmente manifestado o consentimento da outra parte, a administração, com a mira no interesse público, atua como poder público (entre os sujeitos participantes da relação jurídica, de que se trata, há *poderes desiguais,* disciplinados por normas de Direito administrativo). Daí porque pode impor unilateralmente obrigações ou rescindir o contrato por inadimplemento, mediante ato seu.

Nos contratos regulados pelo direito comum (compra e venda, locação, permuta, etc.), feitos pela administração pública com os particulares, ela a estes se nivela (entre ambos há *igualdade de poderes,* as normas jurídicas reguladoras de suas relações são *normas de coordenação*), embora sempre procurando uma finalidade pública, perseguindo o interesse coletivo. Como observa Hely Lopes Meirelles, não é, portanto, o objeto, nem a finalidade pública, nem o interesse público que caracterizam o contrato administrativo, pois o objeto é normalmente o do Direito privado (obra, serviço, compra, alienação, locação), e a finalidade e o interesse público estão sempre presentes em quaisquer contratos da administração, sejam públicos ou privados, como *pressupostos necessários* de toda atuação administrativa. Mas, sim, a participação da administração derrogando normas de Direito privado e agindo *publicae utilitatis causa*, sob a égide do direito público (Hely Lopes Meirelles, op. cit.).

Capítulo vastíssimo do Direito administrativo é também o dos *serviços públicos*, a tal ponto que alguns autores o designam como o regime jurídico dos serviços públicos. Entendem outros que públicos são todos os serviços desempenhados pelo Estado, e públicos ainda aqueles que, conquanto prestados por particulares, se destinam à utilização do público em geral, à satisfação de uma necessidade coletiva. Para Maurice Hariou, serviço público é o serviço prestado ao público de modo regular, contínuo, para satisfação de uma necessidade pública, mediante organização pública de fins não-lucrativos. Bielsa o define como toda ação ou prestação realizada pela administração pública ativa, direta ou indiretamente, para a satisfação concreta de necessidades coletivas e asseguradas essa ação ou prestação pelo poder de polícia (Rafael Bielsa, *Derecho administrativo*, 4ª ed., Buenos Aires, El Ateneo, 1947, t. I). São, em suma, as atividades que o Estado exerce para a realização dos seus fins.

Realizam-se os serviços públicos por administração direta, ou por delegação, e variam conforme o regime político, as tendências sócio-econômicas e a necessidade de maior ou menor intervencionismo estatal.

Obedecem a um regime jurídico peculiar, destinam-se à coletividade, sem intuitos especulativos e com predominância do interesse público. Nos Estados Unidos, onde há escassa intervenção estatal no domínio econômico, numerosos serviços públicos são prestados pela iniciativa privada através de *public utilities services*. Na França, o são pelos *établissements publiques* e *établissements de utilité publique*. Os primeiros são genuínas repartições públicas e os outros, entidades favorecidas de maneira vária, conforme o serviço prestado ao Estado.

O governo assegura a prestação dos serviços públicos a todos, com a devida exatidão, sem admitir exceções, faltas, interrupções, etc., não-preestabelecidas, pois são características básicas dos serviços públicos a *generalidade, uniformidade, continuidade e regularidade*.

O Direito administrativo cuida também do regime jurídico do funcionalismo público. Este, em regra, está sujeito ao regime *estatutário*. O Poder público não contrata com os seus funcionários, não ajusta com eles condições de serviço e remuneração, mas estabelece em lei, ou regulamento, *unilateralmente*, as condições de exercício da função pública; prescreve os direitos e deveres dos funcionários ou agentes para com a administração e o público, os requisitos de eficiência, sanidade, capacidade e moralidade; fixa os vencimentos e tudo o mais para a investidura no cargo e o desempenho das funções. O complexo de tais regras compõe o *Estatuto* a que ficam sujeitos os funcionários e que a administração pode tomar a iniciativa de, mediante lei, mudar, alterando condições de serviço e aumentando ou reduzindo direitos e obrigações, uma vez respeitados os direitos e garantias constitucionalmente estabelecidos.

Ao lado dos funcionários públicos, pertencentes aos quadros dos serviços centralizados da União, dos estados, Distrito Federal e municípios, há os *servidores autárquicos*, sujeitos a regime próprio, e os *empregados*, cujo regime jurídico é o da consolidação das Leis do Trabalho. A Constituição de 1967 ainda previa um regime jurídico a ser regulado em lei especial, para os servidores admitidos em serviços de caráter temporário ou contratados para funções de natureza técnica especializada.

Poder de polícia – As inúmeras atividades do poder Público, no sentido de coibir o exercício abusivo de direitos individuais, se inserem, nos amplos limites do denominado *poder de polícia,* outro tema relevante do Direito administrativo. Trata-se, no caso, para usar expressões de Bielsa, de um poder genérico de regulamentação geral destinado a velar pela segurança e bem-estar da coletividade, ou "o conjunto de atribuições concedidas à administração para disciplinar e restringir, em favor de interesse adequado, direitos e liberdades individuais" (Caio Tácito). Não confundi-lo com a *polícia judiciária* e a polícia civil e militar de *manutenção da ordem pública.* Estas têm seu fim específico. Já a *polícia administrativa,* conforme a advertência de Hely Lopes Meirelles, incide sobre os *bens, direitos e atividades,* ao passo que as outras atuam sobre as pessoas, individualmente ou indiscriminadamente. Hoje, em razão do exercício do *poder de polícia,* as três esferas governamentais podem instituir taxas (Constituição de 1988, art. 145, II), e o CTN, artigo 78, define o *poder de polícia* como "a atividade da administração pública que, limitando ou disciplinando direito, interesse ou liberdade, regula a prática de ato ou abstenção de fato, em razão de interesse público concernente à segurança, à higiene, à ordem, aos costumes, à disciplina da produção e do mercado, ao exercício de atividades econômicas dependentes de concessão ou autorização de poder público, à tranqüilidade pública ou ao respeito à propriedade e aos direitos individuais ou coletivos". Comentando esse dispositivo, escreve Aliomar Baleeiro: "Poder de polícia é regularmente exercido quando a Administração, dentro dos limites de sua competência, por exemplo, exerce censura sobre filmes, teatros, diversões; controla pureza ou preços de alimentos; afere pesos e medidas; estabelece o zoneamento de atividades profissionais; restringe o abuso de ruídos e causas de incômodos; submete à inspeção de segurança máquinas e veículos; exige licença para abertura de estabelecimentos comerciais, industriais, profissionais, edificação, loteamento de terrenos, etc." (*Direito tributário brasileiro,* 2ª ed., 1970).

Justiça administrativa – Continua prevalecendo entre nós o princípio da unidade de jurisdição, de acordo com o qual todos os litígios de Direito privado e de Direito público são submetidos à solução do Poder Judiciário. Assim sendo, cabe unicamente à justiça comum realizar o controle de legalidade dos atos da administração pública, qualquer que seja a natureza deles.

Administração pública – No Brasil, a administração pública é direta, indireta ou fundacional, a cargo de qualquer dos poderes da União, dos estados, do Distrito Federal e dos municípios, sujeita aos princípios de legalidade, impessoalidade, moralidade e publicidade, e às normas estabelecidas nos incisos e parágrafos do artigo 37 da Constituição de 5.10.88.

A administração indireta é exercida pelas autarquias, empresas públicas, sociedades de economia mista e fundações mantidas pelo poder público.

Segundo o Dec.-lei 200, de 25.2.67, com as alterações nele introduzidas pelo Dec.-lei 901, de 29.9.69 e legislação posterior, ficou organizada a administração federal e definiram-se as entidades componentes da administração indireta. Assim, *autarquia* é o serviço autônomo, criado por lei, com personalidade jurídica, patrimônio e receita próprios, para executar atividades típicas da administração pública que requeiram, para seu melhor funcionamento, gestão administrativa e financeira descentralizada. *Empresa pública* é a entidade dotada de personalidade jurídica de Direito privado, com patrimônio próprio e capital exclusivo da União, criada por lei para a exploração de atividade econômica que o governo seja levado a exercer por força de contingência ou de conveniência administrativa, podendo revestir-se de qualquer das formas admitidas em Direito. *Sociedade de economia mista* é a entidade dotada de personalidade jurídica de Direito privado, criada por lei para a exploração de atividade econômica, sob a forma de sociedade anônima, cujas ações com direito a voto pertençam, em sua maioria, à União ou a entidade da administração indireta. Dispõe ainda a lei que, quando a sociedade de economia mista exercer atividade submetida a regime de monopólio estatal, a maioria acionária caberá apenas à União, em caráter permanente.

As fundações, por força de disposição constitucional expressa, passaram a integrar o quadro de entidades da administração pública descentralizada.

As *autarquias* gozam de poder impositivo próprio, podendo cobrar, compulsoriamente, do particular, contribuições criadas por lei em seu benefício, e gozam também de certos privilégios estatais, como os de imunidade recíproca e impenhorabilidade de bens.

Responsabilidade civil da administração – No desempenho das atividades que lhe são próprias, objetivando a satisfação de necessidades coletivas, a administração pública, embora exercida no interesse dos particulares, está sujeita a entrar em conflito com estes e prejudicar-lhes direitos ou interesses legítimos. Se isso ocorre, a administração, em regra, é chamada pelo lesado a responder civilmente pelos seus atos. Quando o órgão encarregado de resolver os conflitos entre os administrados e a administração pertence a esta mesma, diz-se que há justiça administrativa, ou *contencioso administrativo*. Ou, então, esses conflitos de interesses ou lesões de direitos individuais produzidos pela atividade administrativa são resolvidos, em caráter definitivo, pelo Poder Judiciário. O controle de legalidade dos atos da administração pública depende, assim, do regime político de cada país. Na França, por exemplo, vigora o sistema de *contencioso administrativo* exercido pelo Conselho de Estado, perante quem se processam e julgam, privativa e definitivamente, as controvérsias, em que uma das partes seja a administração pública.

Nos países regidos pelo *common law*, domina o princípio consuetudinário de que *"the sovereign can do no wrong"* (o soberano não pode cometer injustiça). Nos Estados Unidos, sem o seu consentimento explícito, não pode o Estado ser civilmente responsabilizado pelos cidadãos. Veda-o a EC-11. Antes desta chegou a haver um pleito contra a Georgia, em

1793, ajuizado pelo cidadão Chrisholm, no qual a sentença de Jay admitiu ficar um Estado sujeito a ser demandado por cidadão de outro Estado ou de país estrangeiro. Tamanha reação popular, entretanto, essa decisão provocou, que o Congresso resolveu promulgar, em 1798, a emenda undécima, assim instituindo a imunidade de jurisdição do Estado: "O Poder Judiciário dos Estados Unidos não poderá ser interpretado como podendo estender-se a qualquer demanda em casos de lei ou de eqüidade contra um Estado dos Estados Unidos pelos cidadãos de outro Estado, ou por cidadãos ou súditos de qualquer potência estrangeira".

A responsabilidade civil dos agentes públicos, como tais, em virtude de danos causados a terceiros por ato ilícito, é pessoal e não empenha a do Estado (Cf. *La Constitución de los Estados Unidos de America – Anotada con la jurisprudencia - Anotaciones de casos decididos por la Corte Suprema de los Estados Unidos,* versão castelhana de edição oficial atualizada com recentes casos de jurisprudência, Buenos Aires, G. Kraft, 1949).

Com plena jurisdição para conhecer das reclamações pecuniárias dos particulares contra o governo federal, em toda espécie de controvérsias, *menos as provenientes da prática de ato ilícito,* funciona a "Court of Claim" ("Tribunal de Reclamações"), com sede em Washington, e relativamente à proteção dos particulares contra leis ou atos inconstitucionais lesivos dos seus direitos, são competentes para assegurá-la os tribunais federais (Cf. Oscar Rabasa, op. cit.).

Na Inglaterra, os tribunais respondem sempre a toda alegação de prejuízos causados aos súditos, assim: "Não há meio hábil de se declararem responsáveis os fundos do Estado pelas faltas de seus funcionários." Estes respondem, em tais hipóteses, pessoalmente (Cf. Edward Jenks, *El Derecho Inglés,* trad. esp., Madrid, 1930).

Na maioria dos demais países prevalece o sistema da *unidade de jurisdição,* em virtude do qual reside só no Poder

Judiciário o poder de decidir, com definitividade, as divergências entre os particulares e o Estado ou a administração pública.

O nosso sistema jurídico, desde sempre, consagrou a responsabilidade civil do Estado pelos atos que os seus agentes, nessa qualidade, pratiquem, causando dano a direitos dos particulares. Já em arrazoado forense de 1898, onde analisou extensamente essa matéria, escrevia Rui Barbosa: "Na jurisprudência brasileira nunca logrou entrada a teoria da irresponsabilidade da administração pelos atos dos seus empregados. Apesar de profundamente repassada na influência do direito romano, a nossa evolução jurídica, modificada pelo concurso dos elementos liberais que intervieram sempre na educação do pensamento nacional, não deixou penetrar no espírito dos nossos tribunais essa revivescência democrática dos privilégios regalistas. Sempre se professou nos nossos cursos, e nos nossos auditórios se proclamou sempre a noção da imputabilidade das pessoas morais pela culpa, contratual ou aquiliana, dos seus representantes" (*A culpa civil das administrações públicas*, Rio de Janeiro, Tipografia do Jornal do Comércio, 1898, pp. 53 e 54. Esse opúsculo integra o vol. XXV, t. V, de suas *Obras Completas*, vindo o trecho citado na p. 59).

O fundamento da responsabilidade civil da administração pública pelos atos de seus funcionários, lesivos de direitos dos administrados, era a culpa. A Constituição do Império do Brasil, no artigo 179, n. 29, e a republicana, de 1891 (art. 82), expressamente responsabilizavam os funcionários, mas o Código Civil (art. 43) atribuiu à União, aos Estados, Distrito Federal e Municípios a responsabilidade pelos danos que os seus agentes, no exercício de suas funções, culposamente causem a terceiros. Uma vez prestada a indenização devida, as pessoas jurídicas de direito público têm ação regressiva contra o funcionário causador do dano.

A Constituição de 1934 (art. 171) estabeleceu a responsabilidade solidária do funcionário com a Fazenda nacional, estadual ou municipal, sem alterar, todavia, o fundamento da responsabilidade civil, que continuou sendo a *culpa*. A Constituição de 1946 é que alterou esta, acolhendo a responsabilidade *objetiva*, ou independente de culpa. Assim ela dispunha no artigo 194: "As pessoas jurídicas de Direito público interno são civilmente responsáveis pelos danos que os seus funcionários, nessa qualidade, causem a terceiros". No parágrafo único, dava-lhes ação regressiva contra o funcionário causador do dano, quando este tivesse agindo culposamente. O texto da Constituição atual é quase o mesmo (art. 37, § 6º), com o acréscimo da palavra *dolo* (a ação regressiva será proposta contra o funcionário responsável, nos casos de culpa ou dolo).

A imunidade que, no particular, protege o Estado, alcança apenas os seus bens, que são *impenhoráveis*. Mas as sentenças proferidas contra ele têm meios idôneos de execução. Assim é que o artigo 100 da CF assegura os pagamentos devidos pela Fazenda federal, estadual e municipal, em virtude de sentença judiciária, mediante a apresentação de precatórios e à conta dos créditos respectivos. As pessoas jurídicas de Direito público designadas estão obrigadas a incluir, nos seus orçamentos, as verbas necessárias ao pagamento de seus débitos constantes dos precatórios apresentados até 1º de julho.

Capítulo XVII

53. Direito Financeiro.

53. Direito financeiro

Vimos como o Direito constitucional estabelece as maneiras de *ser* do Estado, e o Direito administrativo se preocupa com as suas maneiras de *atuar*. Agora, vamos tratar de outro ramo do Direito público interno, cuja matéria é a atividade estatal destinada a conseguir meios para acudir às necessidades públicas: o *Direito financeiro*.

O Estado, para realizar os seus fins, adota diferentes procedimentos para conseguir os meios econômicos de que precisa, tais como a imposição de tributos, a contratação de empréstimos, atividades econômicas, exploração de seu patrimônio. A atividade financeira do Estado desenvolve-se nos campos das *receitas, despesas, administração e conservação do patrimônio público; do orçamento, do crédito público, do regime monetário, de câmbio, de bancos oficiais*. As regras jurídicas de toda essa complexa atividade estatal são dadas pelo Direito financeiro.

O Estado, da mesma forma que os indivíduos, necessita de meios econômicos, inclusive dinheiro, para satisfazer às suas atividades, e estas obedecem a uma racionalização, de maneira que o Estado tem de prever e organizar os seus gastos, bem como a forma de haver-se com os recursos obtidos. Tudo quanto o Estado realiza relativamente a dinheiro é disciplinado pelo Direito financeiro. Este dá, pois, o regime jurídico das finanças públicas. Define-o assim Mário Pugliese: "É a disciplina que tem por objeto o estudo sistemático do conjunto de normas regulamentadoras da arrecadação, gestão e distribuição dos meios econômicos de que o Estado e os outros órgãos públicos necessitam para o desenvolvimento de suas atividades, bem como o estudo das relações jurídicas entre os Poderes e os órgãos do Estado, entre os cidadãos e o Estado e entre os próprios cidadãos, derivadas da aplicação dessas normas".

Exprimindo-nos resumidamente, diremos que o Direito financeiro cuida da *percepção, gestão e distribuição* dos recursos econômicos que o Estado e demais entes públicos obtêm para o desenvolvimento de suas atividades. Ou, nas palavras de um dos maiores mestres brasileiros no assunto, o Direito financeiro é o ordenamento jurídico total das atividades financeiras do Estado, as quais compreendem a *receita, a despesa, o orçamento* e o *crédito* públicos (Rui Barbosa Nogueira, *Direito financeiro – Curso de Direito tributário*, São Paulo, 1970).

É um ramo jurídico, sobre cuja autonomia já não cabe disputar entre nós, porque está consagrada no texto constitucional. Foi a Constituição de 1946 que pela primeira vez incluiu entre as matérias da competência legislativa da União editar *normas gerais de Direito financeiro*, sem exclusão da *competência supletiva* dos Estados membros. Mas no seio da Comissão Constitucional encarregada do projeto a ser discutido e votado pelo plenário, chegou a ser rejeitada a emenda, neste sentido, do deputado Aliomar Baleeiro, patrono da defesa da autonomia do Direito financeiro, "desprendido do bloco do Direito em geral", conforme ele sustentava.

A opinião oposta era sufragada pelo deputado Mário Masagão, professor de Direito administrativo em São Paulo, para quem não havia razão alguma capaz de justificar a competência que se queria dar à União para legislar sobre

Direito financeiro, visto como a seu ver se tratava de mero capítulo do Direito administrativo, relativamente ao qual a União e os Estados tinham competência concorrente. No plenário, contudo, prevaleceu o ponto de vista da emenda que se converteu no artigo 5º, XV, b, da Constituição de 1946 (correspondente ao artigo 8º, XVII, c, da Constituição de 1967 com a EC 1/69) (Cf. José Duarte, A *Constituição brasileira de 1946 - Exegese dos textos à luz dos trabalhos da Assembléia Constituinte*, Rio de Janeiro, Imprensa Nacional, 1947, 1º vol.). Com a EC-7, de abril de 1977, a citada alínea ficou acrescida de "taxa judiciária, custas e emolumentos dos serviços forenses, de registros públicos e notariais", matéria esta sobre a qual compete também à União legislar, sem excluir a competência supletiva dos Estados, desde que respeitada a lei federal (parágrafo único do citado art. 8º, XVII, c).

Na redação ao artigo 8º, XVII, e, o constituinte da EC-1 refere matérias que já integram o objeto formal do ramo jurídico ora em estudo, tais como *orçamento, despesa e gestão patrimonial e financeiras públicas*, as quais, portanto, dispensavam explícita designação.

Orçamento – Lei fixadora da despesa pública, o *orçamento* espelha um plano de governo e tem os seus princípios básicos consignados no texto constitucional. Nos Estados democráticos, conforme o ensinamento de Baleeiro, ele é considerado o ato pelo qual o Poder Legislativo prevê e autoriza ao Poder Executivo, por certo período e em pormenor, as despesas destinadas ao funcionamento dos serviços públicos e outros fins adotados pela política econômica ou geral do país, assim como a arrecadação das receitas já criadas em lei (Aliomar Baleeiro, *Uma Introdução à Ciência das Finanças*, vol. II, Rio de Janeiro, Forense, 1955).

A iniciativa da lei ânua que o estabelece é da competência exclusiva do presidente da República e ele a exerce mediante mensagem ao Congresso Nacional, nos termos do artigo 166 da Constituição de 5/10/1988. O poder de emenda cabe unicamente à comissão mista encarregada de examinar o projeto enviado e sobre ele emitir parecer, mas não são admitidas emendas que aumentem a despesa prevista.

A lei orçamentária, ou *lei de meios,* trata apenas da fixação da despesa e previsão da receita pública, salvo disposições sobre abertura de crédito suplementar e operações de crédito por antecipação de receita, bem como disposições sobre a aplicação do saldo que houver. Esse é um dos princípios de *padronização orçamentária* vigente entre nós.

Outros princípios da mesma natureza regulados constitucionalmente: as despesas de capital obedecerão ao orçamento plurianual de investimentos; a administração indireta entra no orçamento, desde que receba subvenções ou transferências, bem como entram os fundos especiais; não há vinculação de receita, ressalvados os impostos mencionados nos incisos VIII e IX do artigo 21, as disposições constitucionais e de leis complementares (artigo 62, parágrafo 2º); para evitar solução de continuidade nas obras públicas, devem estas, antes de iniciadas, ser incluídas no orçamento plurianual de investimentos (art. 62, parágrafo 3º); lei complementar estabelecerá os limites das despesas de pessoal das três esferas políticas (artigo 64).

Além do princípio da padronização orçamentária, citam-se ainda os da *prestação de contas* e o do *resguardo do crédito público,* como peculiares do nosso regime de Direito financeiro. Assim é que, por exemplo, somente a União poderá instituir empréstimos compulsórios (artigo 148); poderá haver intervenção federal no Estado-membro que suspender o pagamento de sua dívida fundada, durante dois anos consecutivos, salvo por motivo de força maior (artigo 34, V).

Receitas – A Receita orçamentária divide-se em dois grupos básicos: *Receitas Correntes* e *Receitas de Capital,* uma e outra definidas no texto da Lei 4.320, de 17.3.1964, que estatui normas gerais de Direito financeiro para elaboração e controle dos orçamentos e balanços da União, dos Estados, dos Municípios e do Distrito Federal. Na conformidade do seu artigo 11, são *Receitas Correntes* as receitas tributária, patrimonial, industrial e diversas e, ainda, as provenientes de recursos financeiros recebidos de outras pessoas de direito público ou privado, quando destinadas a atender despesas classificáveis em Despesas Correntes. *Receitas de Capital* são as provenientes da realização de recursos financeiros oriundos da constituição de dívidas; da conversão, em espécie, de bens e direitos; os recursos recebidos de outras pessoas, públicos ou privados, destinados a atender despesas classificáveis em Despesas de Capital, e, ainda, o *superavit* do Orçamento Corrente.

As receitas públicas classificam-se em *extraordinárias* e *ordinárias* e estas últimas compõem dois grupos: as *receitas originárias* e as receitas *derivadas*. Segundo a doutrina, toda importância recolhida ao tesouro público, restituível ou não, designa-se como *entradas* ou *ingressos*. Encarada *stricto sensu*, *receita* é toda importância arrecadada pelo Estado em caráter definitivo (não-restituível). Constituem as *receitas originárias* ou de Direito privado as rendas produzidas pelos bens e empresas econômicas do Estado, que ele próprio explora da mesma forma que os particulares, sem praticar atos de autoridade, nem agir coativamente para obter pagamentos. *Receitas derivadas* decorrem do exercício do poder de império do Estado, pelo qual ele faz derivar coercitivamente para os seus cofres uma parcela do patrimônio das pessoas particulares sujeitas à sua jurisdição, isto é, *impostos, taxas, contribuições de melhoria* e *contribuições parafiscais*.[5]

---

5. A Constituição de 5.10.1988, artigo 24/I, dispõe sobre a competência concor-rente da União, dos Estados e do Distrito Federal, para legislar sobre Direito tributário, financeiro, penitenciário, econômico e urbanístico, sendo que a competência da União, no âmbito da legislação concorrente, limitar-se-á a estabelecer normas gerais, sem excluir a competência suplementar dos Estados. Os artigos 165 a 167 da Constituição vigente regulam a matéria de orçamento aqui considerada.

Capítulo XVIII

54. Direito tributário: objeto, fontes, interpretação.

54. Direito tributário: objeto, fontes, interpretação

Do Direito financeiro destacou-se o Direito tributário, que trata da imposição e arrecadação dos tributos. Suas normas, como quer Giannini, são suscetíveis de coordenar-se num sistema científico, por serem as que regulam de um modo orgânico uma matéria bem definida – a relação jurídico-tributária, desde sua origem até sua realização (A. D. Giannini, *Instituciones de Derecho Tributario*, Madrid, Edersa, 1957).

Em alguns países é denominado Direito fiscal, mas a locução Direito tributário está mais generalizada e é mesmo considerada mais técnica. Ensina Rui Barbosa Nogueira que não só cientificamente o Direito tributário é a parte mais importante e desenvolvida do Direito financeiro, mas é a que efetivamente contém e trata da grande problemática entre fisco e contribuinte que dimana do fenômeno financeiro.

A autonomia desse sub-ramo do Direito público, além de afirmada pela opinião doutrinária, recebeu a consagração formal do Poder Constituinte, a partir do momento em que a Constituição brasileira de 1967, aliás, pela primeira vez em nossa história constitucional, instituiu um *sistema tributário*, a saber, todo um conjunto ordenado e lógico de normas sobre os tributos existentes.

Como vimos no capítulo anterior, as *receitas* arrecadadas pelo Estado, para o cumprimento de seus fins, dividem-se em *originárias*, ou provenientes do próprio domínio do Estado, e *derivadas*, ou aquelas que provêm do patrimônio dos particulares "sem contraprestação equivalente, e nos termos da lei, para atender aos objetivos do Estado". São os tributos. O Direito tributário é, assim, a disciplina da relação entre o tesouro público e o contribuinte, resultante da imposição, arrecadação e fiscalização dos tributos (Rui Barbosa Nogueira).

Ele possui os seus *institutos* próprios (o *lançamento*, por exemplo) e os seus *princípios* ou "conjunto de proposições diretoras, características, às quais todo o desenvolvimento seguinte deve estar subordinado". Entre tais princípios avultam os da *legalidade* e da *anualidade*, ambos de categoria constitucional, pois consignados, a partir de 1946, entre os direitos e garantias que a Constituição assegura.

Pelo princípio da legalidade, não há tributo sem lei que o institua ou aumente. A obrigação tributária nasce exclusivamente da lei e de nenhuma outra fonte formal. É o que decorre do artigo 150 da Constituição, que diz: "Sem prejuízo de outras garantias asseguradas ao contribuinte, é vedado à União, aos Estados, ao Distrito Federal e aos Municípios: 1 – exigir ou aumentar tributo sem que a lei o estabeleça". Somente a lei, por conseguinte, pode definir o fato gerador da obrigação tributária. Nunca esta resultará dos costumes, da analogia ou dos princípios gerais de Direito. Fora da lei não existe outra fonte criadora do dever de pagar tributo.

Fato gerador é figura que hoje tem definição dada pela própria lei. Diz esta (art. 114 do CTN) que "fato gerador da obrigação principal é a situação definida em lei como necessária e suficiente à sua ocorrência". Assim, por exemplo, a entrada de mercadoria estrangeira no território nacional é o fato gerador do imposto de importação; a propriedade, o domínio útil ou a posse de um imóvel situado na zona urbana é o fato gerador do imposto predial. O Direito tributário, segundo Aliomar Baleeiro, assenta no conceito de obrigação tributária e esta, por sua vez, assenta no conceito do fato gerador. Amílcar de Araújo Falcão definiu-o como o fato ou conjunto de fatos, ou estado de fato, ao qual o legislador vincula o nascimento da obrigação jurídica de pagar determinado tributo.

O principio da *anualidade* tributária esteve até recentemente, no Brasil, limitado na sua extensão. Nas Constituições anteriores à de 1946, ele significava que nenhum tributo seria exigido *sem prévia autorização orçamentária*. Tinha, pois, de haver, em matéria tributária, duas leis: uma instituindo, criando ou aumentando o tributo (princípio da legalidade) e outra (o orçamento) autorizando-lhe a cobrança (princípio da anualidade). O primeiro golpe no princípio da anualidade foi desferido pela EC-7, de 22.5.64, que suspendeu até 31.12.64 a vigência do parágrafo 34 do artigo 141 da CF, "na parte em que exige a prévia autorização orçamentária para a cobrança de tributo em cada exercício".

Veio depois a EC-18, que criou o sistema tributário nacional, e, no artigo 2º, I, manteve apenas o princípio da *legalidade,* e não mais o da *anualidade,* revogando nesta parte, o parágrafo 34 do artigo 141, conforme expressamente dispunha no seu artigo 25.

Na vigência de tais alterações em nosso regime constitucional, tornou-se predominante e firme a jurisprudência do STF, conforme o Enunciado n. 66 da Súmula: "É legítima a cobrança do tributo que houver sido aumentado após o orçamento, mas antes do início do respectivo exercício financeiro".

Contudo, anos depois (1972), em Sessão Plenária do STF, em julgamento de matéria constitucional (Representação 861, contra a inconstitucionalidade de vários artigos da Constituição de Minas Gerais), disse o Ministro Aliomar Baleeiro, textualmente: "... *data venia,* a Súmula 66 é uma traição à letra e ao espírito da Constituição de 1946" (Cf. RTJ-63/600).

Justificando o seu ponto de vista, compendiava S. Exa. os principais argumentos da doutrina que apresenta a "prévia autorização orçamentária" como condição essencial para a cobrança de qualquer tributo novo ou já existente mas que tenha sofrido majoração. "É um princípio", dizia ele, "que parte de um ponto lógico, racional, histórico – *o contribuinte, pelo seu representante, dá seu imposto ao governo, em função de um fim que o governo lhe propõe.* O Poder Executivo propõe ao Legislativo, em bloco, um complexo de serviços públicos, um plano de trabalho para um ano. O Presidente da República manda a mensagem orçamentária ao Congresso, neste ou em qualquer país realmente democrático, propondo, em conjunto, todo um plano de trabalho para o ano imediato e diz: para realizar esses serviços públicos, com tais objetivos e metas, preciso da quantia de tanto, a ser retirada do povo brasileiro, pelos seguintes tributos, nas seguintes bases... Se os representantes do povo brasileiro concordam com o plano do Governo e lhe dão aprovação, eles concedem as receitas. Não concedem, como um cheque, apenas assinado. Eles concedem em limites definidos, para um fim específico, aquela receita que consta de um plano chamado orçamento".

Mas com a EC-1, de 17.10.69, suprimiu-se de vez a exigência de prévia autorização orçamentária, institucionalizando-se em parte a doutrina sufragada pelo STF na *Súmula 66*, a saber, exigindo-se, tão só, que a lei de criação ou de aumento do tributo fosse anterior ao exercício financeiro, ressalvados a tarifa alfandegária e a de transporte, o imposto sobre produtos industrializados e o imposto lançado por motivo de guerra e demais casos previstos na Constituição. A EC-8, de 14.4.77 manteve a situação anterior e aumentou as ressalvas, incluindo outros impostos "especialmente indicados em lei complementar", de maneira que a *legalidade* e a *anualidade* dos tributos se acham assegurados nos seguintes termos (art. 153, § 29, da Constituição Federal: "Sem prejuízo de outras garantias asseguradas ao contribuinte, é vedado à União, aos estados, ao Distrito Federal e aos municípios: I – exigir ou aumentar tributo sem lei que o estabeleça". O princípio da *anualidade* tributária acha-se traduzido no artigo 150, III, *b*, assim: "Sem prejuízo de outras garantias asseguradas ao contribuinte, é vedado á União, aos estados, ao Distrito Federal e aos municípios: III – cobrar tributos; b) no mesmo exercício financeiro em que haja sido publicada a lei que os instituiu ou aumentou".[6]

Outro *princípio* constitucional de Direito tributário é o da uniformidade geográfica dos tributos federais. Assim, os tributos da competência da União não podem ser desigualmente instituídos em qualquer parte do território nacional, atenta a proibição expressa que vem no artigo 151, I. Escrevendo sob o regime da Constituição de 1946, disse a tal propósito Aliomar Baleeiro: "Em conseqüência dessa uniformidade, as discriminações dos tributos limitar-se-ão a critérios pessoais, reais, ou de valor, mas nunca de lugar. Dentro da mesma categoria, ninguém pagará o imposto federal numa região, em base maior do que em outra. O habitante de qualquer município tem direito à igualdade de tratamento tributário federal, que o não distinga do resto do país" *(Limitações constitucionais ao poder de tributar,* Rio de Janeiro, Forense, 1951, p. 129).

Fontes do Direito tributário – As fontes formais do Direito tributário, isto é, as fontes criadoras da obrigação tributária, em decorrência do princípio da reserva legal que é da sua substância, são a *lei* e os *tratados e convenções internacionais.* Todas as demais: regulamentos, circulares, instruções, portarias, usos e costumes, eqüidade, princípios gerais de Direito e jurisprudência, são *fontes secundárias* ou *supletivas.*

Na expressão *lei* compreendidas ficam todas as espécies de normas gerais e abstratas, que se seguem à Constituição e às Emendas Constitucionais, a saber: leis complementares; leis ordinárias, editadas pela União, pelos estados, os municípios e o Distrito Federal; leis delegadas, medidas provisórias, decretos legislativos e resoluções.

---

6. "O princípio da anualidade destina-se a evitar a cobrança do tributo no mesmo exercício financeiro em que foi instituído ou aumentado." (STF-Pleno, ac. De 18.5.78, in RTJ-87/374)

Embora, em matéria tributária, não raro sejam mais conhecidos e manuseados os regulamentos que as próprias leis, não constituem eles *fontes formais* da obrigação tributária, pois que não a criam. O regulamento é uma norma jurídica *subordinada*, seus limites estão previamente traçados pela lei, cujos pormenores deve cingir-se a explicitar, para a sua fiel execução, sem jamais poder inovar, isto é, criar direito novo, sob pena de ter a sua ilegitimidade declarada por sentença. Um regulamento que excede os limites da lei a que se refere, dando o que ela não dá, ou negando o que ela concede, é um regulamento ilegal, portanto, imprestável juridicamente. Daí prescrever o Código Tributário Nacional, como não podia deixar de ser, que *somente a lei* institui e majora tributos e define o fato gerador da obrigação tributária principal (art. 97). A *lei*, necessária para a criação ou o aumento dos tributos, bem como para a definição de seu fato gerador, há de ser, obviamente, a lei editada pela pessoa jurídica de Direito público competente para o fazer. Assim, pois, padeceria do vício insanável de *inconstitucionalidade,* por exemplo, a lei federal que decretasse um imposto da competência privativa do município.

Os tratados e convenções internacionais são fonte formal do Direito tributário, porque só adquirem eficácia depois de aprovados pelo Congresso Nacional, mediante *decreto legislativo.*

Interpretação – Admite-se, hoje, que qualquer método de interpretação se concilia com o Direito tributário. O intérprete ou aplicador da norma tributária pode, pois, apreender-lhe todo o sentido e alcance, recorrendo a um ou alguns dos métodos conhecidos de hermenêutica, sem ficar necessariamente adstrito a qualquer deles. Verdade é que o Código Tributário Nacional manda que se interprete a legislação tributária de conformidade com o que ele dispõe, a saber, segundo as fontes indicadas e na ordem em que se encontram no artigo 108. Assim, o intérprete não poderia valer-se da eqüidade, antes de usar os princípios gerais do Direito público, nem estes sem primeiro recorrer aos princípios gerais do direito tributário nem que houvesse esgotado os recursos oferecidos pela analogia. Numa palavra, prescreve-se no artigo 108 do CTN, uma *hierarquia* das fontes subsidiárias. Contudo, *o dispositivo se refere à autoridade competente, parecendo alcançar só os agentes do Fisco* – na opinião autorizada do Professor Aliomar Baleeiro.

Note-se ainda que, embora se faça referência a uma *ordem sucessiva* de fontes, logo depois de dizer-se que a legislação tributária será *interpretada* conforme o disposto no Capítulo IV do CTN, as fontes indicadas no artigo 108 não são interpretativas, mas *integrativas do Direito tributário, pois o artigo 108 começa dizendo: Na ausência de disposição expressa,* etc. Onde a lei é omissa, já vimos que se faz a *integração* e não a *interpretação*, que supõe a existência de uma norma, cuja significação se procura.

Outra peculiaridade que oferece o tema da *interpretação* no campo do Direito tributário é que o CTN determina, em certas hipóteses que enumera (artigo 111), a interpretação *literal* da norma, bem como a interpretação *benigna* ou, como diz o artigo 112, "da maneira mais favorável ao acusado", quando houver dúvida quanto: I) à capitulação legal do fato; II) à natureza ou às circunstâncias materiais do fato, ou à expansão dos seus efeitos; III) à autoria, imputabilidade, ou punibilidade; IV) à natureza da penalidade aplicável, ou à sua graduação.

Capítulo XIX

55. Direito penal. 56. Princípios constitucionais do
Direito penal brasileiro.

55. Direito penal

É próprio da norma jurídica a sua violabilidade. Mas o direito mesmo prevê a violação do que prescreve, donde o sistema de sanções que todo ordenamento jurídico estabelece, seja contra os indivíduos, que resistem às determinações legais, seja contra os órgãos do poder público que abusam dos poderes que lhes são conferidos. Por outro lado, embora constitua um suposto ser a norma jurídica violável, nem por isso ela deixa de ser norma reguladora da conduta humana. O seu descumprimento não lhe afeta a validade.

Quando a violação da norma atinge valores necessários à ordem social, bens jurídicos fundamentais, como a vida humana, a honra, a paz social, a integridade física das pessoas, etc., torna-se particularmente grave, provoca uma reação enérgica do Estado e este prevê *sanções penais* para os transgressores. Ter-se-á verificado uma falência dos sistemas clássicos das medidas penais em geral, ao ponto de se achar o Direito penal em crise, segundo parece a Heleno Cláudio Fragoso.

Esse ramo jurídico evoluiu consideravelmente, no particular da concepção de delitos e de medidas punitivas. Na Idade Média, como narra Ivan Lins, a blasfêmia, por exemplo, crime que parece ter desaparecido nos códigos modernos, era punida marcando-se o rosto do blasfemo com ferro em brasa, enquanto os adúlteros, pilhados em flagrante, eram expostos, nus, pelas ruas, havendo sido São Luís o primeiro a determinar fosse a mulher, submetida a essa pena, coberta da cintura para baixo. O cadáver dos suicidas era enforcado por dever, segundo a concepção medieval, sofrer o mesmo castigo que os matadores de outrem. Também os animais: um touro que matasse um homem, ou um suíno que devorasse uma criança, eram solenemente enforcados pelo carrasco público, durante essas execuções de animais, inclusive larvas de insetos, até o fim da Idade Média (Ivan Lins, A Idade Média, a cavalaria e as cruzadas, 4ª ed., 1970).

O Direito penal trata das normas que o Estado estabelece, fixando os *delitos* e as *penas* com que estes devem ser reprimidos, bem como as *medidas de segurança* aplicáveis aos inimputáveis. Ou se define como o conjunto de normas jurídicas repressoras e preventivas dos fatos prejudiciais à coletividade e ao indivíduo, denominados crimes.

É ramo do Direito público, porque, como observam Aftalion e Garcia Olano, "o delito geralmente representa um ataque direto aos direitos do indivíduo, mas atenta sempre, de forma mediata ou imediata, contra os direitos do corpo social" e, além disso, "a aplicação das leis penais não fica ao arbítrio da iniciativa ou do poder dos particulares, cabendo ao poder público processar e julgar o delinqüente".

A competência para legislar sobre ele, em nosso sistema jurídico, reside exclusivamente no Poder Legislativo da União, nada restando à competência supletiva dos Estados-membros (CF, art. 22, I).

Eugenio Cuello Calón define o Direito penal como "o conjunto de normas que determinam os delitos, as penas que o Estado impõe aos delinqüentes e as medidas de segurança que este prescreve para a prevenção da criminalidade".

Não há o crime ou delito-tipo, mas a ação ou omissão proibida por lei, sob a ameaça de uma pena. Delito, pois, é só a conduta como tal definida *antes* de ser praticada.

Pena é o castigo imposto ao culpável segundo a lei penal. Sua finalidade imediata, conforme generalizada opinião, é repressiva, pelo mal que o delinqüente fez ante a sociedade, servindo, contudo, como prevenção para evitar futuros delitos, bem como para corrigir e readaptar socialmente o criminoso. Seu fundamento é a *culpabilidade*. Esta é um conceito genérico que abrange o dolo e a culpa, a culpabilidade dolosa e a culpabilidade culposa, nas palavras de Everardo da Cunha Luna (*Estrutura jurídica do crime*, Recife, Imprensa da Universidade Federal de Pernambuco, 1970).

A pena criminal, no magistério de Heleno Cláudio Fragoso, é o meio de coação e tutela com que o Direito penal atua, que o distingue dos demais ramos jurídicos. Estes se caracterizam por outros elementos que não a natureza da sanção, igual para todos, mas pela natureza dos preceitos e relações jurídicas que criam. Ao passo que a *pena* – conseqüência principal do crime – é a sanção própria do Direito penal e consiste na perda de um bem jurídico que o autor do crime sofre e não na execução ativa da norma violada (Cf. Heleno Cláudio Fragoso, *Lições de Direito penal – Parte geral,* São Paulo, 1976).

A nova Parte Geral do Código Penal (Lei 7.209, de 11.7.84) reserva as medidas de segurança para os inimputáveis, e em face dos casos fronteiriços, de quadro predominantemente mórbido, o juiz optará pela medida de segurança. Esta tem caráter preventivo e assistencial, é medida de tratamento, vinculada, não à idéia de culpabilidade, que gera a pena, e sim à de periculosidade. Não há mais, como no regime anterior, a medida de segurança aplicada como um complemento da pena, sempre que esta, em face dos fatos e circunstâncias provados, seja pelo juiz considerada insuficiente para prevenir a eventual prática de novo delito.

As medidas de segurança são de duas espécies: a detentiva – consistente na internação em hospital de custódia e tratamento psiquiátrico, ou, à falta, em outro estabelecimento adequado, e restritiva, que consiste em sujeição a tratamento ambulatorial por tempo indeterminado, mas no prazo mínimo de um a três anos (CP, arts. 96 e 97).

O Direito penal moderno, que não mais gira em torno do binômio tradicional *crime-sanção*, mas do trinômio *crime-delinqüente-sanção*, como diz Frederico Marques (Cf. Everardo da Cunha Luna, op. cit.), é, a um tempo, repressivo e preventivo, admitindo-se na doutrina atual a predominância do aspecto preventivo, atenta a índole readaptadora da pena, através do trabalho e do estudo carcerário.

O Direito penal conhecido até o século XVIII caracterizou-se pelas formas brutais da aplicação da pena de morte, uma das mais comuns, e pela barbárie de outras penas menores, mas desumanas, além de pelo emprego da tortura para a obtenção de confissões e a falta de garantias processuais. Foi Cesare Beccaria (1738-1794) que com o seu famoso livro *Dei delitti e delle pene,* publicado em Livorno, na Itália, em 1764, quem elaborou a primeira e grande crítica ao Direito e Processo Penais até então vigentes, defendendo idéias novas sobre os crimes e as suas sanções específicas, que depois vieram a ser consagradas em todos os países democráticos. Foi ele, como diz Aftalion, que colocou em pauta os problemas básicos do Direito penal, de modo sistemático e autônomo.

A partir de Beccaria, o Direito penal toma caráter público, encarando-se o delito como uma conduta comprometedora da ordem e dos interesses da sociedade. No seu opúsculo é que, pela primeira vez, se ventilou isto que viria a constituir um dos princípios fundamentais de todo o Direito penal posterior: a legalidade dos crimes e das penas ("... só as leis podem fixar as penas de cada delito" e "o direito de fazer leis penais não pode residir senão na pessoa do legislador"). Ainda ele é que se ergueu contra as torturas, os julgamentos secretos, as penas cruéis e a inutilidade da pena de morte; que sustentou a legalidade das prisões; a *proporcionalidade* entre os delitos e as penas, a *medida* dos delitos ("a verdadeira medida dos delitos", escreveu, "é o dano causado à sociedade"); a *prevenção* dos crimes ("é melhor prevenir os crimes do que ter de puni-los") e a *moderação* das penas ("... para não ser um ato de violência contra o cidadão, a pena deve ser essencialmente pública, pronta, necessária, a menor das penas aplicáveis nas circunstâncias dadas, proporcionada ao delito e determinada pela lei").

As escolas penais – Em seguimento às idéias humanitárias de Beccaria, que abriam novos horizontes ao Direito penal, vieram as *escolas* clássica e positiva de Direito penal. Da primeira a figura dominante foi Francesco Carrara (1805-1888).

Na sua fase predominantemente jurídica, os da escola clássica, como diz Roberto Lyra, são livre-arbitristas, individualistas e liberais, considerando o crime como ilícito jurídico e a pena, meio retributivo, expiatório e aflitivo da tutela jurídica (Professor Roberto Lyra, *Novíssimas escolas penais*, Rio de Janeiro, Borsoi, 1956).

Os princípios fundamentais por eles defendidos são o da *legalidade* dos crimes e das penas; o da *personalização da pena;* o da *proporcionalidade da pena em relação à gravidade do ato* comparado a outros e à sua gravidade considerada relativamente às circunstâncias em que o ato delituoso foi praticado (donde haverem entrado nos códigos penas máximas e mínimas, com níveis intermediários, conforme as circunstâncias envolventes do crime), e o de que *o delito é um ente jurídico,* não um fato (ao julgar a conduta criminosa deve o juiz abstrair da qualidade e da condição do delinqüente e avaliar-lhe a conduta objetivamente, como violação de uma norma penal). A pena, segundo essa *escola,* fundava-se no critério da "retribuição jurídica" e tinha por fim restabelecer a ordem jurídica abalada pelo crime. Como elegantemente consigna Ferri, a Escola Clássica, em sua orientação político-social: "1) expôs e estabeleceu a razão e os limites do direito de punir por parte do Estado, 2) opôs-se à ferocidade das penas, invocando e obtendo a abolição das penas capitais, corporais e infamantes com uma mitigação geral das penas conservadas (carcerárias, retentivas, pecuniárias, interditórias), 3) reivindicou todas as garantias para o indivíduo, quer durante o processo, quer na aplicação da lei punitiva" (*Princípios de Direito criminal,* São Paulo, Livraria Acadêmica, trad. port., 1931).

A *escola positiva*, denominação derivada do fato de aplicar no campo das ciências penais os métodos de observação e experimentação usados no estudo dos fenômenos da natureza, teve três etapas: antropológica, sociológica e jurídica.

A fase antropológica, de que foi figura exponencial o psiquiatra italiano Cesare Lombroso (1835-1909) com seu livro *L'Uomo Delinquente*, estudo dos fatores biológicos da delinqüência, apresenta o criminoso como um ser anormal e o delito como uma enfermidade, cujo estudo caberia menos ao Direito que a uma Ciência da natureza. Lombroso fundou a antropologia criminal e com ela a noção do *criminoso nato*, do indivíduo que traz do berço, por força de condições somáticas, a tara da criminalidade. Segundo ele, o criminoso nato apresentava certos caracteres morfológicos, como, por exemplo, testa estreita e fugidia, maçãs do rosto muito acentuadas, prognatismo.

A segunda etapa, chamada sociológica, teve em Enrico Ferri (1856-1929) o seu chefe principal, autor de dois livros básicos: *Sociologia criminal e Princípios de Direito criminal - O criminoso e o crime*. Ferri faz um levantamento de todos os fatores da criminalidade, entre estes os sociais (condições políticas, econômicas, culturais, religiosas, densi-dade de população) e físicos (clima, natureza do solo, temperatura, condições atmosféricas), e não apenas os fatores somáticos, constitucionais e hereditários, preferidos de Lombroso. Nega a responsabilidade moral como base da imputabilidade criminal, e afirma a responsabilidade *social* (todo homem, segundo sua teoria, inclusive os alienados e semi-alienados, são responsáveis ante a lei penal, só pelo fato de viverem em sociedade. Lembra que as principais idéias que defendeu entraram pouco depois na linguagem comum ou foram admitidas mais ou menos explicitamente por alguns adversários. "Tais são", diz ele, "a independência da justiça penal do critério do 'livre arbítrio' – a defesa social como razão da justiça penal – as três ordens de 'fatores do crime' – as cinco 'categorias de delinqüentes' – os 'substitutivos penais' como realização da defesa preventiva indireta – o critério dos 'motivos determinantes' mesmo na interpretação das leis vigentes (por exemplo, na difamação, no homicídio por consentimento, na distinção do crime político do crime comum, etc.) – as 'colônias agrícolas' substituindo o 'isolamento celular diurno' – o seqüestro por tempo indeterminado em vez da 'dosimetria penal' com termo fixo – a necessidade dos 'manicômios criminais' – a oposição ao júri – a 'indenização do dano' como sanção de direito público – e, sobretudo, a necessidade metódica (tanto para o homem de ciência, como para o legislador, como para o juiz) de ver o 'crime no criminoso'" (Enrico Ferri, *Princípios de Direito criminal – O criminoso e o crime,* cit.).

A terceira etapa – *jurídica* – avulta com a obra de Raffaele Garofalo (Itália, 1851-1934) – *Criminologia.* Voltou ele a considerar o aspecto jurídico do delito, desconsiderado por Lombroso e Ferri, imaginou a figura – que muitos reputam indefensável – do delito natural (violação dos sentimentos de piedade e probidade na medida indispensável para a adaptação do indivíduo à sociedade). Para ele a pena deve ser dosada proporcionalmente à temibilidade do delinqüente. De Garofalo é a teoria da *temibilidade* ou *periculosidade,* que se tornou importante na doutrina e na legislação posteriores.

A escola positiva – escreve Roberto Lyra – é determinista, encarando o crime como fenômeno social e a pena como meio de defesa da sociedade e de recuperação do indivíduo. Não baseia a responsabilidade no livre arbítrio, mas na existência mesma da sociedade. Todo homem é responsável, porque vive e enquanto vive em sociedade, ficando sujeito às sanções penais pelas violações mais graves das normas de convivência (op. cit.).

A *terceira escola,* de Alimena, Poletti, Carnevale e outros, como as concepções ecléticas em geral, aceita alguns e rejeita certos princípios das demais escolas, tentando conciliações. Assim, e seguindo no particular a exposição de Moniz Sodré em *As três escolas penais,* enquanto a escola clássica sustenta a responsabilidade moral dos indivíduos como ponto de apoio da responsabilidade penal dos delinqüentes, a escola antropológica reputa o livre arbítrio uma ilusão subjetiva desmentida pela fisiopsicologia positiva, não vendo no indivíduo senão a responsabilidade social, verdadeiro fundamento da responsabilidade dos malfeitores. E a escola crítica ou eclética, por sua vez, rejeita o livre arbítrio, mas afasta-se da escola antropológica, sustentando, de acordo com ela, a responsabilidade moral de todos os indivíduos e, pois, a responsabilidade moral dos delinqüentes, separada da responsabilidade volitiva.

Fontes – Em nosso ordenamento, a única fonte formal do Direito penal é a lei, isto é, o ato legislativo que o Congresso Nacional elabora e o presidente da República sanciona. Um dos princípios fundamentais do Direito penal moderno é o da legalidade dos crimes e das penas: *Nullum crimen nulla poena sine lege*. Todas as demais fontes são subsidiárias, não podendo revelar normas penais. O costume também tem valor simplesmente supletivo, e "embora podendo servir para exclusão da ilicitude do fato ou da culpabilidade", como adverte Heleno Cláudio Fragoso, "não pode fundamentar a criação de crimes ou agravamento de sanções, nem abrigar uma disposição legal" (op. cit.). Somente a lei, portanto, define as ações puníveis, os delitos. O que como tais ela não definir, são condutas permitidas, zona de liberdade. O crime é só a conduta humana (ação comissiva), conforme estritamente a descrição constante da lei anterior. Conseqüentemente, do campo penal está excluída também a analogia, enquanto meio de integração da norma omissa ou inexistente, pois ou há lei qualificando como delito uma determinada conduta, ou inexiste tal lei, e crime não poderá também existir.

No Direito anglo-americano, como explica um dos seus melhores expositores, uma vez aplicando um tribunal uma norma, não deve alterá-la em casos futuros, exceto por motivos muito convincentes e mediante prova do erro cometido no caso precedente. Isso decorre do princípio do *stare decisis*, segundo o qual os *precedentes são respeitados*. Em matéria penal esse princípio é aplicado rigidamente para impedir mudanças jurisprudenciais que pudessem funcionar em prejuízo dos direitos de um acusado. E no caso de que uma sentença anterior fosse julgada errônea, a solução não estaria na mudança da jurisprudência, isto é, em desprezar o *stare decisis*, mas nos remédios que se devem pedir à Legislatura (Júlio Cueto Rua, El "*Common Law*" – *Su Estructura Normativa – Su Enseñanza*, cit.).

56. Princípios constitucionais do Direito penal brasileiro

A Constituição vigente, como outras anteriores, consigna alguns princípios fundamentais de Direito penal. Um deles é o da *legalidade dos* crimes e das penas, previsto no artigo com que começa o Código Penal. A de 25.3.1824, no artigo 179, n. 11, dizia: "Ninguém será sentenciado senão pela autoridade competente, por virtude de lei anterior, e na forma por ela prescrita." Aí estava a *anterioridade* da lei penal qualificadora do delito, como condição absoluta da punibilidade deste. Tal como já havia prescrito o artigo 8º da Declaração dos Direitos do Homem e do Cidadão, na França: "Ninguém pode ser punido senão em virtude de uma lei estabelecida e promulgada anteriormente ao delito e legalmente aplicada".

Vem de muito longe, pois, a vedação da lei penal posterior ao fato, *lex ex post facto*. O 1º Congresso Latino-Americano de Criminologia (Buenos Aires, 1938) aprovou estas duas proposições: "a) que o princípio da estrita legalidade dos delitos e das sanções deve manter-se no direito positivo como garantia das liberdades individuais, consagrada em todos os regimes da América; b) que a analogia, como fonte criadora de delitos e de sanções, deve ser proscrita, não só por contrariar o princípio da legalidade, como também por fundamentais razões de técnica jurídica".

O *princípio da legalidade*, por isso mesmo que é uma garantia da liberdade, tem sido, desde o Império, inscrito no capítulo regulador dos *direitos e garantias individuais*. Como diz Nelson Hungria, "a fonte única do Direito penal é a norma legal. Não há Direito penal vagando fora da lei escrita. Não há distinguir, em matéria penal, entre *lei* e *Direito*. Sub specie juris, não existe *crime* 'sem lei anterior que o defina', nem *pena*, sem prévia cominação legal". *Nullum crimen, nulla poena sine praevia lege penali.* A lei penal é, assim, um *sistema fechado*: ainda que se apresente omissa ou lacunosa, não pode ser *suprida* pelo arbítrio judicial, ou pela analogia, ou pelos princípios gerais de Direito, ou pelo *costume*. Do ponto de vista de sua aplicação pelo juiz, pode mesmo dizer-se que a lei penal não tem *lacunas*" (Nelson Hungria, *Comentários ao Código Penal*, 3ª ed., vol. 1, t. 1, Rio de Janeiro, Forense, 1955).

Do princípio da *legalidade* ou, como também é chamado, da *reserva legal*, deriva a exclusão das leis penais retroativas *(lex ex post facto)*, cuja exceção única, prevista na Constituição (art. 5º, XL) é a retroincidência da lei penal *benigna*. Aplica-se, portanto, a lei posterior ao fato, quando ela é mais favorável ao acusado ou ao já condenado. O Código Penal vigente dispõe, no artigo 2º: "Ninguém pode ser punido por fato que lei posterior deixa de considerar crime, cessando em virtude dela a execução e os efeitos penais da sentença condenatória. Parágrafo único – A lei posterior que de outro modo favorece o agente, aplica-se ao fato definitivamente julgado e, na parte em que comina pena menos rigorosa, ainda ao fato julgado por sentença condenatória irrecorrível".

Com ligeiras alterações redacionais, repete-se essa norma no Código Penal de 1969 (promulgado pelo Dec.-lei 1.004, de 21.10.69), que teve o começo de sua vigência sucessivamente prorrogado e foi afinal, antes de entrar em vigor, revogado pela Lei 6.578, de 11.10.78.

Fica, em conseqüência, excluída a *aplicação analógica* da lei penal. Se não houver lei qualificadora de um fato como delito, não se aplicará a sanção estabelecida para um caso semelhante (acontecendo, por exemplo, um caso A, previsto no Código Penal, e outro B, análogo ou parecido, mas não qualificado no Código Penal como delito, não poderá o juiz aplicar ao caso B a norma legal punitiva do caso A, pela razão da analogia de ambos os casos).

Outro princípio constitucio-nalmente estabelecido é o da *personalização e individualização* da pena (art. 5º XLV e XLVI). Vem da Constituição do Império tal como hoje é consagrado, o princípio de que *nenhuma pena passará da pessoa do delinqüente*. A responsabilidade penal, portanto, não se transmite a outrem; só o autor do fato qualificado como crime responde pelas suas conseqüências, isto é, somente ele sofre a pena (*personalização*). No regime jurídico anterior à independência do Brasil, quando vigorava, em matéria penal, o Livro V das Ordenações Filipinas, em certos crimes, como o de lesa-majestade, pagavam também os filhos *pela maldade que seu pai cometeu* ou o neto *pela do avô*. A Constituição de 1824 suprimiu radicalmente a solidariedade criminal, quando estabeleceu que "nenhuma pena passará da pessoa do delinqüente", acrescentando: "Portanto, não haverá em caso algum, confiscação de bens; nem a infâmia do réu se transmitirá aos parentes em qualquer grau que seja".

A pena, por sua vez, deve ajustar-se, graduar-se, conforme o grau de responsabilidade do agente (*individualização*), como uma exigência da Justiça. Como dizem os penalistas, além da individualização objetiva (cominação da pena *in abstracto*), a individualização subjetiva, no momento da sentença. Eis, a propósito, a lição de Roberto Lyra: "O crime vale como sintoma da personalidade do criminoso, e não como entidade abstrata. A defesa social tem finalidade direta – a readaptação, empenhando-se, especificamente, pela eliminação da causa do crime. Impõe-se, assim, a individualização, considerando o conteúdo do crime e a personalidade do delinqüente para determinar o tratamento praticamente mais adequado. O objeto da defesa social não é o fato, mas o seu autor, ou melhor, o homem. A proporção a obter é entre o delinqüente e a pena, para neutralizar as causas do crime. Em última análise, a pena deve justapor-se às peculiaridades do estado perigoso revelado pela infração" (Ibidem, vol. II).

As regras para que o juiz, em cada caso, fixe a pena, se encontram nos artigos 59 e 60 do Código Penal vigente.

Também pessoa nenhuma sofrerá pena privativa de liberdade pelo fato de não pagar dívidas, multas ou custas, pois outro princípio de Direito penal material é que *não haverá prisão por dívida* (CF, art. 5º, LXVII). As duas únicas exceções abertas aí referem-se aos casos do depositário infiel e do inadimplemento de obrigação alimentar, na forma da lei. Quem, pois, tiver a posse imediata de um bem alheio, e se negar a restituí-lo ao dono, ou quem não paga dívida de alimentos, esse pode ser preso sem ofensa ao princípio em tela.

No caso de obrigação alimentícia, o inadimplemento, para legitimar a prisão civil, deverá ser voluntário e inescusável, segundo a nova cláusula constitucional.

Capítulo XX

57. *Direito processual: conteúdo, importância.* 58. *Princípios constitucionais do Direito processual brasileiro.*

57. Direito processual. Conteúdo, importância

A distribuição da justiça – ou função jurisdicional, função judicial – constitui de há muito atividade exclusiva do Estado, através de um dos seus poderes, o Poder Judiciário. Da primitiva justiça, que o próprio interessado fazia, restam hoje, nas legislações em geral e na brasileira em particular, alguns poucos casos e, ainda assim, de exercício condicionado, tais como os dos artigos 188/I (legítima defesa) e II (estado de necessidade), 1.210, parágrafo 1º (desforço incontinenti), 1.283, 1.469 a 1.471, todos do Código Civil, e artigo 19, I e II, do Código Penal.

O ramo do Direito público que disciplina a jurisdição, a fim de poder o juiz aplicar, contenciosamente, o direito objetivo aos conflitos de interesses, chama-se *Direito processual* ou *Direito judiciário*. A competência para sobre ele editar leis cabe à União, a partir de 1934, pois até então os Estados-membros também a tinham e a exerceram de maneira completa. Hoje, só o Congresso Nacional, com a sanção do presidente da República, pode a tal respeito legislar (CF, art. 22, I).

Define-o Amaral Santos como: sistema de princípios e normas legais que regulam o processo, disciplinando as atividades dos sujeitos interessados, do órgão jurisdicional e seus auxiliares. Rege, portanto, a função jurisdicional ou judicial, que é de natureza pública. As normas do Direito processual cuidam da *atuação da justiça*. Ele tem finalidade pública, como ensina Chiovenda: funciona mediante o interesse das partes, para a realização da vontade concreta da lei. Divide-se principalmente em Direito processual civil e Direito processual penal, conforme a natureza do litígio ou lide a ser decidida pelo juiz. Um serve para a aplicação da lei penal; o outro se destina à solução das lides estabelecidas, pela aplicação de normas de direito civil e comercial. O Direito processual penal rege o exercício da jurisdição nas lides cuja característica é a pretensão de aplicar penas e medidas de segurança, ou lides de natureza penal. As demais lides se regulam pelo Direito processual civil ou, se se trata de jurisdições especiais, pelo Direito processual do trabalho ou o Direito processual eleitoral.

Leis processuais são aquelas que regulam a forma de atuação das leis, os direitos e deveres dos órgãos jurisdicionais e das partes no processo, a forma e os efeitos dos atos processuais. São as leis que disciplinam os atos processuais como espécie dos atos jurídicos, a relação jurídica que se estabelece no processo e bem assim o procedimento, que é a exteriorização dos mesmos atos tendentes à realização da função jurisdicional (STF – RE 72.002-RS, relator o Ministro Amaral Santos, Sessão Plenária de 27.12.71 – RTJ-60/533).

No conceito de Amaral Santos, *lide* é o conflito de interesses qualificado pela pretensão de um dos interessados e pela resistência do outro (sendo *pretensão* "a exigência da subordinação de um interesse de outrem ao próprio"). Para outro processualista, a palavra "lide", que era empregada com dubiedade no Código de Processo Civil anterior, ora significando "processo", ora significando "mérito da causa", passou, no novo Código, "a significar *o objeto do processo, isto é, o conflito de interesses que é submetido à apreciação judicial*" (Cf. exposição oral do Ministro Alfredo Buzaid perante a

Comissão Especial da Câmara dos Deputados, incumbida de relatar o Projeto de Lei sobre o Código de Processo Civil, em 30.8.72, Senado Federal, Subsecretaria de Edições Técnicas, *Código de processo civil – Histórico da Lei*, vol. I, t. 1, 1974).

O processualista Amaral Santos diz que o *processo* consiste numa série de atos coordenados, tendentes à atuação da vontade da lei às lides correntes, por meio dos órgãos jurisdicionais. Trata-se de um dos temas básicos do ramo jurídico ora em exame. As outras matérias que compõem o objeto formal do Direito processual são a *jurisdição*, a *ação* e a *organização judiciária*.

Processo, como vimos, consiste no conjunto de atos pelos quais a jurisdição se manifesta e se exercita. Tais atos, todos eles, têm uma finalidade comum: a sentença do juiz, a decisão final da causa. No processo comum (civil e comercial), houve tempo em que as partes dispunham livremente do processo, conduzindo-o conforme suas conveniências e exercendo o juiz uma função algo passiva. Em nossos dias, embora não haja desaparecido completamente o chamado *princípio dispositivo*, uma vez que as partes podem transigir, ou desistir e o juiz deve sentenciar segundo o pedido das partes e as provas produzidas, é a ele, e não aos litigantes, que cabe *dirigir o processo*. A parte autora dá-lhe o impulso inicial, pois a jurisdição é um poder-dever que se exerce sempre *por provocação* – mas, daí em diante, o juiz o dirigirá, competindo-lhe, como diz a lei: 1) assegurar às partes igualdade de tratamento; 2) velar pela rápida solução do litígio; 3) prevenir ou reprimir qualquer ato contrário à dignidade da justiça (CPC, artigo 125).

A jurisdição, ou poder de declarar o Direito objetivo aplicável ao caso concreto, está sujeita aos princípios da *investidura*, da *indelegabilidade* e da *aderência*. Pelo primeiro, só pode exercer a jurisdição quem nela tenha sido investido legalmente, sob pena de nulidade dos atos praticados e possível aplicação do artigo 324 do Código Penal.

Todos têm direito à jurisdição. Houve tempo em que a jurisdição, ou administração da justiça, dependia da vontade do rei. Mesmo na liberal Inglaterra, antes da Magna Carta, informa Pontes de Miranda, "a justiça não era direito público subjetivo. O rei *vendia* mesmo a fórmula executória. Às vezes, abusava, impondo preços variáveis e arbitrários. De modo que a justiça constituía, naquela época, para os reis, extraordinária fonte de renda" *(Comentários à Constituição de 1967 com a Emenda n. 1, de 1969*, cit., vol. V).

Entre nós, a investidura se dá pela nomeação após concurso público de provas e títulos, realizado pelo Tribunal de Justiça, com a participação da Ordem dos Advogados do Brasil, podendo a lei exigir dos candidatos prova de habilitação em curso de preparação para a magistratura (art. 93 e da Constituição).

Em alguns países (Suíça, Iugoslávia, Rússia e na maioria dos estados da América do Norte), os juízes são *eleitos* (no Brasil-Colônia, alguns juízes, como os *ordinários*, eram eleitos em conjunto com os vereadores das Câmaras Municipais). Noutros, são livremente nomeados pelo chefe do Poder Executivo. O sistema de livre nomeação dos juízes pelo Poder Judiciário chama-se *cooptação*. Admite-se que o melhor sistema de apuração de aptidões e idoneidade ainda é o concurso.

Os juízes componentes dos tribunais superiores têm a denominação *de ministros*. Os do Supremo Tribunal Federal são de livre escolha do presidente da República, dentre cidadãos com mais de 35 e menos de 65 anos de idade, de notável saber jurídico e reputação ilibada, por ele nomeados, depois da aprovação do Senado.

A cláusula de notável saber *jurídico* e reputação ilibada vem da Constituição de 1934, pois a de 1891 exigia apenas "notável saber e reputação". Na vigência desta, Floriano Peixoto nomeou um médico (Barata Ribeiro, 1893-1894) que exerceu a função até que o Senado rejeitou o ato nomeatório; e um general – Inocêncio Galvão de Queirós – que foi, porém, rejeitado, antes da posse.

Eram 15 os ministros, número que caiu para 11 em 1931, quando quatro foram compulsoriamente aposenta-dos pelo chefe do governo discricionário de então. Pela Constituição de 1934, que lhe mudou o nome para Suprema Corte, mas a partir de 1937 voltou-se à antiga denominação: Supremo Tribunal Federal.

Os demais órgãos do Poder Judiciário são: o Superior Tribunal de Justiça, os Tribunais Regionais Federais e Juízes Federais, os Tribunais e Juízes do Trabalho, os Tribunais e Juízes Eleitorais, os Tribunais e Juízes Militares, os Tribunais e Juízes dos Estados, do Distrito Federal e dos Territórios.

O Superior Tribunal de Justiça compõe-se de, no mínimo, 33 Ministros, nomeados pelo presidente da República, dentre brasileiros com mais de 35 e menos de 65 anos de idade, de notável saber jurídico e reputação ilibada, depois de aprovada a escolha pelo Senado Federal, sendo: I – um terço dentre juízes dos Tribunais Regionais Federais e um terço dentre desembargadores dos Tribunais de Justiça, indicados em lista tríplice elaborada pelo próprio Tribunal; II – um terço, em partes iguais, dentre advogados e membros do Ministério Público Federal, Estadual, do Distrito Federal e dos Territórios.

O Superior Tribunal Militar compõe-se de 15 ministros vitalícios, nomeados pelo presidente da República, depois de aprovada a escolha pelo Senado Federal, sendo três dentre oficiais-generais da Marinha, quatro dentre oficiais-generais do Exército, três dentre oficiais-generais da Aeronáutica, todos da ativa, e cinco civis, dentre brasileiros maiores de 35 anos, sendo três advogados de notório saber jurídico e reputação ilibada com mais de dez anos de efetiva atividade profissional, e dois por escolha paritária, dentre auditores e membros do Ministério Público da Justiça Militar.

O Tribunal Superior do Trabalho tem 27 ministros, dos quais um quinto escolhidos dentre advogados com mais de dez anos de efetiva atividade profissional e membros do

Ministério Público com mais de dez anos de efetivo exercício, de notório saber jurídico e de reputação ilibada, indicados em lista sêxtupla pelos órgãos de representação das respectivas classes (Constituição, art. 111 e 94), e os demais dentre juízes dos Tribunais Regionais do Trabalho, oriundos da magistratura da carreira, indicados pelo próprio TST, todos nomeados pelo presidente da República, após aprovação pelo Senado Federal.

O Tribunal Superior Eleitoral é composto de sete membros, sendo três juízes, dentre os Ministros do Supremo Tribunal Federal, eleitos por voto secreto; dois juízes, dentre os Ministros do Superior Tribunal de Justiça; e dois advogados de notável saber jurídico e idoneidade moral, indicados pelo Supremo Tribunal Federal em lista sêxtupla e nomeados pelo presidente da República.

Salvo as restrições expressas em seu texto, a Constituição garante aos juízes *vitaliciedade, inamovibilidade* e *irredutibilidade de vencimentos*. Enquanto *vitalícios*, só poderão ser demitidos mediante sentença judiciária. A vitaliciedade, na primeira instância, só se adquirirá *após dois anos de exercício*, não podendo, porém, nesse período, o juiz perder o cargo senão por deliberação do Tribunal a que estiver vinculado. Como *inamovíveis*, não serão afastados, removidos, da sede de suas funções, a não ser por motivo de interesse público e pelo voto secreto de dois terços dos membros do Tribunal competente. Com a *irredutibilidade de vencimentos*, estes não lhes podem ser diminuídos, sem prejuízo, porém, dos impostos gerais, inclusive o de renda.

O STF, com sede na capital da República, funciona em plenário e em Turmas (2) de cinco membros, elegendo de dois em dois anos o seu presidente e o vice, proibida a reeleição para o período seguinte. Tem competência originária e de recurso, que a Constituição regula. As *súmulas* compendiam, desde 1964, a jurisprudência predominante e firme do STF. Sua função principal: o controle de constitucionalidade das leis e dos atos nominativos do poder público, matéria sobre a qual profere a última palavra. Os seus juízes julgam em sessão pública, sendo os votos lidos ou taquigrafados. O presidente do Plenário não relata feitos, salvo a argüição de suspeição a ministros, e só tem voto nos empates e nas argüições de inconstitucionalidade (o presidente da Turma terá sempre direito a voto). As sessões vão das 13 às 17 horas, com intervalo de 15 minutos. Para o julgamento, o presidente convida o relator (por ordem de antigüidade) a relatar. Feito o relatório, os advogados têm o direito de usar a tribuna por 15 minutos. Depois do voto do relator, o presidente colhe os demais votos a começar pelo do ministro mais novo no Tribunal. O ministro redige a ementa do acórdão, que se compõe das notas taquigráficas e votos escritos. O STF pode reformar decisões de qualquer Tribunal do país, mas nenhum pode rever decisões do STF, que é o órgão cúpula do Poder Judiciário brasileiro. Sua jurisdição, como diz Amaral Santos, é *especialíssima ou extraordinária*.

Outro princípio a que a jurisdição está sujeita: o da *indelegabilidade* – segundo o qual o juiz deve exercê-la pessoalmente, sem poder absolutamente transferi-la a quem quer que seja, como decorrência do artigo 2º da Constituição de 1988. Se tiver necessidade de praticar um ato do processo fora dos limites de sua jurisdição territorial, o juiz competente pede ao outro juiz, mediante *carta precatória*, que o faça. Como diz o Professor Gabriel de Rezende Filho (*Curso de Direito processual civil*, vol. 1º, São Paulo, Saraiva, 1965), não delega, porém, nesse caso, a sua jurisdição: o juiz deprecado, ao cumprir a diligência solicitada pelo deprecante, apenas está exercendo sua própria competência, de acordo com a lei.

Por fim, está sujeita a jurisdição ao princípio da *aderência ao território*, o que significa que ela supõe um território, onde é exercida. O STF, por exemplo, tem jurisdição em todo o território nacional; um juiz, nos limites de sua comarca. Os casos de *prorrogação da jurisdição* estão previstos em lei.

A divisão tradicional da jurisdição, quanto ao objeto, é em *contenciosa* e *voluntária* ou graciosa ou administrativa. Esta versa acerca de interesses não em conflito, e distingue-se da jurisdição contenciosa, que o juiz exerce diante de um litígio, segundo a lição de Chiovenda (*Instituições de Direito processual civil*, 2ª ed., trad. de G. Menegale, São Paulo, Saraiva, 1965) *pela ausência de partes* e não por falta de contraditório, pois a jurisdição contenciosa tem também procedimentos sem contraditório, não, porém, sem *duas partes*; é possível adotar um provimento judicial *inaudita parte*, mas sempre *contra ou em face* de uma parte, à qual se deve comunicar, a fim de que se possa impugnar ou a fim de que se execute. Na jurisdição voluntária, diz ainda ele, contam-se um ou mais requerentes, mas partes, não.

Quanto à *gradação*, é inferior ou superior (duplo grau de jurisdição). A jurisdição *inferior*, ou do primeiro grau, julga as causas em primeira instância; a *superior* decide, em grau de recurso, as questões anteriormente decididas.

Quanto à *matéria*, a jurisdição, segundo João Mendes de Almeida Júnior, divide-se em *cível* e *criminal*. A jurisdição cível funciona em causas cíveis ou de Direito civil e comercial; jurisdição *criminal*, funciona em causas criminais ou de Direito penal, "A jurisdição cível é chamada convencional, quando exercida por árbitros, em virtude de. compromisso das partes" (*Direito judiciário brasileiro*, 3ª ed., 1940, p. 35).

Matéria, ainda, do Direito processual é a *ação*, a mais dificultosa de todas, na opinião de Enrique Aftalion, "ponto nevrálgico da doutrina processual e a encruzilhada entre o Direito material e o judiciário" (J. Ramiro Podesti, citado por Aftalion, em op. cit., vol. 2º, p. 244). É o Direito público subjetivo à prestação jurisdicional, ou "Direito público subjetivo, dirigido contra o Estado, para obter deste a tutela jurídica mediante sentença favorável" (James Goldschmidt), ou ainda, como a define Eduardo Couture, "o direito a prestação da jurisdição". O dever correlativo ao direito de ação é o que se impõe aos juízes e tribunais de dar a prestação jurisdicional pedida. Entende-se também a ação como o caminho jurídico pelo qual uma pessoa obtém, através de órgão jurisdicional, o reconhecimento e a proteção de seu direito. Em face da lei processual vigente no Brasil, Amaral Santos divide as ações em três grupos, a saber: *ações de conhecimento, ações executivas e ações cautelares*, estando as ações de conhecimento, por sua vez, reunidas em três grupos: *ações meramente declaratórias, ações condenatórias e ações constitutivas*.

Por fim, integrando o conteúdo do Direito processual, a *organização judiciária*, ou "conjunto de leis que regem a constituição, condição e atribuições dos juízes e seus auxiliares" (Amaral Santos). No sistema federativo em que vivemos desde a fundação da República, temos a *justiça federal*, e a que os Estados-membros, auto-organizáveis, conforme autorização constitucional, instituem com suas leis próprias, uma vez observado o que a Constituição lhes prescreve acerca dos seus tribunais e juízes. Isso não significa existir um Poder Judiciário da União e outro dos Estados. O Poder Judiciário, como diz Manoel Gonçalves Ferreira Filho, é *uno*, não se distinguindo funcionalmente um Judiciário estadual de um Judiciário federal, como se distingue o Legislativo ou Executivo estadual.

58. Princípios constitucionais do Direito processual brasileiro

Em diferentes incisos do artigo 5º da Constituição de 5.10.88 – regulador dos Direitos e Deveres Individuais e Coletivos – estão contemplados princípios fundamentais de Direito processual, tanto civil como penal, entre os quais avulta o inciso XXXV, que diz: "A lei não excluirá da apreciação do Poder Judiciário lesão ou ameaça de direito".

Aí está consagrado o que Pontes de Miranda considera o princípio *da ubiqüidade da justiça,* ou postulado básico de todo o nosso Direito processual. Como quer José Frederico Marques, nele está a forma completa de garantia jurisdicional dos direitos individuais. Em artigo publicado no segundo volume da *Revista de Direito Processual* Civil (São Paulo, 1960), escreve esse douto professor paulista que a tutela que se encerra no sobredito parágrafo "toma contornos especiais, visto que coloca os direitos subjetivos em face da jurisdição, para tomar imperativa a atuação desta", afirmando ainda: "Garantem-se, ali, o direito de ação, a tutela jurisdicional e o direito ao processo. Esses direitos adquiriram prerrogativas de direitos fundamentais e se inscrevem, agora, na sacrossanta tábua em que a Nação brasileira esculpiu as garantias supremas dos Direitos do Homem".

Outros princípios constitucionais de Direito processual: A) *O do contraditório* (art. 5º, LV). A nenhum acusado, portanto, é admissível deixar de ouvir e dar conhecimento da acusação e das provas contra ele existentes, para que tenha condições de aparelhar a sua defesa. No tempo em que se ignorava essa garantia, as maiores violências eram cometidas, sem o mínimo recurso de proteção da vítima, como se deu, por exemplo, com Hipólito José da Costa que, a partir de julho de 1802, durante dois anos e meio esteve preso, incomunicável, na famigerada cadeia do Limoeiro (Lisboa), à ordem da Inquisição, envolvido num *processo sempre feito em segredo e sem testemunhas*, por ter ido à Inglaterra sem passaporte, segundo ele conta no livro que sobre isso deixou – Narrativa da perseguição, reeditado, em 1974, pela Universidade do Rio Grande do Sul, para comemorar o bicentenário do autor.

B) *O da garantia de não ser preso, salvo em flagrante delito ou mediante ordem escrita e fundamentada da autoridade judiciária e de se livrar solto nos crimes afiançáveis.*

O direito do indivíduo à liberdade tem sido a regra tradicional do nosso Direito positivo, desde a Constituição monárquica. De acordo com a norma constitucional vigente (art. 5º, LXI), a prisão só se legitima em duas hipóteses: havendo flagrante delito, cujos requisitos o Código de Processo Penal enumera, ou ordem escrita da autoridade judiciária. Não sendo, pois, efetuada em flagrante (isto é, no momento em que a infração penal está sendo cometida; quando se acaba de cometê-la; ou se é perseguido, logo após, por qualquer pessoa, em situação que faça presumir ser autor da infração; ou se é encontrado, logo depois, com instrumentos, armas, objetos ou papéis que façam presumir ser ele o autor do crime) decretada preventivamente, por motivo de pronúncia, ou em execução de sentença – *haverá ilegalidade ou abuso de poder*, e o juiz deverá relaxá-la, quando dela tomar conhecimento. O *habeas corpus* terá aí cabimento, assim como também protegerá a liberdade, sempre que se recuse ao indivíduo o direito de prestar fiança, nos casos legalmente permitidos, para se defender solto. Os crimes afiançáveis e inafiançáveis estão previstos no Código de processo penal.

C) Da proibição de prisão civil por dívida (art. 5º, LXVII da CF). Outrora, a pessoa do devedor, e não o seu patrimônio, respondia pelas obrigações que contraísse. Foi a Constituição de 1934 que incluiu esse preceito no capítulo regulador dos direitos e garantias individuais (Capítulo 11, art. 113, n. 30), ignorado em 1937, e mantido a partir de 1946. Os bens do devedor é que respondem por suas dívidas. Por não pagá-las, ninguém será privado de sua liberdade. Duas exceções abre o texto constitucional: o caso do *depositário infiel* (isto é, o caso do que não restitui bem alheio, quando exigido) e o do *responsável pelo inadimplemento de obrigação alimentar* (a saber, no caso de não-pagamento de dívida alimentar).

A prisão por dívida, que as modernas ordens jurídicas eliminaram, tem remota origem. Escrevendo sobre a Constituição de Atenas, lembra Aristóteles que os lavradores que não pagavam a renda da terra dos ricos por eles cultivada *eram embargáveis, eles e seus filhos*, isto é, reduzidos à escravidão.

D) O do quorum de declaração de inconstitucionalidade pelos tribunais.

Tendo os juízes singulares e os tribunais adquirido, com a Constituição de 1891, o poder de controle de constitucionalidade dos atos dos demais poderes, aos tribunais, no entanto, só lhes é dado desconstituírem, por inválidos, em virtude de *inconstitucionalidade*, lei ou ato do poder público, mediante o voto da maioria absoluta dos seus membros. Essa exigência, que começou com a Constituição de 1934, tem fundamento, segundo Pontes de Miranda, na necessidade de ser discutido e meditado o assunto, a fim de não ser excessivamente fácil a desconstituição de leis ou outros atos do poder público, viciados de inconstitucionalidade (artigo 97).

E) *O de qualquer brasileiro, no gozo de seus direitos políticos, propor ação popular que vise anular atos lesivos ao patrimônio de entidades públicas* (artigo 5º/LXXIII), a que já tivemos ocasião de nos referir.

O cidadão tem, assim, o Direito subjetivo público de, por esse meio, invalidar atos ou contratos administrativos lesivos do patrimônio federal, estadual e municipal, ou de suas autarquias, empresas públicas, sociedades de economia mista e pessoas jurídicas subvencionadas com dinheiros públicos (v. Lei 4.717, de 29.6.65).

F) *O da ampla defesa aos acusados, com os recursos a ela inerentes e de que não haverá foro privilegiado nem tribunais de exceção* (art. 5º, XXXVII e LV).

Há quem pense que a Constituição, aí, só cogita do princípio universal da ampla defesa *na esfera penal* (ver, por exemplo, voto vencedor do Ministro Djaci Falcão, em acórdão unânime da 1ª Turma do STF, no RE 73.296, aos 14.4.72, publicado na RTJ 61/276).

Pontes de Miranda, interpretando esse parágrafo, opina de modo diverso, afirmando que a defesa, a que nele se alude, é a defesa em que *há acusado*; portanto, a defesa em processo *penal*, ou em processo *fiscal-penal ou administrativo ou policial.*

A garantia da *ampla defesa* significa, no dizer de outro comentador do texto, "que o legislador está obrigado, ao regular o processo criminal, a respeitar três pontos: velar para que todo acusado tenha o seu defensor; zelar para que tenha ele pleno conhecimento da acusação e das provas que a alicerçam; e possam ser livremente debatidas essas provas ao mesmo tempo que se ofereçam outras" (Manoel Gonçalves Ferreira *Filho*, op. cit.).

A outra parte da norma constitucional proíbe que certas pessoas, tão-só por motivos pessoais e não em virtude do cargo ou da função que exerçam, sejam subtraídas ao julgamento pelos juízes e tribunais que julgam toda a gente. Isso não impede a existência *de foro especial,* em razão de cargo ou função, o qual não importa em privilégio algum. O texto veda também os tribunais criados para determinados casos, tribunais transitórios e arbitrários, que põem em risco a liberdade individual.

Capítulo XXI

59. *Direito internacional público: objetos, fontes. 60. A Organização das Nações Unidas*

59. Direito internacional público: objeto, fontes

O Direito internacional público regula as relações jurídicas entre os Estados soberanos. Ou é definido como o ordenamento regulador das relações jurídicas das comunidades soberanas entre si e com organismos que, não sendo Estados, têm personalidade internacional, como, v.g., a OEA, a antiga ALALC. Ramo jurídico de existência discutida, é verdade, mas de inegável importância na coexistência dos povos, ou da comunidade internacional. Ele rege, enfim, a conduta dos Estados em suas relações recíprocas, segundo declara a Carta da Organização dos Estados Americanos.

Entre os seus contestadores, há os que nele apontam a falta de um ordenamento jurídico, porque: 1) não dispõe de um legislador comum que dite normas aos Estados independentes; 2) não tem uma autoridade ou força que aplique sanções no caso de não se cumprirem tais normas; 3) não conta com um tribunal internacional que as aplique.

A essas objeções têm respondido os defensores do Direito internacional público: 1) o Direito não está somente nas leis formuladas por órgãos públicos, segundo processos determinados, mas surge também de outras fontes produtoras, como as relações entre os Estados, os tratados e convenções por estes estabelecidos e os costumes jurídicos internacionais. Além disso, temos, atualmente, a Assembléia Geral das Nações Unidas, cujas funções se aproximam das de um órgão legislativo; 2) sanções têm sido aplicadas em diferentes épocas, tais como a ruptura de relações, o boicote, o bloqueio pacífico, o congelamento de fundos, o *ultimatum*, as represálias e, enfim, a guerra. A intervenção armada da ONU na Coréia bem mostra que o Direito internacional público é provido de sanções eficientes. Ela se deu com fundamento no artigo 42 da Carta das Nações Unidas, que diz: "Se o Conselho de Segurança achar que as medidas de que trata o art. 41 podem ser inadequadas ou demonstraram sê-lo, poderá exercer, por meio de forças aéreas, navais ou terrestres, a ação que se torne necessária para manter ou restabelecer a paz e a segurança internacionais. Tal ação poderá compreender demonstrações, bloqueios e outras operações executadas por forças aéreas, navais ou terrestres de Membros das Nações Unidas". Não tendo o agressor atendido às advertências da ONU, no sentido de retirar-se do território coreano, deu-se a intervenção militar, para o cumprimento forçado do que aquele órgão internacional havia deliberado.

As sanções do Direito internacional público entram em ação, quando falham as advertências, as negociações diretas, a mediação, a conciliação, a arbitragem e justiça, os bons ofícios, meios de que podem lançar mão os membros da comunidade internacional para resolver suas divergências; 3) quanto a tribunais internacionais houve no passado a Corte Permanente de Justiça Internacional da Liga das Nações, e, em tempos posteriores, os Tribunais de Arbitragem, as soluções por via de consultas, como a do conflito Peru x Equador, pela conferência do Rio de Janeiro, em 1942, e há, presentemente, a Corte Internacional de Justiça, um dos órgãos da ONU. O que não existe é uma jurisdição internacional *obrigatória,* como veremos ao tratar dos órgãos permanentes da ONU.

Como diz Aguilar Navarro, se o Direito interno possibilita ao homem a vida de sociedade e, com esta, a compatibilidade de seus interesses e o exercício de suas liberdades, o Direito internacional permite aos Estados viverem como tais e exercitarem seus atributos de, liberdade e de independência. O Direito internacional aparece, assim, cumprindo o fim social próprio de todo ordenamento jurídico: contribuir para o progresso moral e material de seus sujeitos (Mariano Aguilar Navarro, *Derecho Internacional Público*, 1º vol., Madrid, 1952, pp. 7 e 8).

Ainda segundo esse tratadista espanhol, o Direito internacional público veio ao mundo no começo da Idade Moderna e elabora-se em uníssono com todo o processo de gestação do Estado e do capitalismo. Seus pressupostos são: 1) pluralidade de Estados: 2) coexistência deles, que vem atualizar-se sob a forma de um comércio internacional intenso, normal e periódico; 3) soberania, entendida em sua dupla dimensão de categoria jurídica e de condição política; 4) solidariedade e interdependência; 5) um vínculo espiritual, a participação em certos valores comuns que constituem patrimônio ético e espiritual de todos; 6) a existência de certa normatividade, que é uma versão do império da *idéia do Direito* (ibidem, p. 12).

Essa mesma idéia está em Verdross, que aponta na *pluralidade de Estados independentes* o pressuposto do Direito internacional público, não podendo dar-se Direito internacional algum, afirma ele, se existisse um único Estado mundial. O Direito internacional público só pode aparecer onde coexistirem vários Estados independentes (Cf. Alfred Verdross, op. cit., p. 9). Para Verdross, a idéia do Direito é a base de toda comunidade jurídica. "Uma ordem coercitiva", diz ele, "que não se guie em nada por essa idéia, não é uma ordem jurídica, senão uma dominação arbitrária. Com magistral clareza, exprimiu Santo Agostinho essa convicção em sua famosa frase: *Justitia remota quid sunt regna nisi magna latrocinia*. Claro está que isto não impede a ninguém construir um conceito puramente formal do Direito e defini-lo como ordenamento coercitivo de um comportamento humano, para dessa maneira extrair as notas puramente técnicas comuns a todos os ordenamentos coercitivos. Porém, *dentro* desse conceito formal do Direito há que distinguir as meras regras de poder (Stammler) daquelas outras encaminhadas à realização da idéia de uma comunidade racional e ética. Observe-se que a linguagem vulgar só chama "direito" a essa segunda categoria de normas, por ser convicção comum que o Direito está de alguma forma associado à idéia de justiça. Por isso, os ordenamentos coercitivos das hordas de salteadores *não* são considerados, em geral, como "direito", mesmo quando se apliquem com regularidade" (ibidem).

A denominação atual desse ramo jurídico não conseguiu substituir a anterior, *direito das gentes,* em primeiro lugar porque, como observa Verdross, esta se achava muito enraizada, e em segundo lugar, porque é mais rica de ressonâncias emocionais que a nova denominação, de índole técnica (ibidem).

O Direito internacional público é criado pelos Estados soberanos, mas não são estes os seus únicos sujeitos ou pessoas. Pessoa ou sujeito *do direito da gente* é, na definição de Hildebrando Accioly, toda entidade, natural ou jurídica, a quem, na ordem internacional, são reconhecidos direitos e impostas obrigações (*Tratado de Direito internacional,* 2ª ed., Rio de Janeiro, 1956, vol. 1º). Assim, o homem é também sujeito do Direito internacional público, tal como os Estados independentes e *outras comunidades jurídicas soberanas,* pois "quanto aos indivíduos, a prática internacional tem admitido a presença, na ordem internacional, de direitos e obrigações a eles atribuídos diretamente, ou de regras jurídicas internacionais a que os indivíduos se acham subordinados imediatamente, isto é, sem o intermédio do Estado" (ibidem).

Ao mostrar Alfredo Verdross como diferem entre si tais sujeitos ou pessoas internacionais, indica as seguintes distinções como as mais importantes:

a) Sujeitos de deveres e sujeitos de direitos – O Direito internacional pode conferir a uma pessoa direitos e impor-lhe deveres, porém, pode limitar-se a conferir-lhe somente direitos ou impor-lhe somente deveres. Em regra, no Direito internacional público, os sujeitos de deveres são, *ao mesmo tempo,* sujeitos de direitos, como ocorre com as comunidades jurídicas soberanas. Em vez disso, os indivíduos aos quais um tratado concede um direito de ação ante um tribunal internacional (um tribunal arbitral) são *meros sujeitos de direitos.* Pelo contrário, os indivíduos que respondem pessoalmente pelas infrações do Direito internacional são, predominantemente, *sujeitos de deveres* jurídicos internacionais.

b) Sujeitos ativos e sujeitos passivos – Entre os sujeitos do Direito internacional se destacam aqueles que não só recebem dele direitos e assumem ante ele deveres, mas além disso possuem a faculdade de cooperar diretamente para sua criação. Em princípio, só desempenham esse papel *ativo* os Estados soberanos, algumas uniões de Estados e, em parte, também a Igreja Católica. Os demais sujeitos de Direito internacional são meros destinatários *passivos* das normas estabelecidas pelos membros ativos da comunidade internacional.

c) Sujeitos permanentes e sujeitos transitórios – A comunidade internacional compreende, em primeiro lugar, membros *permanentes,* a saber: os Estados e a Igreja Católica. Porém, ainda há sujeitos do Direito internacional que só têm uma existência *passageira,* como os rebeldes e insurrectos. Ocupam um *lugar intermédio* os sujeitos do Direito internacional criados por um *tratado internacional* e que com este se extinguem, como, por exemplo, a Sociedade das Nações genebrina, ou determinados grupos de indivíduos. A seguir, refere, mais, os *sujeitos originários e sujeitos admitidos posteriormente, os sujeitos com autodeterminação e sem ela, sujeitos com diferenças na capacidade jurídica e na capacidade de agir, e sujeitos de Direito internacional comum e de Direito internacional particular* (ibidem).

Conteúdo do Direito internacional público – São muitos e de grande relevo os temas de que trata o Direito internacional público. Dentre os principais, podemos indicar: os direitos e deveres fundamentais dos Estados e do Homem; os sujeitos do Direito internacional público; os órgãos das relações internacionais (chefes de Estado, ministros das Relações Exteriores, agentes Diplomáticos e cônsules); os meios de solução das divergências internacionais; os meios de comunicação entre os Estados soberanos; a Organização das Nações Unidas; a guerra, a neutralidade, as implicações internacionais das guerras civis.

Entre os *direitos fundamentais dos Estados*, apontam-se: a inviolabilidade do território; a existência do Estado independentemente do seu reconhecimento por outros; a igualdade jurídica; o direito à independência e conservação (segundo a Convenção celebrada na 7ª Conferência Internacional Americana, de Montevideo, em 1933). Pela Carta da Organização dos Estados Americanos, os Estados são juridicamente iguais, desfrutam de iguais direitos e igual capacidade para exercê-los, e têm deveres iguais. Os direitos de cada um – diz o artigo 6º desse documento – não dependem do poder de que disponham para assegurar o seu exercício, senão do simples fato de sua existência como pessoa de Direito internacional. No rol de tais direitos essenciais do Estado estão o de defender sua integridade e independência; prover à sua conservação e prosperidade, o que importa em organizar-se como melhor o entender, legislar sobre seus interesses; administrar seus serviços e determinar a jurisprudência e competência de seus tribunais; o direito à jurisdição dentro do seu território; à inviolabilidade deste, à legítima defesa, ao desenvolvimento cultural, político e econômico.

Têm também os Estados soberanos, segundo o Direito internacional público, *deveres fundamentais*, como os de respeitar os direitos dos demais Estados; de cumprir os tratados e acordos internacionais; de não intervir nos assuntos internos de outro, seja pela força ou por qualquer outra forma de ingerência; de não recorrer ao uso da força, salvo no caso de legítima defesa, de conformidade com os tratados vigentes ou no cumprimento deles.

Sendo o Homem sujeito do Direito internacional público, tem também direitos fundamentais, os quais foram objeto de uma declaração das Nações Unidas: a *Declaração Universal dos Direitos do Homem,* aprovada mediante Resolução da III Sessão Ordinária da sua Assembléia Geral, em 1948.

Fontes do Direito internacional público – As fontes reveladoras de normas de Direito internacional público são os costumes internacionais, os tratados, os princípios gerais de Direito internacional (como, por exemplo, o *pacta sunt servanda* ou respeito aos contratos feitos; o respeito da coisa julgada e dos direitos adquiridos, o princípio da boa-fé, da proibição de causar dano injusto), a jurisprudência dos tribunais internacionais, e as leis internacionais, isto é, as decisões tomadas pelos organismos internacionais. A principal delas é o costume, segundo Celso de Albuquerque Mello, "em virtude de a sociedade internacional ser descentralizada, as sociedades não-hierarquizadas, sem um Poder Legislativo, têm no costume o principal modo de manifestação das normas jurídicas" (Celso de Albuquerque Mello, *Curso de Direito internacional público,* 2º ed., 1º vol.).

O Estatuto da Corte Internacional de Justiça, órgão judicial da ONU, dá-nos uma relação completa das fontes do Direito internacional público. No seu artigo 38, dispõe:

"I - A Corte, cuja função é decidir de acordo com o Direito Internacional as controvérsias que lhe forem submetidas, aplicará:

a) as convenções internacionais, quer gerais, quer especiais, que estabeleçam regras expressamente reconhecidas pelos Estados litigantes;

b) o costume internacional, como prova de uma prática geral aceita como sendo o direito;

c) os princípios gerais de direito reconhecidos pelas nações civilizadas;

d) sob ressalva da disposição do art. 50, as decisões judiciárias e a doutrina dos publicistas mais qualificados das diferentes nações, como meio auxiliar para a determinação das regras de direito.

II – A presente disposição não prejudicará a faculdade da Corte de decidir uma questão *ex aequo et bono,* se as partes com isto concordarem".

A ressalva feita na letra d, supra, é a do artigo 50, que dispõe: "A decisão da Corte só será obrigatória para as partes litigantes e a respeito do caso em questão." Conforme a lição de Alfred Verdross, o uso (cortesia, *comitas gentium)* distingue-se do costume jurídico ou Direito consuetudinário, só alcançando relevância jurídica os usos apoiados no sentimento ou na consciência jurídica *(opinio juris vel necessitatis),* e assim estaremos em presença de um Direito consuetudinário *internacional,* quando a prática internacional aplique com regularidade um preceito jurídico a uma situação de fato (op. cit., p. 124). Outra simples e concisa definição de costume é a do professor paranaense Nelson Ferreira da Luz (*Introdução ao Direito internacional público,* São Paulo, 1963). "Quando os Estados", diz ele, "nas suas relações recíprocas, observam, repetidamente, certas regras de conduta que, embora não-escritas, são por eles consideradas como juridicamente obrigatórias, configura-se o costume".

O tratado internacional é assim definido pela Comissão de Direito Internacional: "Tratado significa qualquer acordo internacional de forma ou mais instrumentos conexos, qualquer que seja a sua designação particular (tratado, convenção, protocolo, pacto, carta, estatuto, ata, declaração, concordata, troca de notas, *modus vivendi,* etc.) concluído por dois ou mais Estados ou outros sujeitos ao Direito internacional público e regulado pelo Direito internacional público".

No Brasil, os tratados assinados pelo presidente da República são submetidos ao Congresso Nacional, que sobre eles resolve definitivamente, mediante decreto legislativo (art. 49, I, da Constituição de 1988).

60. A Organização das Nações Unidas

A organização internacional denominada *Nações Unidas* nasceu a 26.6.45, em São Francisco da Califórnia, Estados Unidos, simultaneamente com a adoção da *Carta das Nações Unidas*, subscrita pelos representantes das 51 nações que haviam lutado contra as potências do eixo Alemanha-Itália-Japão, e compareceram a convite dos chamados *Quatro grandes* (EUA, URSS, China e Grã-Bretanha). A sede permanente da ONU é em Nova Iorque. Sua natureza jurídica, para alguns, é a de uma confederação de Estados soberanos, ou "é simplesmente uma organização internacional intergovernamental", como quer o Professor Celso de Albuquerque Mello.

A ONU, de acordo com a sua *Carta*, que é a Constituição das Nações Unidas, vigente a partir de 24.10.45, tem várias finalidades, a começar por esta: *manter a paz e a segurança internacionais*. Compõe-se de membros fundadores (os signatários da Carta de São Francisco) e os posteriormente admitidos, totalizando hoje 158. A União Soviética, a princípio, queria que as suas 16 repúblicas tivessem direito de participar da organização, mas, como se lhe opusesse que nesse caso os então 48 Estados norte-americanos teriam o mesmo direito, reduziu sua exigência para três lugares, destinados à União Soviética, à Bielorússia e à Ucrânia. Isso foi aceito "em troca de concessões dos Estados Unidos em relação ao veto no Conselho de Segurança", segundo informa Sidney D. Bailey, no seu livro A *História das Nações Unidas*, trad. de João Paulo Monteiro, Rio de Janeiro, 1963).

A Carta das Nações Unidas pode obrigar a terceiros, isto é, a países não-participantes da Organização.

O seu artigo 1º enumera os propósitos das Nações Unidas, cuja organização, segundo o n. 1 do artigo 2º, "está baseada no princípio da igualdade soberana de todos os seus Membros", vindo a seguir a enumeração de princípios. O n. 6 dispõe que: "A Organização fará que os Estados que não são Membros das Nações Unidas se conduzam de acordo com esse princípio na medida em que seja necessário manter a paz e a segurança internacionais".

Hans Kelsen admite que, em face dos termos do n. 6 do artigo 2º da Carta das Nações Unidas, todos os Estados componentes da sociedade internacional se tornaram membros – ativos e passivos – da ONU, originários, admitidos ou não-admitidos. Assim, todos são obrigados a proceder conforme os princípios da Carta e, portanto, não devem prestar auxílio nas ações coercitivas condenadas pelo Conselho de Segurança, nem ajudar a um Estado contra o qual a ONU haja decretado uma sanção.

A ONU é formada de órgãos e de organismos por ela criados ou com ela relacionados. Os órgãos permanentes são seis: Conselho de Segurança, Secretaria, Assembléia Geral, Tribunal Internacional de justiça, Conselho Econômico e Social e Conselho de Tutela. A ONU promulga normas gerais, conclui tratados, opera mediação e resolução em matéria de conflito, executa medidas coercitivas, realiza atos administrativos, etc.

A Assembléia Geral é o órgão deliberativo da ONU. Integram-no todos os membros das Nações Unidas. Cada país poderá ter, nele, até cinco representantes, mas um só voto. Ela pode discutir qualquer assunto ou questão, nos limites da Carta, e sobre isso fazer recomendações aos Membros da ONU ou do Conselho de Segurança, ou a ambos, salvo se o assunto estiver sendo objeto de exame pelo Conselho de Segurança. É ela que examina e aprova o orçamento da ONU, determinando a proporção com que cada membro concorrerá para os gastos comuns. Suas decisões sobre matérias importantes, tais como, por exemplo, a eleição dos membros não-permanentes do Conselho de Segurança, recomendações relativas à manutenção da paz e da segurança internacionais, são tomadas pelo voto da maioria de dois terços dos membros presentes e votantes, e sobre outras questões, a maioria simples, decide. O membro da ONU que estiver em mora no pagamento de suas quotas financeiras para os gastos da Organização, não terá direito a voto, salvo se a própria ONU resolver o contrário. As línguas oficiais da ONU são: francês, inglês, espanhol, russo e chinês, mas no Tribunal Internacional de Justiça são línguas oficiais apenas o inglês e o francês. Reúne-se a Assembléia Geral anualmente em sessões ordinárias e em sessões extraordinárias, convocadas pelo secretário, a pedido do Conselho de Segurança ou da maioria dos membros das Nações Unidas.

A Secretaria compreende um secretário-geral, o mais alto funcionário administrativo da ONU, nomeado pela Assembléia Geral mediante recomendação do Conselho de Segurança, e o pessoal necessário da Organização. Ele não recebe pedido nem instruções de governo nem de autoridade estranha à ONU; poderá chamar a atenção do Conselho de Segurança sobre qualquer assunto que na sua opinião possa pôr em perigo a manutenção da paz e da segurança internacionais, e na sua condição atuará em todas as sessões dos demais órgãos permanentes da ONU, desempenhando as funções que estes lhe recomendem.

O Conselho de Segurança é o órgão executivo da ONU e o mais importante de todos os órgãos permanentes. Compõe-se de membros das Nações Unidas, dos quais cinco são permanentes (China, França, União Soviética, Grã-Bretanha e Estados Unidos) e dez eleitos pela Assembléia Geral, com mandato de dois anos, tendo cada membro apenas um representante. Cabe-lhe a "responsabilidade primordial de manter a paz e a segurança internacionais", procedendo para isso de acordo com os propósitos e princípios das Nações Unidas e adotando as medidas reguladas nos artigos 36, 37 e 38 da Carta. Poderá decidir sobre as medidas necessárias ao cumprimento de suas decisões e instar junto aos membros das Nações Unidas para que apliquem ditas medidas, as quais poderão consistir em interrupção total ou parcial das relações econômicas e das comunicações ferroviárias, marítimas, aéreas, postais, telegráficas, radioelétricas e outros meios de comunicação, assim como a ruptura de relações diplomáticas (art. 41). Se entender que tais medidas não bastam, poderá exercer, por meio de forças aéreas, navais ou terrestres, a ação necessária para manter ou restabelecer a paz e a segurança internacionais, seja por meio de demonstrações, bloqueios e outras operações executadas por forças aéreas, navais ou terrestres de membros das Nações Unidas (art. 42).

Cada membro do Conselho de Segurança terá um voto e suas decisões sobre matéria processual serão tomadas pelo voto afirmativo de sete membros. As decisões sobre todas as demais matérias serão tomadas pelo voto afirmativo de sete membros, *inclusive os votos afirmativos de todos os membros permanentes*. Bastará, assim, a abstenção, ou o voto contrário de um único membro permanente (um dos *cinco grandes*), para rejeitar qualquer matéria não-processual (p. ex.: a proposta de *ação coercitiva* contra algum membro das Nações Unidas cuja conduta esteja pondo em risco a paz ou a segurança internacionais). É o chamado direito *de veto*, de que a União Soviética usou mais de 100 vezes e que, na opinião de muitos, responde pela ineficiência da ONU. "A adoção do veto na Carta", diz Celso de Albuquerque Mello, "tem impedido que a ONU tome iniciativas em questões de maior importância, levando-a praticamente a uma paralisação", oferecendo a única vantagem de manter na ONU os cinco Grandes (op. cit.). Baseada que foi, ao se criar, na *igualdade soberana de todos os seus Membros* (art. 2º da Carta), é lamentável que a ONU se contradiga, instituindo esse privilégio em favor de um número determinado de Estados soberanos.

A Corte Internacional de Justiça, com sede em Haia, compõe-se de 15 juízes independentes e é o principal órgão judiciário da ONU (art. 92), cujas decisões cada membro das Nações Unidas se compromete a cumprir, em todo litígio em que seja parte, sob pena de recurso da outra parte para o Conselho de Segurança, que poderá fazer recomendações ou ditar medidas com o fim de levar a termo a execução da sentença (art. 94, n.ºˢ 1 e 2). Os membros das Nações Unidas podem, no entanto, submeter suas controvérsias a outros tribunais (art. 95).

Os 15 juízes, que não podem exercer outros cargos ou funções, são eleitos por nove anos, sem se levar em conta a sua nacionalidade, entre pessoas de elevada integridade moral e que tenham as mais altas qualificações jurídicas. No Tribunal, deve ser assegurada a mais completa representação das "mais altas formas de civilização e dos principais sistemas jurídicos do mundo". Suas decisões são tomadas pelo *quorum* de nove votos. A demissão de um juiz depende de voto unânime do próprio Tribunal.

O Tribunal só decide litígios entre Estados, não podendo o homem ser parte perante ele. Sua jurisdição, porém, não é obrigatória (salvo nos casos previstos em tratados), exercendo-se somente quando os Estados litigantes concordem em submeter-lhe suas questões.

O Conselho Econômico e Social é integrado por 18 membros das Nações Unidas, eleitos pela Assembléia Geral, por três anos, competindo-lhe promover estudos relativos a assuntos internacionais de caráter econômico, social, cultural, educativo e sanitário, e outros assuntos conexos (art. 62 da Carta). O Conselho de Administração Fiduciária tem sua composição especial regulada no artigo 86. Além desses órgãos permanentes, tem a ONU um elenco de organismos especializados, de sua criação ou que com ela se relacionam, tais como a UNESCO (Organização das Nações Unidas para a Educação, a Ciência e a Cultura, com sede em Paris); UNICEF (Fundo Infantil da ONU, com sede em Nova York); ITU (União Internacional de Telecomunicações, sediada em Genebra); FMI (Fundo Monetário Internacional, sediado em Washington); OIT (Organização Internacional do Trabalho), sediada em Genebra; BIDE (Banco Internacional para o Desenvolvimento, sediado em Washington); IAEA (Agência Internacional da Energia Atômica, sediada em Viena); GATT (Acordo Geral de Tarifas, sediado em Genebra); OMS (Organização Mundial da Saúde, sediada em Genebra); FAO (Organização para a Alimentação e Agricultura, sediada em Roma), e outros.

    A atividade desses organismos especializados é coordenada pela ONU, através da Assembléia Geral e do Conselho de Desenvolvimento Econômico e Social, nos termos do artigo 60 da Carta das Nações Unidas.

Capítulo XXII

61. Direito internacional privado.

61. Direito internacional privado

O Direito internacional privado, ou conflito de leis, é, na definição de Arthur Nussbaum, o corpo de regras tendentes a estabelecer que sistema territorial de leis deve eleger-se para decidir um caso que tem conexões com mais de um país (*Princípios de Derecho Internacional Privado*, trad. de Alberto D. Schoe, Buenos Aires, 1947). Denominam-no também "Teoria da autoridade extraterritorial da lei" (P. Fiore) ou "Direito auxiliar" (Amílcar de Castro), ou "Direito privado humano" (Estanislao Zebalos).

Cada governo independente organiza o seu sistema de Direito internacional privado, que passa a integrar o ordenamento jurídico interno. As regras particulares de Direito internacional privado de cada jurisdição estatal destinam-se a enquadrar o Direito privado, dessa mesma ordem jurídica, nos chamados *fatos anormais* submetidos à sua apreciação, isto é, fatos cujas características superam as dos da vida real interna de determinado Estado. O objeto do Direito internacional privado, como diz um dos seus mestres brasileiros, é única e exclusivamente organizar Direito adequado à apreciação de fatos anormais, ou fatos em relação com dois ou mais meios sociais (Amílcar de Castro, *Direito internacional privado*, 1º v., Rio de Janeiro, Forense, 1956).

Nenhuma regra de Direito internacional privado é apreciada por jurisdição estranha. A apreciação de uma relação jurídica anômala, a saber, do fato anormal, depende do sistema de Direito internacional privado da jurisdição, perante a qual o fato é apreciado ao tempo em que ocorreu. Assim, o mesmo fato anormal pode ser diversamente apreciado no Brasil, no Chile, na França. Segundo explicam os escritores, o que determina o funcionamento desse ramo jurídico são os contatos ou aderências do fato com dois ou mais meios sociais, como, por exemplo, a sucessão de um brasileiro aqui domiciliado e falecido, que deixa ações de uma sociedade anônima inglesa, legadas a irmão domiciliado na Suíça. Aí, a sucessão tem conexão com o Brasil, pela nacionalidade e domicílio do *de cujus*; com o meio social suíço, pelo domicílio do legatário; e com o meio social inglês, pela sede da sociedade anônima. Outro exemplo: numa rua de Buenos Aires, um brasileiro e um argentino são atropelados pelo automóvel de um brasileiro domiciliado no Brasil; o responsável pelo acidente volta logo em seguida ao seu país, e as vítimas pretendem pedir judicialmente indenização: qual o Direito aplicável?

O governo de cada jurisdição soberana oferece os critérios, a seu ver mais adequados, de apreciação dos fatos anormais, quer mandando observar o próprio Direito nacional, quer dispondo que se imite Direito estrangeiro. Há quem considere o Direito internacional privado o mais complicado ramo jurídico, em virtude da dificuldade de coordenar regras solucionadoras dos conflitos verificados entre as diferentes legislações internas que interferem na mesma relação jurídica, isto é, no fato anormal.

O Decreto-lei 4.657, de 4.9.42 (nova Lei de Introdução ao Código Civil) alterou o regime de Direito internacional privado brasileiro, estabelecendo o domicílio como principal circunstância de conexão, com o que facilitou a apreciação dos fatos anormais.

Desde Teixeira de Freitas, o seu primeiro defensor, era apontado o critério do domicílio como o mais conveniente para o Brasil, país de imigração. Cinco artigos do *Esboço* (artigos 26 a 30) dedicou Teixeira de Freitas a essa matéria, acompanhados de extensas notas, nas quais justificava a escolha do princípio do domicílio. O nosso Direito anterior tinha-se definido pela *lei nacional da pessoa*. Dispunha o artigo 8º da primeira Lei de Introdução ao Código Civil (Lei 3.071, de 1919: "A lei nacional da pessoa determina a capacidade civil, os direitos de família, as relações pessoais dos cônjuges, e o regime dos bens no casamento, sendo lícito, quanto a este, a opção pela lei brasileira". A nova Lei de Introdução, no artigo 7º, diz: "A lei do país, em que for domiciliada a pessoa, determina as regras sobre o começo e o fim da personalidade, o nome, a capacidade e os direitos de família." Seguem-se-lhe oito parágrafos (o § 6º está revogado, a partir da Emenda 9, já regulada por lei, que introduziu o divórcio) e mais, os artigos 8º a 16º, que contêm regras de Direito internacional privado.

Fontes – São fontes do Direito internacional privado, no Brasil, em primeiro lugar, a Constituição com a regra do artigo 5º, XXXI, segundo a qual "a sucessão de bens de estrangeiros, situados no Brasil, será regulada pela lei brasileira, em benefício do cônjuge ou dos filhos brasileiros, sempre que lhes não seja mais favorável a lei pessoal do *de cujus*". Vêm a seguir as leis nacionais sobre a aplicação do Direito com relação ao território; tratados ou convenções internacionais, os costumes, a doutrina e a jurisprudência.

O Código de Bustamante (Antonio Sanchez y Sirven) foi adotado pela 6ª Conferência Pan-americana, reunida em Havana (1928). Regula minuciosamente o Direito internacional privado em 437 artigos. O Brasil ratificou-o e promulgou-o pelos Decretos 5.647 e 18.871, de 7 e 13.1.29, respectivamente.

A propósito do nosso regime de Direito internacional privado, escreve o Professor Amílcar de Castro: "Diante dessas disposições legais, vê-se que, atualmente, no Brasil, encontram-se regras de Direito Internacional Privado *gerais*, aplicáveis aos apátridas e aos súditos de Estados não-aderentes ao Código de Bustamante; regras *especiais* do Código de

Bustamante destinadas aos súditos dos Estados aderentes a esse Código; e regras *especialíssimas* que podem ser firmadas em tratados sobre determinados assuntos. Na verdade, pois, o sistema brasileiro é complexo, ou melhor, há no Brasil mais de um sistema de Direito Internacional Privado, o que é manifestamente inconveniente, porque os julgamentos dos fatos anormais se complicam, e dúvidas desnecessárias se apresentam, com a séria desvantagem de poder a mesma questão ser resolvida de modos diversos. Assim, se um boliviano entrar em relação de Direito Privado com um brasileiro, o fato internacional que houver, será apreciado pelas regras do Código de Bustamante, porque o Brasil e a Bolívia aderiram a esse Código. Se o mesmo fato surgir entre um brasileiro e um português, já o Código de Bustamante não será observado, e sim, o sistema geral, ou algum tratado especial sobre o assunto" (ibidem).

Esse ramo jurídico, segundo alguns autores, *é privado*, porque compromete e afeta a indivíduos e interesses particulares, embora possa compreender normas de Direito público. E *é internacional*, porque se refere a interesses que dizem respeito a pessoas e coisas em nações diferentes.

Para Pontes de Miranda, é Direito *público* interno, uma vez que tem por objeto imediato leis, e não relações jurídicas. Assim também pensa Miguel Reale. Amílcar de Castro, igualmente, o coloca entre os ramos componentes do Direito público interno. Entre os vários argumentos que sustenta, no sentido de mostrar essa colocação do Direito internacional privado, diz ele que evidentemente resolver se determinado fato deve ser apreciado, avaliado ou julgado por critério fixado pelas normas jurídicas indígenas ou por normas jurídicas alienígenas, não pode ser questão de Direito privado.

Enrique Aftalion, Olano e Vilanova, por sua vez, o situam entre os ramos do Direito privado. Pensamento idêntico é o de Abelardo Torre, de Carlos Mouchet e Ricardo Zorraquin Becú, Paulino Jacques e outros.

Capítulo XXIII

62. Direito civil.

62. Direito civil

Ingressemos, agora, no Direito privado, cujo tronco é o Direito civil. Em Roma, o *jus civile* não tinha, originariamente, o mesmo sentido dos dias de hoje. Era o Direito que se fundava na lei (*lex*), discutida e votada nos comícios, abrangendo tanto o Direito público como o Direito privado. Seus sujeitos eram, então, aqueles que gozavam das prerrogativas da cidadania romana. O Direito aplicável a todos os povos denominava-se *jus gentium*. Depois do *edicto* do imperador Caracala, ano 212 d.C., é que se tornou o Direito comum a romanos e estrangeiros habitantes do império.

Na Idade Média, o *jus civile* foi também o Direito comum, por oposição ao *Direito canônico,* graças à expansão do Direito romano por influência dos glosadores (na universidade de Bolonha, onde cursavam cerca de dez mil estudantes de várias partes do mundo, ensinava-se o Direito romano como o Direito universal do Ocidente, no que não contrariasse os Direitos locais). Com o tempo, desprenderam-se dele, como veremos, alguns ramos, mas o Direito civil continuou sendo o principal ramo do Direito privado, "o Direito privado por excelência", regulando incessantemente a existência das pessoas como tais. O Direito civil, segundo o romanista Angel Latorre, estrutura-se, na atualidade, sobre duas idéias básicas: a de ser um Direito privado "geral", isto é, aplicável como fundamento de todos os outros ramos do Direito privado, e a de ser um Direito de certo modo residual, porque entra na sua esfera tudo aquilo que não lhe tenha sido subtraído por outros ramos do Direito privado.

As pessoas, enquanto tais, isto é, independente de sua profissão, nacionalidade, sexo, permanecem a vida toda e mesmo desde antes e até depois dela, sujeitas à atuação normativa do Direito civil. Como parte fundamental do Direito privado, destina-se o Direito civil a disciplinar as relações familiares e patrimoniais que se estabelecem na comunidade. Como dizem Ambroise Colin e Henri Capitant, o Direito civil define e regula os direitos privados, a saber, as prerrogativas de que podem prevalecer-se os indivíduos, uns em relação aos outros, na sua atividade particular e, em conseqüência, resolve principalmente as quatro seguintes questões: 1) quais as pessoas que podem ser sujeitos de Direito privado; 2) quais os diversos *direitos privados* reconhecidos aos particulares em suas relações recíprocas; 3) como as pessoas particulares *adquirem, transmitem e perdem* seus direitos; 4) como são *sancionados* os direitos privados.

Ele regula o Direito das pessoas, da família, das coisas, das obrigações, dos contratos, das sucessões e dá a disciplina legal dos atos e fatos jurídicos. É o mais estável dos ramos do Direito, regendo as relações fundamentais e permanentes do homem, relativas à família, ao casamento, ao patrimônio. É direito privado *comum*, por serem de aplicação geral suas normas (daí ser Direito subsidiário de outros ramos do Direito privado). Constitui a estrutura da organização jurídica interna de um país. Representa o tronco comum dos ramos emancipados e conserva as regras gerais. Dele disse o publicista Maurice Hauriou que a relação entre o Direito comum (civil) e as outras formas de Direito é a que existe *entre a regra e a exceção desta regra*. Ao apresentar ao governo, na qualidade de supervisor da respectiva Comissão Elaboradora e Revisora, o anteprojeto do novo Código Civil, escreveu o Professor Miguel

Reale que o Direito civil é, tradicionalmente, a *sedes materiae*, como Direito comum dos preceitos relativos às estruturas gerais do ordenamento jurídico nacional.

Não obstante a importância do Direito civil, há os que o superestimam, tentando levar para a esfera do Direito público certas concepções peculiares do direito comum, com o que enveredam pelo que Manoel Gonçalves Ferreira Filho apelida de *privatismo*, "verdadeira doença infantil do Direito, caracterizada pela tendência a tudo reduzir aos princípios de Direito Civil".

Estudando o conteúdo ou objeto do Direito civil, diz Miguel Reale que ele apresenta, como elementos basilares, os seguintes princípios condicionadores de toda a vida jurídica: 1) *princípio da personalidade* (todo homem é sujeito de direitos e obrigações, pelo simples fato de ser homem); *princípio da autonomia da vontade* (reconhecimento de que a geral capacidade jurídica da pessoa humana lhe dá o poder de realizar ou não certos atos, conforme os ditames de sua vontade); *princípio da liberdade de estipulação negocial* (o poder da pessoa de praticar certos atos implica a faculdade de outorgar direitos e aceitar deveres, nos limites legais, gerando relações ou situações jurídicas, como os "negócios jurídicos" em geral e os contratos, em particular); *princípio da propriedade* individual (reconhecimento de poder o homem, através do trabalho ou outras formas legais, exteriorizar a sua persona-lidade em bens imóveis ou móveis, que passam a ser objeto exclusivo do seu querer e de seu patrimônio); *princípio da intangibilidade familiar* (entre as situações jurídicas constituídas pelo querer livre dos homens, uma há, que é a expressão imediata de seu querer pessoal, a *família*, protegida contra indébitas ingerências em sua vida íntima); *princípio da legitimidade da herança e do direito de testar* (aceitação de que, entre os poderes do homem sobre os seus bens, inclui-se o de poder transmiti-los, no todo ou em parte, a seus herdeiros, começando pelos descendentes); *princípio da solidariedade social* (a função social dos direitos civis, da propriedade e dos negócios jurídicos, a fim de se conciliarem as exigências da coletividade com os poderes conferidos aos indivíduos). É a chamada *socialização ou humanização* do Direito (Cf. Miguel Reale, *Lições preliminares de Direito*, cit.).

Até o movimento da codificação, que se estendeu a todos os continentes, o Direito civil era o Direito privado. Os Códigos tornaram mais precisos os seus limites e o seu conteúdo. O anterior Código Civil compunha-se de uma *Introdução*, que contém apenas a *Lei de Introdução ao Código Civil Brasileiro*, a qual não se justifica, segundo a lição de Eduardo Espínola e Eduardo Espínola Filho, seus comentadores, pois "nenhuma regra existe para considerar-se uma Lei de Introdução ao Código Civil, quando é, verdadeiramente, o diploma de aplicação, no tempo e no espaço, de todas as leis brasileiras". O Professor Haroldo Valladão, para substituí-la, elaborou um anteprojeto do que denomina *Lei Geral de Aplicação das Normas Jurídicas*. O Código Civil vigente já não tem essa parte e divide-se em *Parte Geral e Parte Especial. A Parte Geral* tem três *livros:* Das pessoas (Livro I), Dos bens (Livro II) e Dos fatos Jurídicos (Livro III). *A Parte Especial* compõe-se de cinco livros, a saber: Do Direito das obrigações (Livro I), compreendendo as modalidades das obrigações, os efeitos das obrigações, a cessão de crédito, os contratos, as várias espécies de contratos, as obrigações por declaração unilateral da vontade, as obrigações por atos ilícitos, a liquidação das obrigações e o concurso de credores; do Direito de empresa (Livro II), do Direito das coisas (Livro III), abrangendo a posse, a propriedade e os direitos reais sobre coisas alheias; do Direito de família (Livro IV), e do Direito das sucessões (Livro V) abrangendo a sucessão em geral, a sucessão legítima e a testamentária, o inventário e partilha.

Capítulo XXIV

63. Direito comercial.

63. Direito comercial

Segundo grande ramo do Direito privado, o Direito Comercial dá o regime jurídico das atividades mercantis.

É o Direito positivo que estabelece os limites e critérios distintivos da matéria civil e comercial. Historicamente, foi o Direito comercial o Direito dos *comerciantes* e dos *atos de comércio*, não apenas nas cidades italianas de intensa atividade mercantil, mas por toda a Europa ocidental, "deduzido das regras corporativas e, sobretudo, dos assentos jurisprudenciais das decisões dos cônsules, juízes designados pela corporação, para, em seu âmbito, dirimirem as disputas entre comerciantes". Ele surge, assim, como um sistema *corporativo* de costumes jurídicos, estreitamente relacionados com o comércio marítimo e bancário, gerando a maioria das instituições mercantis contemporâneas (seguros, sociedades, letras de câmbio, falência, etc.). "Com a centralização monárquica e a formação do Estado moderno, que se leva a termo na Idade Moderna e particularmente no século XVII", escreve Henrique Aftalion, "assinala-se um segundo período de Direito Comercial: alteram-se-lhe a fonte de validez e o sentido de sua autonomia. As corporações, com efeito, perderam o seu poder normativo. O Direito Comercial, como todo Direito, deriva agora a sua validez do Estado, mais ou menos centralizado. O Direito Comercial deixa de ser então o Direito próprio dos comerciantes. Contudo, não desaparece senão o critério para sua aplicação e distinção, de *subjetivo* que era, para ser *objetivo*. O problema capital é agora o do *crédito*. Durante a Idade Média, o crédito aparecia, fundamentalmente, como *crédito de consumo,* que fundamentava a reprovação da cobrança de juros. Porém, na raiz da passagem que se inicia em fins do século XVII, do artesanato medieval para a indústria em grande escala, aparece o *crédito de produção*, que cumpre uma função economicamente útil, tornando justa uma proteção jurídica especial e a cobrança de juros. A isso corresponde o aparecimento de instituições típicas do Direito Comercial".

Comercialistas dos nossos dias frisam que já não é possível defini-lo como o Direito do *comércio.* Ele rege, antes, a *atividade negocial* dirigida à produção de bens ou serviços ou "à atividade econômica habitualmente destinada à *circulação das riquezas*". Acompanhando, quanto ao conceito desse ramo do Direito privado, os ensinamentos do Professor Rubens Requião, contidos no seu *Curso de Direito comercial,* vemos que também a idéia de fim de *lucro* não basta para entendê-lo, pois existem atividades lucrativas, como o artesanato, a agricultura, os negócios imobiliários, etc., que escapam ao âmbito do comércio juridicamente encarado, e outras, tidas como atos de comércio, podem não ter fim lucrativo, como um aval num título cambial. A própria expressão Direito comercial tornou-se inadequada, traduzindo "de modo imperfeito a realidade que se quer significar" e assim, "se esse direito é ainda chamado *comercial,* o é como recordação da época longínqua na qual a atividade econômica se reduzia praticamente ao tráfico de mercadorias, ao negócio, ao comércio, no sentido mais estrito", segundo o professor belga Van Ryn, citado naquele *Curso.* Outros, defendendo a disciplina tradicional, acham que "nunca poderá o Direito econômico pretender desalojar o Direito Comercial de suas posições" (Julius von Gierke). E há quem o conceitue como o *Direito das empresas.* A *empresa* é o que constitui o critério da comercialidade. Ela e a atividade empresarial substituíram, segundo Miguel Reale, o tormentoso e jamais claramente determinado conceito de *ato de comércio*.

O Professor Rubens Requião, analisando o assunto à luz do nosso Direito positivo, acha que o Direito comercial tem um âmbito preciso e definido, que se identifica modernamente com o *direito das empresas mercantis*. Escreve ele: "O primeiro passo para edificar o Direito Comercial sobre o conceito de *empresa* foi dado na Alemanha, no Código Comercial de 1897, restabelecendo e modernizando o conceito *subjetivista*. Pela definição do art. 343, atos de comércio são todos os atos de um comerciante relativos à sua atividade comercial. Em face dessa definição, tanto o ato de comércio como o comerciante somente adquirem importância para o Direito Comercial quando se refiram à exploração de uma empresa. Desaparece, nela, a preponderância do ato de comércio isolado, como também se esmaece a figura do comerciante. Surge, assim, esplendorosa, a *empresa mercantil*, e o Direito Comercial passa a ser o Direito das empresas comerciais."

É um ramo jurídico em contínua evolução, e pouco formalista. Com efeito, por meio de cartas, telegramas, telex, telefonemas, se realizam, ordinariamente, contratos mercantis; um simples endosso faz circular um título cambial entre várias pessoas; sem necessidade de autenticação por oficial público ou de testemunhas, o título ao portador transfere-se por simples tradição manual. Entre as suas numerosas instituições, temos o *seguro*, que estabiliza as operações mercantis, permitindo a cobertura de riscos a que se acham expostas pessoas e coisas; os *bancos*, que regulam e concentram a circulação da moeda e servem de intermediários entre a oferta e a procura; o *crédito*, o *transporte*, etc.

O comércio é terrestre, marítimo, fluvial, lacustre; de pequena e grande *cabotagem* (conforme a navegação é costeira ou através de mares e oceanos); de importação, exportação e de trânsito; por *atacado* (diretamente do produtor ao comerciante ou a seus revendedores e distribuid*ores); varejista* (entre o comerciante e o consumidor); *público* (quando realizado pelo Estado sob a forma de monopólio e posto sob a proteção da lei); *privado* (de iniciativa individual); *sedentário* (estabelecido em certo lugar) e *ambulante*.

Fontes – É Direito que veio, historicamente, de usos e costumes dos comerciantes, de maneira que o costume continua sendo a principal de suas fontes supletivas. Algumas de suas instituições decorrem exclusivamente de práticas mercantis que se converteram em costumes jurídicos. O cheque visado, sobre o qual a lei de 1912 é omissa, é uma delas. Na praça da Bahia, esse costume foi registrado na Junta Comercial, a requerimento da Associação Comercial, para que produzisse os efeitos legais, em junho de 1960.

A Constituição estabelece várias regras fundamentais ao legislador ordinário acerca de matéria mercantil, assumindo assim, o grau mais alto na hierarquia das fontes do Direito comercial. O Código Comercial de 1850 está apenas parcialmente vigorando, pois muitas de suas disposições foram substituídas por leis posteriores, como, por exemplo, as relativas a falências, sociedades anônimas, títulos cambiais. Além disso, matérias não previstas pelo codificador de 1850 foram acrescentadas por leis novas. Entre as leis mercantis mais importantes, podemos citar a de n. 6.404, de 15.12.76, reguladora das sociedades anônimas; as que dão o regime jurídico das letras de câmbio, notas promissórias e cheques, regime jurídico esse que foi alterado pela Lei Uniforme resultante das Convenções de Genebra de 1930 que o Brasil subscreveu. A Lei Uniforme sobre letras de câmbio, notas promissórias e cheques está em vigência no Brasil por força do disposto no Decreto Legislativo 54, de 1960, e Decretos 57.663 e 57.595, de 24 e 7.1.66, respectivamente.

Pouco resta do velho Código, escreve Rubens Requião, mas lhe devemos respeito pela precisão de suas regras que ainda perduram e pela técnica de sua elaboração. No particular, muito lhe ficam a dever não poucas das leis brasileiras em geral das últimas décadas.

Capítulo XXV

64. Direito do trabalho. 65. Justiça do trabalho: natureza, órgãos.

64. Direito de trabalho

Desmembraram-se também do Direito civil as normas relativas a um novo tipo de relações jurídicas: as relações derivadas do trabalho do homem. O ramo jurídico que as sistematiza, segundo alguns, devia chamar-se *Direito social,* nome com o qual o batizou, em livro, Carlos Garcia Oviedo. O próprio Garcia Oviedo reconhece ser o vocábulo *social* demasiado amplo e um tanto ambíguo. Sem embargo, pergunta e responde: "Que se quer expressar com ele? Em que regras e instituições pode concretizar-se um direito chamado social? Contudo, é o apelativo que escolhemos para denominar esta disciplina, em parte por ser usual entre nós, e em parte também por seu caráter mais expressivo, para o efeito de fixar o seu conteúdo e sua finalidade" (Carlos Garcia Oviedo, *Tratado Elementar de Derecho Social,* Madrid, 1934).

Georges Scelle, por sua vez, quer que se chame *Direito operário* (*Le Droit Ouvrier,* 2ª ed., Paris, Armond Colin, 1929, é o título de um dos seus trabalhos sobre a matéria), visto lhe parecer que, para o Legislador, foi o operário a personalidade dominante, quer por tê-lo querido proteger contra o poder econômico do capital e do patrão, quer porque se esforçou para o garantir contra os riscos da profissão, ou, ainda, por ter pretendido preservar a própria ordem social contra suas reivindicações. Deve, pois, conservar- se, segundo ele, a expressão "Direito operário", não que a tenhamos hoje como perfeitamente compreensiva, mas ao menos porque ela é, historicamente, fundamentalmente, exata e significativa. "Direito novo" apelidou-o Alfredo Palacios. Direito industrial e Legislação do trabalho – foi como, no Brasil, se designou, a princípio, a disciplina, nas Faculdades de Direito. Mas *Direito do trabalho* é a denominação consagrada, ao menos aqui, a partir da lei que, em 1956, incluiu a disciplina no currículo do curso de graduação.

Antes da elaboração do Direito do trabalho como ramo autônomo, desprendido do Direito civil, conheceu-se o arrendamento de serviço, cujo antecedente remoto é *a locatio conductio operarum*, dos romanos, fórmula do tempo em que o trabalho, sobretudo o manual, era uma atividade servil. Foi ainda em termos de *locação ou arrendamento de serviços* que o individualismo liberal recolheu o ajuste pelo qual uma das partes punha à disposição de outra sua força de trabalho, como se o trabalho fosse uma simples mercadoria. A lei devia entrar em ação apenas para tutelar a igualdade formal das partes, as quais eram inteiramente livres para ajustar as condições do trabalho, tal como ocorria com todos os demais contratos. Ainda foi assim que também o Código Civil brasileiro o regulou, em sóbrios 20 artigos, e uma única restrição à vontade das partes: a de contratar serviço por prazo superior a quatro anos. Estava-se no apogeu do domínio da *autonomia da vontade,* "princípio retor do Direito Civil do século passado" (Mário de La Cueva). No começo do século passado, conheceram-se umas poucas normas legais de sentido social, como, por exemplo, a que, na Inglaterra, regulamentou a jornada de trabalho dos meninos e a que, França, proibia o trabalho destes em fábricas.

Com o advento, porém, do Direito do trabalho – fenômeno já do século atual – é que se tornou abundante a proteção constitucional e a regulamentação legal do trabalho, concebido então, segundo diz um dos escritores atuais desse ramo jurídico, como "fator primordial da vida econômica, meio de vida da parte mais numerosa da Humanidade atual, extravasamento de energias humanas a serviço da coletividade" (Garcia Oviedo).

A partir do fim da primeira grande guerra o Direito do trabalho tomou maiores proporções. Na Conferência da Paz, o Tratado de Versalhes (1919) incluía uma série de recomendações sobre a melhoria das condições do trabalho, para, como dizia, acabar com a injustiça, a miséria e as privações. Num dos seus "considerandos", diz o Tratado: "Que a não-adoção, por uma Nação qualquer, de um regime de trabalho realmente humano é um obstáculo aos esforços de outras nações desejosas de melhorar a sorte dos trabalhadores em seu próprio país". E dentre os princípios fundamentais que apontava, vinham estes:

1) o trabalho não deve ser considerado simplesmente como uma mercadoria ou artigo de comércio; 2) amplo reconhecimento do direito de associação tanto dos patrões como dos assalariados; 3) pagamento ao assalariado de um salário diário conveniente; 4) jornada de oito horas diárias ou 48 semanais; 5) descanso semanal; 6) supressão do trabalho dos meninos e obrigação de delimitar o trabalho dos menores com fins de educação e desenvolvimento físico; 7) salário igual, sem distinção de sexo, para igual trabalho; 8) aplicação da legislação nacional do trabalho aos estrangeiros residentes no país (Cf. Carlos Garcia Oviedo, op. cit.).

Tais princípios foram não só adotados, em geral, pelas constituições e leis dos países civilizados, mas também acrescidos de outros que vieram a integrar o sistema normativo protetor das relações de trabalho.

Do Tratado de Versalhes surgiram ainda a Organização Internacional do Trabalho (OIT) e suas Conferências Internacionais do Trabalho, com o fim de dar execução aos princípios do Tratado. Essas Conferências Internacionais funcionam como órgãos legislativos da OIT e são compostas por delegados dos governos dos Estados-membros e representantes de organismos profissionais de empregados e empregadores, paritariamente, podendo elaborar *Recomendações e Convenções*, que ficam sujeitas à ratificação dos estados participantes.

O Direito do trabalho rege as relações de trabalho *subordinado*, tendo como pressuposto, segundo a doutrina predominante, a liberdade de trabalho, com a limitação, pelo Estado, da liberdade de contratar, para que esta se possa exercer efetivamente. O tratadista mexicano Mário de la Cueva diz restringir o seu estudo aos sistemas jurídicos que reconhecem a liberdade de associação profissional, o direito de greve e a livre formação do contrato coletivo de trabalho, não o estendendo, pois, aos países totalitários, e afirma: "O direito do trabalho não é, em síntese, um limite à liberdade de contratação, e sim, à liberdade de explorar o fator trabalho, constituindo, pelo contrário, a possibilidade de que exista uma autêntica liberdade de contratação" (Mário de La Cueva, *Derecho Mexicano del Trabajo*, 2ª ed., México, Porrua, 1943).

O Direito do trabalho é um direito de proteção do trabalhador "como ser humano e pela energia pessoal que depende na prestação do serviço". As idéias do *trabalho mercadoria* e da plena autonomia da vontade, que se aninhavam na concepção civilista da locação de serviços, ruíram ante a concepção do trabalho como expressão da personalidade humana, cuja dignidade física e espiritual deve ser tutelada pelo Estado (Aftalion).

Não abrange, porém, o trabalho autônomo, como o do empreiteiro, o do profissional liberal sem vínculo empregatício, o do mandatário, o dos prisioneiros, por não ser prestado voluntariamente, assim como o dos funcionários públicos, estes sujeitos a um regime estatutário (legal). É Direito *especial*, sobre o qual só a União tem competência legiferante, não restando aos Estados-membros sequer competência supletiva a seu respeito.

Entre suas instituições, está o *contrato de trabalho*, destinado a contemplar um fenômeno novo, como quer Mário Deveali, segundo quem existe o contrato de trabalho subordinado, quando este importa numa relação de dependência de caráter continuativo. São, pois, caracteres específicos do contrato de trabalho, que interessa ao Direito do trabalho, a *continuidade* e o trabalho *subordinado* (isto é, prestado em relação de dependência). O "estado de dependência" de um dos sujeitos para com o outro é que caracteriza a relação de emprego, o seu "traço fisionômico" (Ludovico Barassi), é dependência jurídica, ou dever de obediência às ordens do empregador, poder de comando deste, isto é, poder de dirigir, ordenar e fiscalizar a atividade do empregado. A autonomia das vontades contratantes fica fundamentalmente sujeita às disposições legais iniludíveis. O contrato de trabalho foi fortemente atingido pelo intervencionismo estatal. O contrato de trabalho, como o entendem vários doutrinadores, é a convenção pela qual uma pessoa põe à disposição de outra sua atividade profissional, para trabalhar sob a direção e em proveito desta, em troca de uma remuneração chamada salário. São seus *sujeitos:* o empregador (empresa individual ou coletiva) e o empregado. Só o *empregado* está protegido pela legislação do trabalho. O conteúdo da relação individual de trabalho são os direitos e obrigações resultantes do contrato, da lei e de outras fontes normativas. O *salário* é a principal obrigação decorrente do contrato de trabalho para o empregador, e consiste na remuneração recebida pelo empregado, em troca do serviço prestado. A natureza imperativa do Direito do trabalho dirige-se à proteção do trabalhador e traduz-se em sanções penais contra todas as infrações das leis protetoras do trabalho e da organização do trabalho. O Direito do trabalho, em nome da justiça social, protege o economicamente fraco, razão porque suas normas são, em regra, de *ordem pública* e seus benefícios, *irrenunciáveis*.

Conteúdo do Direito do trabalho, ou matéria de que ele trata, são *os sujeitos do contrato de trabalho; o contrato individual de trabalho; a convenção coletiva, a remuneração, a duração da jornada de trabalho, o descanso obrigatório, o regime jurídico das greves, locautes, etc., o processo trabalhista.*

Fontes – As fontes do Direito do trabalho, isto é, "os meios pelos quais se estabelecem normas jurídicas reguladoras das relações do trabalho subordinado", são de origem estatal, tais como a Constituição, as leis ordinárias, os regulamentos, as portarias ministeriais e a sentença normativa, ou de origem autônoma profissional, como o costume, as convenções e os acordos coletivos. Entre elas a hierarquia é a seguinte: Constituição, lei, regulamento, sentença normativa, convenção coletiva e costume (Cf. Delio Maranhão, *Direito do trabalho*, 2ª ed., Rio de Janeiro, Fundação Getúlio Vargas, 1972)

A Constituição ocupa-se extensamente, desde 1946, com a ordem econômica e social, com vistas ao desenvolvimento nacional e à justiça social, estabelecendo alguns princípios, entre os quais o da *valorização do trabalho como condição da dignidade humana.*

No artigo 7º, define, dentre outros, os seguintes direitos dos trabalhadores urbanos e rurais: relação de emprego contra despedida arbitrária ou sem justa causa, seguro-desemprego, em caso de desemprego involuntário; Fundo de Garantia do Tempo de Serviço; salário mínimo, fixado em lei, nacionalmente unificado; piso salarial proporcional à extensão e complexidade do trabalho; irredutibilidade do salário, salvo o disposto em convenção ou acordo coletivo; 13º salário com base na remuneração integral ou no valor da aposentadoria; participação nos lucros, ou resultados, desvinculada da remuneração; duração do trabalho normal não superior a oito horas diárias e 44 semanais, etc.

A legislação do trabalho está quase toda contida na Consolidação das Leis do Trabalho (Dec.-lei 5.452, de 1.5.43). Outras leis posteriores que acresceram ou inovaram em matéria trabalhista: Lei 5.107, de 13.9.65, sobre Fundo de Garantia do Tempo de Serviço; Lei 4.330, de 1.6.64, que regula o direito de greve; Lei 4.090, de 13.7.62, que regula a gratificação natalina ou 13º salário; Lei 4.266, de 13.12.63, reguladora do salário-família; Lei 4.749, de 24.8.65, que permite o adiantamento da gratificação natalina entre fevereiro e novembro; Lei 605, de 5.1.49, regulando o repouso semanal remunerado; Lei 4.440, de 27.10.64, regulando o salário-educação; Lei 5.859, de 11.12.72, que dispõe sobre a profissão de empregado doméstico; Lei 5.638, de 3.12.70, sobre o processo e julgamento das ações trabalhistas de competência da Justiça Federal; Lei 4.725, de 13.7.65, que estabelece normas para o processo dos dissídios coletivos; Lei Complementar n. 7, de 7.9.70, instituindo o Programa de Integração Social (PIS); Lei 5.274, de 24.4.67, sobre o salário mínimo de menores; Lei 4.886, de 9.12.65, que regula as atividades dos representantes comerciais autônomos; Lei 5.889, de 8.6.73, que estatui normas reguladoras do trabalho rural; Lei 6.019, de 3.1.74, dispondo sobre o trabalho temporário nas empresas urbanas.

Constituem ainda fontes do Direito do trabalho a *convenção coletiva de trabalho,* regulamentação prévia de condições de trabalho fixadas por acordo entre sindicatos de empregados e empregadores. A convenção coletiva, quanto à matéria regulada, desempenha o papel de lei, pois tem *caráter normativo* (CLT, art. 611). É lei profissional; seus efeitos, em regra, atingem os associados do sindicato ajustante e algumas legislações admitem a sua extensão a toda a categoria profissional que o sindicato representa na base territorial. Traça normas aos direitos e deveres gerados pelos contratos individuais. Só sindicatos podem ser *sujeitos* da convenção coletiva.

A *sentença coletiva* é outra fonte relevante do ramo jurídico em estudo.

Desconhecida do processo comum, no qual as decisões judiciais obrigam apenas *interpartes,* ela deriva da *competência normativa* que os Tribunais do Trabalho exercem no julgamento dos dissídios coletivos, *ex vi* do artigo 114, parágrafo 2º, da Constituição de 1988. Quando dirime dissídios coletivos, isto é, conflitos de interesses entre associações sindicais, ou grupos profissionais, o tribunal trabalhista substitui o Legislador, ditando condições de trabalho que se impõem aos dissidentes (e, às vezes, até a terceiros não diretamente envolvidos no dissídio). A sentença prolatada pelo Tribunal, em tais casos, é uma *sentença coletiva ou normativa,* "uma figura jurídica inteiramente desconhecida da processualística tradicional, uma espécie nova, um *novum genus,* que não pode de modo algum se assemelhar às outras sentenças proferidas pela justiça comum", conforme Oliveira Viana (*Problemas de Direito corporativo,* Rio de Janeiro). A *sentença normativa,* para Carnelutti, tem corpo de sentença e alma de lei.

Uma sentença coletiva – escreve Orlando Gomes – estendida a toda a categoria de produção, compreendida na jurisdição do Conselho (Tribunal) Regional do Trabalho cria obrigações indeclináveis, que aderem, necessariamente, ao conteúdo de todo o contrato de trabalho celebrado por trabalhador da categoria profissional. Tanta é a sua força normativa que modifica obrigações vigentes e introduz novas nos contratos de trabalho em curso *(Introdução ao Direito do trabalho,* Rio de Janeiro, 1944).

Outras fontes são os *regulamentos* de empresa e as recomendações internacionais, além dos costumes.

65. Justiça do trabalho: natureza, órgãos

Foi a Constituição de 16.7.34 que instituiu uma justiça *especial* destinada a solucionar os litígios entre empregados e empregadores, regidos pela legislação social, mas sem a fazer parte integrante do Poder Judiciário, nem lhe aplicar as disposições a este relativas. O artigo 122 dizia apenas: "Para dirimir questões entre empregadores e empregados, regidas pela legislação social, fica instituída a Justiça do trabalho, à qual não se aplica o disposto no Capítulo IV do Título 1, parágrafo único. A constituição dos Tribunais do Trabalho e das Comissões de Conciliação obedecerá sempre ao princípio da eleição de membros, metade pelas associações representativas dos empregados, e metade pelas dos empregadores, sendo o presidente de livre nomeação do Governo, escolhido dentre pessoas de experiência e notória capacidade moral e intelectual".

Mas somente cerca de cinco anos depois, pelo Decreto-lei 1.237, de 2.5.39, foi ela organizada. Em 1941, instalaram-se os atuais Tribunais Regionais do Trabalho. E a partir da Constituição de 1946 passou a Justiça do trabalho a figurar entre os órgãos do Poder Judiciário.

Quanto à competência, a Justiça do trabalho conserva a de conciliar e julgar os dissídios individuais e coletivos entre empregados e empregadores, podendo ainda a lei atribuir-lhe o poder de julgar outras controvérsias oriundas de relação de trabalho, conforme disposição constitucional.

O Direito do trabalho é um Direito protetor do economicamente fraco, mas não a Justiça do trabalho. Esta, ainda que *especial*, visto destinar-se a resolver os dissídios individuais e coletivos entre empregados e empregadores e outras controvérsias oriundas de relação de trabalho, não toma partido entre os litigantes, não é a favor do empregado, mas imparcial aplicadora da norma jurídica ao caso sob sua jurisdição.

Capítulo XXVI

66. Direito agrário.

66. Direito agrário

O Direito agrário é um ramo jurídico de recente elaboração e cuja autonomia foi reconhecida, formalmente, pela EC-10/46, que o incluiu na competência legiferante da União. É Direito em plena evolução, que dá o regime jurídico da produção, da indústria e do comércio agropecuários. No trabalho intitulado *Introducción al estudio del Derecho Agrário*, o professor mexicano Lucio Mendieta y Nuñez define-o, como "o conjunto de normas, leis, regulamentos e disposições em geral, doutrina e jurisprudência que se referem à propriedade rural e às explorações de caráter agrícola".

Desdobrando os termos da definição acima, diz o seu autor: "É indispensável fixar, antes de tudo, a extensão do termo 'agrário', para expor um conceito sobre o Direito agrário. A palavra mencionada vem do latim *agrariu*, de *ager*, campo, e, em conseqüência, designa tudo o que se relaciona com o campo. Direito agrário é, dentro de tão extenso significado, somente o estatuto jurídico do campo. Noutras palavras, refere-se às normas legais que regem toda relação jurídica que tem por objeto a terra como propriedade ou como fonte econômica de caráter agrícola, entendido esse caráter em seu mais amplo significado, isto é, como a exploração da terra ou de indústrias amplamente conexas com essa exploração" (Cf. Eduardo García Maynez, *Introducción al Estudio del Derecho*, cit.).

O Direito agrário regula os interesses e atividades que têm por base a exploração da terra mediante a agricultura e a pecuária ou outras atividades agroindustriais e extrativas. Os dois mais importantes aspectos da exploração da terra, que são a agricultura e a pecuária, ficam, pois, sob a disciplina legal estabelecida por esse ramo novíssimo do Direito privado. Integram, no entanto, o seu conteúdo: a propriedade rural (regime de arrendamento, parceria, etc.), as terras públicas, a propriedade dos semoventes (regime de *marcas e sinais*, uns e outros usados como sinais de propriedade e como meio de prova, sendo definida a *marca* como o "sinal indelével impresso a fogo no corpo do gado de grande porte", e o *sinal* como aquele "que se usa para distinguir os animais de pequeno porte e consiste num corte ou incisão de uma forma determinada, geralmente feita na orelha do animal"); a colonização, o crédito agrário, as cooperativas e os seguros agrícolas, o regime de águas, a defesa sanitária da produção agropecuária, o regime florestal, etc.

É também denominado *Direito rural*, e em alguns países já atingiu grande desenvolvimento, ao ponto de estar codificado. No Uruguai, por exemplo, como informa Enrique Vescovi, existe um Código Rural que é um de seus "corpos de leis mais modernos".

Fontes – São fontes imediatas do Direito agrário brasileiro, em primeiro lugar, a Constituição, que nos artigos 184 *usque* 191, estabelece regras fundamentais ao legislador complementar e ordinário acerca de matérias integrantes dessa nova especialidade do Direito privado. Assim é que o artigo 184 disciplina a desapropriação por interesse social, para fins de reforma agrária, de imóvel rural que não esteja cumprindo sua função social. A competência para isso continua sendo da União e a respectiva indenização prévia e justa será paga em títulos da dívida agrária, com cláusula de preservação do valor real, resgatáveis no prazo de 20 anos, a partir do segundo ano de sua emissão, salvo no que respeita às benfeitorias úteis e necessárias, que serão indenizadas em dinheiro.

A pequena e média propriedade rural, assim definida em lei, desde que o proprietário não possua outra, bem como a propriedade produtiva, não poderão ser desapropriadas para fins de reforma agrária. Esta última terá tratamento especial garantido em lei e, legalmente, também, serão fixadas as normas para o cumprimento dos requisitos relativos à sua função social. No artigo 186 está objetivamente dito o que se deve compreender por cumprimento da função social da propriedade rural, que se verificará quando esta atende, simultaneamente, segundo critérios e graus de exigência estabelecidos em lei, aos seguintes requisitos: I – aproveitamento racional e adequado; II – utilização adequada dos recursos naturais disponíveis e preservação do meio ambiente; III – observância das disposições que regulam as relações de trabalho; IV – exploração que favoreça o bem-estar dos proprietários e dos trabalhadores.

À fonte constitucional, segue-se uma já numerosa legislação de Direito agrário, a começar pelo *Estatuto da Terra* (Lei 4.504, de 30.11.64). Este Estatuto regula: as terras públicas, a reforma agrária e a política de desenvolvimento rural. A reforma agrária, por sua vez, tem por fim estabelecer um sistema de relações entre o homem, a propriedade rural e o uso da terra, capaz de promover a justiça social, o progresso e o bem-estar do trabalhador rural e o desenvolvimento econômico e social do país, com a gradual extinção do minifúndio e do latifúndio.

Outras leis são a de n. 4.214 (Estatuto do trabalhador rural), o Decreto-lei 926, de 13.10.69, que instituiu a Carteira de Trabalho e Previdência Social; Lei 4.593, de 5.1.65, dispondo sobre a desapropriação para as Obras de Combate às Secas do Nordeste; o novo Código Florestal (Lei 4.771, de 15.9.65); a Lei 4.829, de 5.11.65, acerca da *institucionalização do crédito rural*; a Lei 4.947, de 6.4.66, fixando *normas de Direito agrário* e a *disciplina do sistema de organização e funcionamento do Instituto Brasileiro de Reforma Agrária;* Lei 5.173, de 27.10.66 (Plano de Valorização da Amazônia); Lei 5.508, de 11.10.68 (aprovação da quarta etapa do Plano Diretor do Desenvolvimento Econômico e Social do Nordeste para os anos de 63-73); Dec.-lei 59, de 21.10.66 (definição da Política Nacional de Cooperativismo); Dec.-lei 167, de 14.2.67, sobre títulos de crédito rural (cédula rural pignoratícia; cédula rural hipotecária; nota de crédito rural); Decreto-lei 289, de 28.2.67 (Criação do Instituto Brasileiro de Desenvolvimento Florestal); Decreto- lei 554, de 25.4.69, regulando a desapropriação, por interesse social, de imóveis rurais para fins de reforma agrária; Decreto-lei 564, de 1.5.69 (extensão da Previdência Social a empregados não abrangidos pelo sistema geral da Lei 3.807, de 26.8.60); Decreto-lei 195, de 24.2.67, sobre a cobrança de contribuição de melhoria.

Sobre matéria de Direito agrário só o legislador da União tem competência legiferante.

Capítulo XXVII

67. Direito aeronáutico.

67. Direito aeronáutico

O Direito aeronáutico, ramo do Direito privado, começou a figurar, entre as matérias da competência legiferante do legislador da União, na Constituição de 1934, com o nome de *Direito aéreo*. O Constituinte de 1946 passou a chamá-lo Direito aeronáutico; o de 1967, antes da EC-1/69, voltou à antiga designação, e, finalmente, em 1969, restabeleceu-se a denominação de 1946, que foi mantida nas emendas posteriores e na Constituição de 1988, artigo 22, I.

O Direito aeronáutico trata dos princípios e normas reguladoras da navegação aérea, das aeronaves e do espaço aéreo ou, como outros entendem, disciplina as relações jurídicas resultantes da aeronavegação e das atividades a ela vinculadas. Seu ensino teve começo na Itália, em 1919, na Universidade de Palermo "por iniciativa do Professor Antonio Ambrosini". Os Professores Vicente O. Cutolo e Pedro I. Benvenuto dão o Direito aeronáutico como abrangente não apenas da condição jurídica do espaço aéreo, mas também da organização administrativa aeronáutica e da infra-estrutura, que compreende o estabelecimento e a organização dos aeródromos, iluminação, radiocomunicações e serviços meteorológicos. Trata ainda, segundo os citados autores, do exercício das aeronaves (conceito de empresário, usufruto e locação da aeronave), do contrato de utilização de aeronaves, transportes, carga e passagem; da responsabilidade relativa às pessoas e mercadorias; assistência e salvamento, seguros e regime imperante em casos de guerra aérea.

É também chamado Direito do ar, Direito da aviação, Direito da navegação aérea.

Entre os problemas próprios desse novo ramo jurídico, podem-se apontar: a condição jurídica do espaço aéreo em face da aviação; a natureza jurídica da aeronave; a jurisdição sobre a aeronave; o regime jurídico do pessoal de vôo, da circulação aérea, dos aeroportos; os seguros, a hipoteca aérea, o transporte, a guerra aérea, a responsabilidade civil por danos às pessoas e às aeronaves.

A Constituição de 1988 previu a autonomia, ainda, do Direito *espacial,* que é o relativo à navegação além do espaço aéreo, além dos limites da gravitação terrestre e que penetra nos espaços siderais, por meio de satélites e foguetes.

Fontes – São suas fontes reveladoras de normas jurídicas: as leis nacionais e internacionais, as convenções e os tratados internacionais, uma vez que a navegação aérea assume caráter internacional. Entre as convenções já realizadas estão a de 1943, com a Argentina; a de Chicago, em 1944, que começou a vigorar em 1947, e segundo a qual o Estado tem "a soberania completa e exclusiva sobre o espaço aéreo acima de seu território". Esta convenção apresenta, entre suas finalidades, a de "assegurar o desenvolvimento ordenado e seguro da aviação civil internacional no mundo inteiro e evitar o desperdício econômico que engendra uma concorrência excessiva". Ela consagrou, ainda, o *direito de sobrevôo,* isto é, de liberdade de passagem inofensiva, e o de escala para reparações.

A Convenção de Chicago criou a Organização da Aviação Civil Internacional (OACI), que hoje é um dos organismos especializados da ONU, sediada em Montreal.

Em 1963, celebrou-se uma convenção sobre crimes cometidos a bordo de aeronaves. A Convenção de Genebra, de 1958, já continha dispositivos contra a pirataria aérea. O seqüestro de aviões é tido por alguns internacionalistas, Haroldo Valadão entre eles, como um novo delito internacional, o de pirataria aérea. No Brasil, o seqüestro de aeronave é crime contra a segurança nacional.

Nosso primeiro código sobre a matéria de Direito aeronáutico foi o *Código do Ar* de 1938 (Dec.-lei 483, de 8.6.38), com as alterações introduzidas pelo Decreto-lei 234, de 28.2.67.

O *Código do Ar* regula a matéria das aeronaves, dos direitos reais sobre a aeronave, das Medidas Assecuratórias sobre Aeronaves, Tripulantes, Licenças e Certificados; da Infra-Estrutura Aeronáutica (aeródromos, instalação aérea e serviços destinados a facilitar e tornar segura a navegação aérea); Serviços Aéreos (regime de concessões, etc.), do Transporte Aéreo, da Responsabilidade para com terceiros; das Garantias de Responsabilidade; do Abalroamento Aéreo, da Assistência, do Salvamento, e, finalmente, das infrações.

2ª PARTE

Capítulo único

68. A advocacia.

1. A advocacia, uma das mais antigas profissões humanas, é própria do graduado em Direito. Quer a aceitemos como aquele *nobre e régio labor* da conhecida definição de Cícero, ou, segundo a entreviu Robespierre, como "o amparo da inocência e o açoite do crime", temos de reconhecer no advogado, que a exerce, um servidor do Direito e coadjutor da Justiça. Nada de novo, entretanto, diremos acerca dessa atividade, que através dos tempos tem evoluído pouco. Certo é que ela continua necessária. Quer na sociedade capitalista, ou na socialista, quer no domínio da tecnologia contemporânea, segundo já tem sido observado, a advocacia é uma profissão indispensável, além de socialmente útil, e o advogado, uma presença iludível em todos os setores da vida, com a sua visão abrangente das várias experiências.

2. A advocacia permanece, hoje como ontem, imediatamente associada à técnica, à tática e ao regime de liberdade. "Legalidade e liberdade", disse Rui Barbosa, "são oxigênio e hidrogênio da atmosfera da advocacia. Os governos arbitrários não se acomodam com a autonomia da toga, nem com a independência dos juristas".

Tais valores, em qualquer ocasião, ficam entre si indissoluvelmente vinculados. A técnica pode traduzir-se de maneiras diferentes e uma das mais valiosas, talvez, seja a do conhecimento, tão completo quanto possível, do idioma em que o advogado fala e escreve. Nenhuma outra profissão depende tanto desse elemento quanto a advocacia. Dificilmente o advogado poderá convencer, se não utilizar bem os instrumentos formais de sua língua. Escrever bem significa, na geral opinião dos entendidos, exprimir-se com clareza e precisão, segundo os padrões idiomáticos vigentes. Na esfera da advocacia, dizendo o Direito precisamente e, mais ainda, em elegante estilo literário, o advogado pode predispor o juiz a benefício de sua causa, ou facilitar o bom julgamento dela. Não creio que possa afirmar-se um verdadeiro advogado (não digo um advogado próspero), um grande advogado, que escreva mal o seu idioma.

O conhecimento da ciência jurídica não é, evidentemente, menos necessário. Ao advogado, como um entendido nela, recorrem os que precisam de defesa cabal dos seus direitos perante os tribunais, ou de aconselhamento jurídico extra-judicial para uma correta orientação de seus legítimos interesses ou a prática efetiva de atos jurídicos. As próprias pessoas em causa raramente estão aptas a defender-se, até porque a legislação, em qualquer setor, é abundante e complicada, exigindo conhecimentos adequados da ciência jurídica, para ser bem compreendida e, pois, convenientemente observada.

Por tudo isso a advocacia passou a ser uma profissão cujo exercício compete aos que estejam legalmente habilitados, isto é, aos bacharéis em Direito. Excepcionalmente, e considerando certas circunstâncias, a lei permite também aos não-graduados (*provisionados*, como se denominam esses profissionais sem diploma), mas com restrições (só em primeira instância) e ainda assim depois de submetidos a provas de capacidade intelectual e moral. Da mesma forma, em matéria criminal, o próprio réu poderá defender-se, "se o juiz lhe reconhecer aptidão". Noutras matérias é lícito à parte defender-se, precedendo licença do juiz, e desde que não haja, ou não esteja presente no lugar, advogado ou provisionado, ou haja da parte destes recusa ou impedimento para aceitar a defesa da causa, ou, ainda, por não serem da confiança da parte, por motivo relevante e provado.

3. Fora daí, é privativa de advogado a profissão da advocacia. Acha-se ela organizada, dirigida e fiscalizada, em todo o país, por uma entidade jurídica denominada *Ordem dos Advogados do Brasil (OAB), instituída pelo Decreto- lei 19.408, de 18.11.30 e cujo Estatuto* vigente é dado pela Lei n. 8906, de 4.7.1994. Estudando-lhe a natureza jurídica, disse o seu ex-presidente, Dario de Almeida Magalhães: "À Ordem dos Advogados do Brasil não foi atribuída a gestão de qualquer parcela do patrimônio público que se houvesse destacado do patrimônio geral da União. Não recebe qualquer ajuda, auxílio ou subvenção do Tesouro Nacional; custeia os seus serviços exclusivamente com a modesta contribuição pecuniária dos inscritos nos seus quadros. Todos os seus órgãos de direção são eleitos pelos advogados; e os seus componentes desempenham os seus deveres, sem remuneração de qualquer espécie. Não tem a Ordem nenhum objetivo econômico; executa apenas tarefa de natureza ética, cultural e profissional, como a de zelar pelo exercício probo e eficiente da advocacia" (Dario de Almeida Magalhães, Parecer, *in* RDA 201/340). Esse parecer foi aprovado pelo Conselho Federal da Ordem, em sessão de 2.5.50.

Não se aplica à OAB a legislação referente às autarquias – conclusão a que chegou o consultor-geral da República, Professor Adroaldo Mesquita da Costa, em parecer de 27.9.68, aprovado pelo presidente da República (Cf. RDA 95/261).

69. Ética profissional

4. Ligada à técnica da advocacia, está a ética. O advogado não pode subestimar a dimensão moral do litígio. Ele é o juiz da moralidade da causa a patrocinar, visto ser difícil estabelecer um tipo padrão de ilicitude. A causa *subjetivamente* imoral ou ilícita será por ele recusada a partir do momento em que lhe descubra o vício. Constitui esse um de seus deveres, consignado no *Estatuto*, segundo o qual, salvo defesa em matéria criminal, o advogado deverá recusar o patrocínio da causa que repute ilícita ou imoral.

O problema em exame tem sido posto desde muito. Preocupou, particularmente, a Santo Tomás de Aquino que, na *Suma Teológica* (op. cit., Quest. LXXI, art. III, ad. 3), diz: "A quem quer que seja é ilícito cooperar na prática do mal, aconselhando, ajudando ou de qualquer modo consentindo; pois quem aconselha e coadjuva, de certo modo, pratica (...). Ora, é manifesto que o advogado tanto dá auxílio como conselho àqueles cuja causa patrocina. Portanto, defendendo uma causa de cuja injustiça está ciente, peca, sem dúvida, gravemente e está obrigado a reparar o dano sofrido, contra a justiça e em virtude do seu auxílio, pela parte contrária".

Outros problemas, não menos delicados, caracterizam a advocacia, problemas de consciência que a outros profissionais afligem menos, além do de saber se é permitido defender uma causa injusta.

Um exemplo merecedor de registro foi o que ocorreu em fins de 1911, no Rio de Janeiro, onde o Dr. Mendes Tavares, vereador ou intendente municipal, como então se chamava, matou um oficial da Marinha de Guerra. De tal modo esse crime emocionou a opinião pública, repercutindo negativamente contra o seu autor, que este, apesar de ligado ao presidente da República, Marechal Hermes da Fonseca, foi abandonado à própria sorte. A imprensa anti-hermista condenava-o severamente, a tal ponto que o governo achou melhor não dar nenhuma atenção ao correligionário. Este solicitou então, os serviços profissionais do mais famoso criminalista da época: Evaristo de Morais. Evaristo aceitou, mas com um forte problema de consciência, por ser o Dr. Mendes Tavares fiel partidário de Hermes da Fonseca (*hermismo* chamou-se o movimento político favorável à eleição daquele militar), ao passo que o advogado era um ardoroso adepto do *civilismo*, tendo participado, pouco antes, da primeira campanha eleitoral feita no Brasil em moldes anglo-americanos, com o seu candidato, Rui Barbosa, a pregar nas principais cidades brasileiras idéias e reformas políticas.

Não poucos amigos de Evaristo de Morais achavam que ele, por essa razão, não devia aceitar a defesa do criminoso.

Evaristo resolveu, então, expor o caso a Rui: estaria ele traindo os ideais do *civilismo*, se levasse avante o patrocínio da causa do adversário político? Em resposta, Rui afirmou que nenhum indivíduo, em matéria penal, era indigno de defesa, e liberou o correligionário, embora não visse defesa possível para o autor do crime. E Evaristo de Morais, acolhendo o parecer de Rui, menos na parte em que este discordava da inocência do acusado, prosseguiu na defesa do Dr. Mendes Tavares, cuja absolvição veio a conseguir no júri popular (Cf. sobre o episódio: Rui Barbosa, *O dever do advogado*, Rio de Janeiro, Publicações do Instituto Bibliográfico Brasileiro, 1921, onde estão publicadas a carta-consulta de Evaristo de Morais e a resposta-parecer de Rui Barbosa; e ainda: Evaristo de Morais, *Reminiscências de um rábula criminalista*, Rio de Janeiro, 1922).

Vemos, por esse caso, como procede um advogado verdadeiramente digno de tal nome.

Outro episódio não menos notável ocorreu com outro famoso advogado, Levi Carneiro, por sinal, fundador da Ordem dos Advogados do Brasil. Certa feita convocaram-no para servir no Tribunal do Júri do Rio de Janeiro, que era então um dos mais bem compostos do país. Mas Levi Carneiro tinha contra a instituição do júri popular antigas convicções, e, por isso, dirigiu unia carta ao presidente do Tribunal, dando-lhe as razões pelas quais entendia não dever servir como jurado. "Sei bem que", disse, "pela minha formação mental, pelos meus hábitos de estudo, até pelo meu longo tirocínio de advogado e pela compreensão, que tenho, da prova judiciária e policial, serei incapaz de afirmar, com absoluta segurança, e de pronto, em cada caso concreto, a autoria ou a responsabilidade do fato narrado no processo. Nenhum jurado, nenhum homem de consciência, em dúvida, condena um acusado. Quanto a mim, pelos motivos apresentados, esses casos de dúvida serão mais freqüentemente, serão a regra, na quase totalidade dos casos. Assim, serei levado a absolver muitos acusados – que eu mesmo, noutra situação, talvez, condenasse. Contribuirei, acaso, para agravar a acusação tantas vezes feita ao júri – até por mim mesmo – de absolver a torto e a direito" (Levi Carneiro, *O livro de um ddvogado*, Rio de Janeiro, 1934).

Ao lado de tais exemplos, vale ainda citado um que define a bravura moral do advogado, do advogado que enfrenta sem temores o juiz, fiel ao princípio, hoje reduzido a dever estatutário, segundo o qual o advogado respeitará o magistrado, dando-lhe o melhor tratamento, mas exigindo o recíproco. Foi o caso que, numa execução de acórdão do STF, em 1905, veio à tona haver-se inserido no texto do aresto, *por meio de entrelinha*, a condenação da parte ao pagamento de juros de mora (ao tempo, uma quantia bastante elevada: quarenta contos de réis). A imprensa carioca noticiou o fato, inédito nos anais do STF, a cujo presidente, o Ministro Aquino e Castro, se atribuía a ordem de ser feita aquela entrelinha.

Da tribuna do Senado, Rui Barbosa, que, como se sabe, foi advogado a vida toda, denunciou o que por ele foi dado como *um crime do presidente do STF,* a saber: a alteração de uma sentença, depois de regularmente proclamada pelo órgão judicante.

O discurso do senador e advogado expunha-o a possíveis riscos, pois grande parte de sua advocacia era perante o STF, mas certo é que o afrontou, mostrando que uma sentença, desde que proferida, só pelos meios regulares (recursos processuais das partes) pode ser modificada, e nunca *mediante entrelinha*, nem por iniciativa do próprio juiz ou tribunal julgador. O advogado defendia, aí, impessoalmente, a legalidade, coerente com os deveres de sua profissão. E ainda, hoje, sua doutrina é inatacável. Em junho de 1969, no julgamento do MS 18.167, do Distrito Federal, em sessão extraordinária do Pleno do STF, quando se votava a ata da sessão anterior, o Ministro Luís Gallotti, invocando precedentes, pretendeu modificar voto dado na véspera. O Supremo Tribunal Federal, porém, *julgou incabível a retificação* (Cf. Diário da Justiça de 25.6.69, n. 115).

5. Que compreende a advocacia? A esta pergunta responde a própria lei da OAB (Estatuto), quando no artigo 71 prescreve:

"A advocacia compreende, além da representação em qualquer juízo ou tribunal, mesmo administrativo, o procuratório extrajudicial, assim como os trabalhos jurídicos de consultoria e assessoria e as funções de diretoria jurídica".

Para exercê-la em sua plenitude é necessário ser inscrito nos quadros da *Ordem dos Advogados do Brasil*, através de uma de suas seções (cada estado da Federação e o Distrito Federal têm uma *seção*, com personalidade jurídica própria e autonomia administrativa e financeira); no Território, onde houver pelo menos 15 advogados, poderá ser instalada uma seção; as seções se subdividem em *subseções*, cada uma destas em comarca que tenha, no mínimo, 15 advogados. Para a inscrição na OAB, como advogado, é preciso satisfazer uma série de exigências, entre as quais a do diploma de bacharel ou doutor em Direito, na forma da lei.

Além do diploma de bacharel ou doutor em Direito e da inscrição, evidentemente, a advocacia exige, ainda, vocação e aptidões pessoais. A experiência revela que a ninguém é dado bem desempenhar uma atividade para a qual não sinta natural inclinação. Indispensável, por igual, uma adequada preparação científica, espiritual e moral. Um profissional não pode se destacar no seu ofício sem possuir dotes pessoais. "Aqueles que executam um trabalho pelo qual não sintam nenhuma atração hão de levar sempre consigo um sentimento de amargura e, mais ainda, de derrota, ao mesmo tempo que não darão à comunidade a vantagem que teriam produzido noutra atividade mais de acordo com a sua vocação" (A. Torre). Socialmente mais útil, por conseguinte, é o que se prepara suficientemente bem para o desempenho da profissão escolhida.

6. O Estatuto da Ordem dos Advogados do Brasil discrimina os deveres e direitos do advogado. Entre os deveres figura, em primeiro lugar, o de "defender a ordem jurídica e a Constituição da República, pugnar pela boa aplicação das leis e rápida administração da Justiça, e contribuir para o aperfeiçoamento das instituições jurídicas". Outro dever do advogado é o de "recusar o patrocínio de causa que considere

imoral ou ilícita, salvo a defesa em processo criminal". A propósito desse dever, o *Código de Ética* (aprovado pelo Conselho Federal da OAB, em sessão de 25.7.34) acrescenta a palavra *injusta*, de modo que o advogado não deve aceitar causa "ilegal, injusta ou imoral".

Entre os direitos do advogado, reconhecidos pelo *Estatuto da Ordem*, está o de cobrar os *honorários contratados* (ou, na falta de contrato ou acordo, aos que forem judicialmente arbitrados). O *Código de Ética* ratifica esse direito, e Santo Tomás, relembrando a lição de Agostinho, segundo a qual "o advogado vende licitamente o seu patrocínio e o jurisperito, o conselho verdadeiro", esclarece: "Pelo serviço que não estamos obrigados a prestar a outrem podemos justamente receber uma recompensa (...) Embora a Ciência do Direito seja um bem espiritual, contudo, o seu emprego importa num ato corpóreo. Portanto, como recompensa desse ato, é lícito receber dinheiro; do contrário, nenhum artífice poderá auferir lucro de sua arte".

Os honorários profissionais, entretanto, devem ser cobrados moderadamente, "consideradas as condições das pessoas, dos serviços, do trabalho e do costume pátrio" *(Suma Teológica*, Q. LXXI, art. IV, 3, in II Parte, cit., vol. XIV). Santo Tomás dá assim normas sobre a matéria muito semelhantes às do Código de Ética (Seção 8º, item III).

Salvo tratando-se de pedir *habeas corpus*, o advogado atuará em juízo e fora dele munido da prova do mandato conferido pelo constituinte *(Estatuto,* art. 70, e art. 37 do CPC). O advogado exerce uma função social e o serviço que presta é, pela lei, considerado um *serviço público*. Ao lado do juiz e do representante do Ministério Público, o advogado constitui, segundo palavras do Estatuto, *elemento indispensável à administração da Justiça*.

Embora, às vezes, um ou outro juiz menos informado de suas atribuições pretenda tratar o advogado como se este lhe devesse alguma obediência, é certo que nem a lei nem a tradição justificam semelhante atitude. O *Estatuto* da OAB, que é lei federal cogente em todo o território brasileiro, prescreve:

"[...] Art. 60. Entre os juízes de qualquer instância e os advogados não há hierarquia, nem subordinação, devendo-se todos consideração e respeito recíproco".

O *Código de Ética* proíbe ao advogado: 1) angariar serviços ou causas, ele próprio, de modo direto ou indireto; o advogado deve ser procurado; 2) insinuar-se para prestar serviços, ou oferecê-los, salvo gratuitamente a quem deles necessite; 3) fazer publicidade imoderada; pedir, sugerir ou provocar publicidade que importe em propaganda de seus merecimentos ou atividades.

O advogado deve, entre outras coisas: a) "informar o cliente dos riscos e incertezas e demais circunstâncias que possam comprometer o êxito da causa"; b) "evitar tudo que possa induzir o cliente a demandar, ressalvado o esclarecimento dos seus direitos"; c) "não assumir, salvo em circunstâncias especiais, o custeio da causa"; d) "abster-se de patrocinar causa contrária à validade de ato jurídico em que tenha colaborado, e de aconselhar, ou procurar por uma parte, depois de aceitar mandato da outra, ou de receber desta segredos da causa".

O processualista uruguaio Eduardo Couture, no seu livro intitulado *Los Mandamientos del Abogado*, consigna os dez seguintes preceitos dirigidos aos advogados:

"1º) *Estuda* – O Direito se transforma constantemente. Se não lhe segues os passos, serás cada dia um pouco menos advogado.

2º) *Pensa* – O Direito se aprende estudando, porém, se exerce pensando.

3º) *Trabalha* – A advocacia é uma árdua fadiga posta a serviço da justiça.

4º) *Luta* – Teu dever é lutar pelo direito; mas no dia em que encontrares em conflito o direito com a justiça, luta pela justiça.

5º) *Sê leal* – Leal para com teu cliente, a quem não deves abandonar até que compreendas que é indigno de ti. Leal para com o juiz, que ignora os fatos e deve confiar no que tu dizes; e que, quanto ao direito, vez por outra, deve confiar naquele que lhe invocas.

6º) *Tolera* – Tolera a verdade alheia na mesma medida em que queres que a tua seja tolerada.

7º) *Tem paciência* – O tempo se vinga das coisas que se fazem sem a sua colaboração.

8º) *Tem fé* – Tem fé no Direito, como o melhor instrumento para a convivência humana; na justiça, como destino normal do direito; na paz, como substitutivo benévolo da justiça; e, sobretudo, tem fé na liberdade, sem a qual não há direito, nem justiça, nem paz.

9º) *Esquece* – A advocacia é uma luta de paixões. Se em cada batalha fores sobrecarregando tua alma de rancor, chegará um dia em que a vida será impossível para ti. Concluído o combate, esquece tão depressa a tua vitória como a tua derrota.

10º) *Ama a tua profissão* – Trata de considerar a advocacia de tal maneira que no dia em que teu filho te peça conselho sobre o seu destino, julgues uma honra para ti propor-lhe que se torne advogado".

A Constituição de 1988, no artigo 133, prescreve: "O advogado é indispensável à administração da justiça, sendo inviolável por seus atos e manifestações no exercício da profissão, nos limites da lei".

Bibliografia

AFTALION, Enrique R., GARCIA OLANO, Fernando e VILANOVA, José. *Introducción al Derecho,* Buenos Aires, Liv. El Ateneo, 1956, 2 Vols.

ARAGUÉS PEREZ, Felipe. *Introducción ai Estudio dei Derecho,* Zaragoza, Liv. General, 1974.

BENVENUTO, Pedro 1. e CUTOLO, Vicente 0. *Introducción ai Estudio dei Derecho,* 4ª ed., Buenos Aires, Elebe, 1962.

BODENHEIMER, Edegar. *Ciência do Direito – Filosofia e Metodologia jurídicas,* trad. de Eneas Marzano, Rio de Janeiro, Forense, 1966.

CATHREIN, Victor S. J. *Filosofia del Derecho - El Derecho Natural y el Positivo,* trad. de Alberto Jardon y César Barja, Madrid, Instituto Editorial Reus, 1945.

COELHO DE SOUZA, Daniel. *Introdução à Ciência do Direito,* 4ª ed., Rio de Janeiro, Fundação Getúlio Vargas, 1972.

CUTOLO, Vicente O. e BENVENUTO, Pedro 1. *Introducción al Estudio del Derecho,* 4ª ed., Buenos Aires, Elche, 1962.

DE LA GRESSAYE, Jean Breth e LABORDE LACOSTE, Marcel. *Introduction Générale a l'Étude du Droit,* Paris, Lib. du Recuell Sirey, 1947.

DEL VECCHIO, Giorgio. *Lições de Filosofia do Direito,* trad. de Antonio José Brandão, Coimbra, Armênio Amado, 1959.

BIBLIOGRAFIA

GARCIA MAYNEZ, Eduardo. *Introducción al Estudio del Derecho*, 5ª ed., México, Porrua, 1953.

GARCIA OLANO, Fernando; AFTALION, Enrique R. e VILANOVA, José. *Introducción al Derecho*, Buenos Aires, Liv, El Ateneo, 1956.

JACQUES, Paulino. *Curso de introdução à Ciência do Direito*, Rio de Janeiro, Forense, s/d.

KELSEN, Hans. *Teoria Pura do Direito*, 2ª ed., trad. port., Coimbra, Armênio Amado Editor, 1962, 2 vols.

Teoria General del Derecho y dei Estado, trad. esp. de Eduardo G. Maynez, México, Impr. Universitária, 1950.

Teoria General del Estado, trad. esp. de Luís Legaz Lacambra, México, 1959.

LABORDE LACOSTE, Marcel e DE LA GRESSAYE, Jean Breth. *Introduction Générale a l'Étude du Droit*, Paris, Lib. du Recueil Sirey, 1947.

LATORRE, Angel. *Introdução ao Direito*, trad. Manuel de Alarcão, Coimbra, Liv. Almedina, 1974.

LIMA, Hermes. *Introdução à Ciência do Direito*, 23ª ed., Rio de Janeiro, Freitas Bastos, 1973.

MACHADO NETO, A. L. *Compêndio de introdução à Ciência do Direito*, São Paulo, Saraiva, 1973.

MENEZES, Djacir. *Introdução à Ciência do Direito*, 4ª ed., Rio de Janeiro, Freitas Bastos, 1964.

MOUCHET, Carlos e ZORRAQUIN BECÚ, *Introducción al Derecho*, Buenos Aires, Arayu, 1953.

NAWIASKY, Hans. *Teoría General del Derecho*, trad. José Zafra Valverde, Madrid, Rialp, 1962.

OLIVEIRA FILHO, Benjamin de. *Introdução à Ciência do Direito*, 4ª ed., Rio de Janeiro, José Konfino, 1967.

PEREZ, J. M. e PRENDES Y MUÑOZ DE ARACO. *Introducción al Derecho*, Madrid, Darro, MCMLXXIV.

PIRAGIBE DA FONSECA, Roberto. *Introdução ao Estudo do Direito*, 2ª ed., Rio de Janeiro, Freitas Bastos, 1964.

PRENDES Y MUNOZ DE ARACO. *Introducción al Derecho*, Madrid, Darro, MCMLXXIV.

REALE, Miguel. *Filosofia do Direito*, 4ª ed., São Paulo, Saraiva, 1965. *Lições preliminares de Direito*, 3ª ed., São Paulo, Saraiva, 1967.

RECASÉNS SICHES, Luís. *Introducción al Estudio del Derecho*, México, Porrua, 1974.

Tratado General de Filosofa del Derecho, México, Porrua, 1970.

SANCHO IZQUIERDO, Miguel. Principios de Derecho Natural como Introducción al Estudio del Derecho, 5ª ed., Zaragoza, 1955.

SARAIVA, José H. Lições de Introdução ao Direito, Lisboa, 1963.

SILVA, A. B. Alves da. Introdução à Ciência do Direito, São Paulo, 1953.

STERNBERG, Theodor. Introducción a la Ciencia del Derecho, 2ª ed., Barcelona, Labor, 1940.

TELLES JÚNIOR, Goffredo. A Criação do Direito, São Paulo, 1953, 2 vols.

TORRE, Abelardo. Introducción al Derecho, Buenos Aires, Perrot, 1957.

VESCOVI, Enrique. Introducción al Derecho, 3ª ed., Montevideo, Medina, 1963.

VILANOVA, José et alii. Introducción al Derecho, Buenos Aires, El Ateneo, 1956, 2 vols.

VILLORO TORANZO, Miguel. Introducción al Estudio del Derecho, México, Porrua, 1974.

ZORRAQUIN BECÚ, Ricardo e MOUCHET, Carlos. Introducción al Derecho, Buenos Aires, Arayu, 1953.

RR DONNELLEY
MOORE

Av Tucunaré 299 - Tamboré
Cep. 06460.020 - Barueri - SP - Brasil
Tel.: (55-11) 2148 3500 (55-21) 2286 8644
Fax: (55-11) 2148 3701 (55-21) 2286 8844

IMPRESSO EM SISTEMA CTP